E-Book inside.

Mit folgendem persönlichen Code
können Sie die E-Book-Ausgabe
dieses Buches downloaden.

4ezx6-p56r0-18901-0i2nn

Registrieren Sie sich unter
www.hanser-fachbuch.de/ebookinside
und nutzen Sie das E-Book
auf Ihrem Rechner*, Tablet-PC
und E-Book-Reader.

Der Download dieses Buches als E-Book unterliegt gesetzlichen
Bestimmungen bzw. steuerrechtlichen Regelungen, die Sie unter
www.hanser-fachbuch.de/ebookinside nachlesen können.
* Systemvoraussetzungen: Internet-Verbindung und Adobe® Reader®

Jänisch/Donges

Mach was mit Arduino!

BLEIBEN SIE AUF DEM LAUFENDEN!

Hanser Newsletter informieren Sie regelmäßig über neue Bücher und Termine aus den verschiedenen Bereichen der Technik. Profitieren Sie auch von Gewinnspielen und exklusiven Leseproben. Gleich anmelden unter

www.hanser-fachbuch.de/newsletter

Robert Jänisch
Jörn Donges

Mach was mit Arduino!

Einsteigen und durchstarten mit Drum Machine, Roboterauto & Co.

HANSER

Die Autoren:
Robert Jänisch, Köln
Jörn Donges, Hamburg

Alle in diesem Buch enthaltenen Informationen wurden nach bestem Wissen zusammengestellt und mit Sorgfalt getestet. Dennoch sind Fehler nicht ganz auszuschließen. Aus diesem Grund sind die im vorliegenden Buch enthaltenen Informationen mit keiner Verpflichtung oder Garantie irgendeiner Art verbunden. Autor und Verlag übernehmen infolgedessen keine Verantwortung und werden keine daraus folgende oder sonstige Haftung übernehmen, die auf irgendeine Weise aus der Benutzung dieser Informationen – oder Teilen davon – entsteht, auch nicht für die Verletzung von Patentrechten, die daraus resultieren können.

Ebenso wenig übernehmen Autor und Verlag die Gewähr dafür, dass die beschriebenen Verfahren usw. frei von Schutzrechten Dritter sind. Die Wiedergabe von Gebrauchsnamen, Handelsnamen, Warenbezeichnungen usw. in diesem Werk berechtigt also auch ohne besondere Kennzeichnung nicht zu der Annahme, dass solche Namen im Sinne der Warenzeichen- und Markenschutz-Gesetzgebung als frei zu betrachten wären und daher von jedermann benützt werden dürften.

Bibliografische Information der deutschen Nationalbibliothek:

Die Deutsche Nationalbibliothek verzeichnet diese Publikation in der Deutschen Nationalbibliografie; detaillierte bibliografische Daten sind im Internet unter http://dnb.d-nb.de abrufbar.

Dieses Werk ist urheberrechtlich geschützt.

Alle Rechte, auch die der Übersetzung, des Nachdruckes und der Vervielfältigung des Buches, oder Teilen daraus, vorbehalten. Kein Teil des Werkes darf ohne schriftliche Genehmigung des Verlages in irgendeiner Form (Fotokopie, Mikrofilm oder ein anderes Verfahren), auch nicht für Zwecke der Unterrichtsgestaltung, reproduziert oder unter Verwendung elektronischer Systeme verarbeitet, vervielfältigt oder verbreitet werden.

ISBN 978-3-446-45128-5
E-Book-ISBN 978-3-446-45258-9

© 2017 Carl Hanser Verlag München
Lektorat: Julia Stepp
Herstellung: Cornelia Rothenaicher
Umschlagrealisation: Stephan Rönigk
Titelillustration: © Ryan McGuire *(http://gratisography.com/#objects)*
Satz: Kösel Media GmbH, Krugzell
Druck und Bindung: CPI books GmbH, Ulm
Printed in Germany
www.hanser-fachbuch.de

Inhaltsverzeichnis

1	**Einführung**	1
1.1	Maker – die Erfinder von morgen	1
1.2	Was dich in diesem Buch erwartet	3
1.3	Wie dieses Buch aufgebaut ist	4

2	**Willkommen in der Arduino-Welt!**	7
2.1	Was ist überhaupt der Arduino?	7
2.2	Los geht's! Installation der Arduino-Software	8
	2.2.1 Die Arduino-Software downloaden	9
	2.2.2 Den USB-Treiber unter Windows installieren	9
2.3	Die Entwicklungsumgebung starten und den ersten Sketch übertragen	10

3	**Dein erster Schaltkreis**	13
3.1	Schaltungsaufbau mit dem Breadboard (Steckbrett)	15
	3.1.1 Aufbau	16
	3.1.2 Versorgungsspannung	17
	3.1.3 Einschränkungen	17
3.2	Vom Programm zur Schaltung: Hardwareentwicklung mit dem Arduino	17
3.3	Dein erster Stromkreis	18
3.4	„Es werde Licht!" Eine LED zum Leuchten bringen	19
3.5	Jetzt nehmen wir Kontakt auf: Ein- und Ausgänge am Arduino	20
3.6	Wir tasten uns heran: Eine LED per Taster steuern (Teil 1)	21
3.7	Morsen mit dem Arduino: Eine LED per Taster steuern (Teil 2)	22
3.8	If-Abfragen erstellen: Eine LED per Taster steuern (Teil 3)	23
3.9	Ein Taster, zwei Wirkungen: Eine LED ein- und ausschalten	24

4 Der Schlüssel zum Verstehen aller Schaltungen ... 27

- 4.1 Der Schaltplan – die abstrakte Essenz der Schaltung ... 28
- 4.2 Spannung, Strom, Widerstand – das Dreigespann der Elektrotechnik ... 29
- 4.3 Bitte parallel in Reihen aufstellen! Das Gesetz der Reihenschaltung ... 31
- 4.4 Das Multimeter – ein Multitalent für Strom, Spannung und Widerstand ... 33
- 4.5 Schaltplanentwicklung und -zeichnung mit Fritzing ... 34
  - 4.5.1 Die Steckplatinen-Ansicht ... 35
  - 4.5.2 Die Schaltplan-Ansicht ... 36
  - 4.5.3 Die Platinen-Ansicht ... 37
  - 4.5.4 Die Code-Ansicht ... 38

5 Eine Ampel mit Tag- und Nachtschaltung ... 39

- 5.1 Arduino-Ampel vs. reale Ampelsteuerung ... 40
- 5.2 Die Ampel zeigt grün für den Arduino: eine Tagschaltung programmieren ... 41
- 5.3 Nachts sind alle Ampeln gelb: eine Nachtschaltung programmieren ... 44
- 5.4 Ein Spannungsteiler in Aktion: Messdaten mit einem Analog-Digital-Wandler auslesen ... 45

6 Eine Weltzeituhr mit Alarmfunktion ... 51

- 6.1 Das LCD-Display HD44780 anschließen ... 51
- 6.2 Text auf dem Display darstellen ... 56
- 6.3 Strings oder Rechnen mit Wörtern: Der Arduino als Digitaluhr (Teil 1) ... 58
- 6.4 Was schlägt die Stunde? Der Arduino als Digitaluhr (Teil 2) ... 59
- 6.5 Bits und Bytes bis zum Überlaufen: Der Arduino als Digitaluhr (Teil 3) ... 61
- 6.6 Wie Funktionen funktionieren: Der Arduino als Digitaluhr (Teil 4) ... 62
- 6.7 Ein wenig Zeitrechnung muss sein: Der Arduino als Digitaluhr (Teil 5) ... 62
- 6.8 Der Arduino als Weltzeituhr (Teil 1) ... 64
- 6.9 Arrays – die virtuellen Sortimentskästen: Der Arduino als Weltzeituhr (Teil 2) ... 65
- 6.10 New York, Rio, Tokyo: Der Arduino als Weltzeituhr (Teil 3) ... 65
- 6.11 Jetzt wird der Arduino laut: Weltzeituhr mit Alarmfunktion ... 67

7 Eine Mini-Wetterstation mit Analoganzeige ... 73

- 7.1 Der Temperatur- und Luftfeuchtigkeitssensor DHT11 ... 74
- 7.2 Serielle Info für die Fehlersuche: Einsatz des seriellen Monitors ... 75
- 7.3 Jetzt kann das Wetter kommen! Aufbau der Wetterstation ... 78
- 7.4 Statusmeldungen des DHT11-Sensors ausgeben ... 80

7.5	Die case-Abfragetechnik: DHT11-Fehlercodes, Temperatur und Luftfeuchtigkeit ausgeben	81
7.6	Ein Statustaster gratis! Statusabfrage mit dem Reset-Taster des Arduino	81
7.7	Messuhr mit Stil: Analoge Temperaturanzeige	82
7.8	Die Bauteile für die Temperaturanzeige: Servo und Potentiometer	83
7.9	Das Potentiometer: Dateneingabe auf analoge Weise	84
7.10	Der Servo-Motor: Arme und Beine für den Arduino	85
7.11	Wir bauen ein Thermometer: Skala und Zeiger für die Temperaturanzeige	89
7.12	Das Thermometer ist fertig: Berechnung der Temperaturskala	90
7.13	Der Variablentyp float: Umrechnung der Temperatur in Winkelwerte	92

8 Eine temperaturgeregelte Lüftersteuerung 95

8.1	Jetzt kommt Bewegung ins Spiel: ein Gleichstrommotor als Lüfter	96
8.2	Ein Ventil für elektrischen Strom: der Transistor	97
8.3	Spannungsspitzen vermeiden: eine Diode zum Schutz des Arduino	100
8.4	Temperaturmessung mit dem TMP36-Sensor	102
8.5	Alles geregelt dank Arduino: Temperaturregelung und Lüfterschaltung verbinden	103

9 Exkurs: Internet der Dinge (IoT) mit dem Particle Photon 107

9.1	Particle Photon & Co.: Mikrocontroller von Particle.io	108
9.2	Déjà-vu für Arduino-Kenner: Die Parallelen zwischen Arduino und Particle Photon	109
9.3	Den Particle Photon einrichten und einen ersten Sketch übertragen	109
	9.3.1 Ohne Particle-Account und Strom geht nichts	110
	9.3.2 Ein Multifarbentalent: die Bedeutung der LED-Farben beim Particle Photon	110
	9.3.3 Anmeldung per Smartphone: die Particle-App	111
	9.3.4 Den ersten Sketch übertragen	112

10 Eine Pflanzenbewässerungsanlage: Kombination von Arduino und Particle Photon 115

10.1	Benötigte Bauteile	116
10.2	Aufbau und Programmierung der Pflanzenbewässerungsanlage	116
10.3	Steuerung der Pflanzenbewässerung übers Internet	118

11 Der Piezoeffekt: Wie du mit dem Sound von 1880 deinen Arduino rockst ... **127**

11.1 Ohne Sound geht nichts: Tonerzeugung mit Piezo-Summer oder Lautsprecher ... 127
11.2 Do Re Mi Fa So La Ti: eine Tonleiter spielen ... 129
11.3 Auf das Timing kommt es an: die Tondauer festlegen ... 130
11.4 Melodiegenerator und Lautstärkeregler ... 131
11.5 Rechnen mit Tönen: ein Pitch-Regler kontrolliert die Tonhöhe ... 133
11.6 Auf und ab: eine Melodie in allen Tonarten erklingen lassen ... 134

12 Echt stark! Eine Verstärkerschaltung mit Transistor für den Arduino ... **137**

12.1 Wir bauen einen Mini-Audioverstärker ... 137
12.2 Das Grundprinzip der Verstärkung: So funktioniert der Transistor ... 139
12.3 Stromspeicher und Wechselstrom-Ventil: So funktioniert der Kondensator ... 140
12.4 Der Kondensator schützt die Ein- und Ausgänge ... 142

13 Ein Sythesizer aus Arduino und Digital-Analog-Wandler ... **145**

13.1 Von Zahlen zu Spannungen: der Digital-Analog-Wandler ... 145
13.2 Sag es mit 1 und 0: die Binärdarstellung mit dem Arduino ... 146
13.3 Mit PORTD die digitalen Pins kontrollieren ... 147
13.4 Auf die Klangfarbe kommt es an: Sinus-, Rechteck- und Dreieckschwingung ... 150
13.5 Der Arduino gibt den Takt vor: Änderung der Wellenform ... 152
13.6 Jetzt wird Sound draus: Änderung der Tonhöhe ... 153

14 Eine Arduino-Drum Machine ... **155**

14.1 So wird der Arduino zur Drum Machine ... 155
14.2 Retro-Drum Sound mit 8 bit: Samples für die Drum Machine ... 158
14.3 Mehrdimensionale Arrays für die Programmierung der Drum Machine ... 159

15 Ein autonom fahrendes Roboterauto ... **165**

15.1 Empfohlene Starthilfe: ein Roboter-Bausatz ... 165
15.2 Zusammenbau des Roboter-Bausatzes ... 166
    15.2.1 Schritt 1: Einbau von Chassis und Motoren ... 167
    15.2.2 Schritt 2: Installation des Motortreibers ... 168
    15.2.3 Schritt 3: Einbau des Arduino und des Batteriegehäuses ... 169

	15.2.4	Schritt 4: Vorbereitung des Ultraschall-Sensors	170
	15.2.5	Schritt 5: Einbau des Arduino Uno und des Sensor Shields	172
	15.2.6	Schritt 6: Einbau des Ultraschall-Sensors	174
15.3	Programmierung des Roboterautos		176
	15.3.1	Hinderniserkennung	176
	15.3.2	Entfernungsmessung	177

16 Bob, der humanoide Roboter 185

16.1	Humanoide Roboter für alle: das InMoov-Projekt	186
16.2	Wir bauen einen humanoiden Roboter (Teil 1): Organisation ist alles	188
16.3	Wir bauen einen humanoiden Roboter (Teil 2): 3D-Druck und Zusammenbau der Einzelteile	189
16.4	Wir bauen einen humanoiden Roboter (Teil 3): Typische Fehler und wie man sie am besten vermeidet	191

17 Alles, was du für deine Arduino-Projekte über Programmierung wissen musst 195

17.1	Grundstruktur von Arduino-Sketches		195
17.2	Einbinden von Libraries		196
17.3	Schreiben und Auslesen von Daten		196
17.4	Variablen		197
	17.4.1	Int/Long-Variablen	197
	17.4.2	String-Variablen	198
	17.4.3	Float/Double-Variablen	198
	17.4.4	Boolean-Variablen	198
	17.4.5	Arrays	199
17.5	Serieller Monitor		199
17.6	Abfragen		200
	17.6.1	If-Abfragen	200
	17.6.2	Case-Abfragen	201
17.7	Schleifen		202
	17.7.1	For-Schleifen	202
	17.7.2	Do while-Schleifen	202
17.8	Definition eigener Funktionen und Prozeduren		203
17.9	Systemvariablen und Funktionen		204
	17.9.1	millis()	204
	17.9.2	PORTD	204
	17.9.3	tone(Frequenz)	204

17.9.4 sizeof(Variable) 204
17.9.5 delay(T) und delayMicroseconds(t) 204

18 Alles, was du für deine Arduino-Projekte über Hardware wissen musst 205

18.1 Schaltplan 205
18.2 Ohmsches Gesetz 207
18.3 Widerstand 207
18.4 Leuchtdiode (LED) 210
18.5 Potentiometer 212
18.6 Schalter und Taster 213
18.7 Fotowiderstand (LDR) 214
18.8 LCD-Display 214
18.9 Piezo-Töner 215
18.10 Temperatur- und Luftfeuchtigkeitssensor DHT11 216
18.11 Servo-Motor 217
18.12 DC-Motor 218
18.13 Diode 219
18.14 Transistor 219
18.15 Kondensator 220

19 Ausblick: Noch mehr Mikrocontroller und Projektideen 223

19.1 Weitere Arduino-Boards 223
19.2 Weitere Mikrocontroller-Plattformen 224
19.3 Löten und Platinenbau 225
19.4 Ausblick: Musik-Projekte (Audio und Midi) 226
19.5 Ausblick: Messen und Steuern im Haus (Smart Home) 226
19.6 Ausblick: Roboterbau und -programmierung 227
19.7 Vernetze dich! Projektideen teilen 228

Stichwortverzeichnis **229**

1 Einführung

Im Zuge der Initiative „Start Coding" *(http://start-coding.de)* ließ Ranga Yogeshwar folgenden Satz fallen: *„Programmieren ist die Sprache des 21. Jahrhunderts."* Was genau möchte er uns damit sagen? Er möchte zum Ausdruck bringen, dass die Fähigkeit des Programmierens in unserer vernetzten und digitalen Welt immer wichtiger wird. Wenn wir davon ausgehen, dass Softwareentwickelung eine immer größere Bedeutung gewinnt, dann ist die Verbindung von Software und Hardware die Königsdisziplin.

Um genau diese Verbindung von Software und Hardware wird es in diesem Buch gehen, denn Arduino ist eine aus Soft- und Hardware bestehende Physical-Computing-Plattform. Die hier entwickelten Projekte werden nicht auf deinem Computerbildschirm enden, sondern in der realen Welt erlebbar werden. Wir werden Objekte bauen, die mit deinem Umfeld interagieren können. Das können Gegenstände aus dem alltäglichen Leben, wie z. B. ein Wecker, sein. Das können aber auch solch futuristische Dinge wie ein humanoider Roboter oder eine vollautomatisierte Pflanzenbewässerungsanlage sein. Hast du Lust, zusammen mit uns zum Erfinder zu werden?

■ 1.1 Maker – die Erfinder von morgen

Vielleicht fragst du dich, was dieses Buch mit Erfindungen zu tun hat. Alle großen Erfindungen fingen mit einer kleinen Idee und großer Leidenschaft an. Einige von ihnen haben die Welt grundlegend verändert. Wusstest du, dass viele große Erfindungen gar nicht im Labor eines Unternehmens, sondern durch Menschen wie dich und mich gemacht wurden? Gary Fisher hat zum Beispiel das Mountain Bike erfunden. Ottomar von Mayenburg hat 1907 auf einem Dachboden die Zahnpasta erfunden. Es gibt hunderte von Beispielen faszinierender Dachboden- und Garagen-Erfindungen. Der Zeitungsartikel „50 deutschen

Erfindungen, die die Welt veränderten"[1] gibt dir einen Vorgeschmack. Leider scheinen wir in Deutschland vergessen zu haben, wer der Hauptdarsteller einer Erfindung ist. Du bist es! Erfindungen sind kein Hexenwerk. Du benötigst aber einige Grundlagen, um als Erfinder durchstarten zu können.

Dieses Buch liefert dir das nötige Wissen und die erforderlichen Werkzeuge, um dir das Erfinden und Herstellen von Dingen zu ermöglichen. Das kann eine twitternde Topfpflanze oder ein intelligentes Türschloss sein. Die einzige Grenze ist deine Vorstellungskraft.

Nun fragst du dich sicherlich: Was braucht der Erfinder von morgen? Er benötigt:

- Software (z. B. eine Entwicklungsumgebung), Hardware (z. B. Mikrocontroller, Sensoren, Aktoren etc.) und Werkzeuge (Multimeter, Lötkolben usw.)
- Grundkenntnisse in Programmierung und Elektronik
- Spaß am Experimentieren
- Zugang zu neuester Technologie und neuestem Wissen

Neueste Technologie und frisches Wissen sind das Alphabet des 21. Jahrhunderts. Wenn du neue Technologien beherrschst, konsumierst du Produkte und Services nicht einfach nur, sondern gestaltest deine Welt selbstbestimmt. Du kannst zum Beispiel

- technische Gegenstände reparieren oder verbessern,
- interaktive Dinge für das Internet der Dinge (IoT) bauen,
- kleine Roboter oder Drohnen bauen,
- oder Maschinen bauen, die Maschinen bauen (3D-Drucker, CNC-Fräsen).

Wäre es nicht aufregend, solche Dinge zu bauen und mit der physikalischen Welt interagieren zu lassen? Stell dir vor, was du mit deinen Ideen alles verändern könntest.

Mit diesem Buch möchten wir dich auf deinem Weg zum Erfinder von morgen begleiten. Du wirst erfahren, wie du durch den Einsatz neuester Technologien und deiner Innovationskraft die Welt verändern kannst.

Auf Basis spannender Arduino-Projekte wirst du neue Technologien entdecken, kennenlernen und ausprobieren. Mit dem erworbenen Wissen wirst du in der Lage sein, deine eigenen Projekte zu verwirklichen und diese mit der Maker-Community zu teilen.

„Was ist denn ein Maker?" fragst du dich nun vielleicht. Maker ist eigentlich nur ein modernes Wort für Erfinder. Früher war es deutlich schwerer, auf gleichgesinnte Erfinder zu treffen. Beflügelt durch das Internet, Maker Faires (Messen) und FabLabs (offene Werkstätten) ist in der Zwischenzeit jedoch eine sehr lebhafte Maker-Community entstanden.

Im Zuge der Digitalisierung wird auch Hobbybastlern der Zugang zu High Tech ermöglicht. Der Maker von heute kann programmieren, löten und kennt sich mit Hardware-Plattformen wie dem Arduino aus. Dennoch ist der Weg zum „smarten" Maker ein langer und nur wenige schaffen es, diesen erfolgreich zu meistern.

---

[1] https://www.welt.de/wirtschaft/karriere/leadership/gallery12202607/50-Erfindungen-die-die-Welt-veraenderten.html

Die Maker-Community ist eine bunt gemischte Truppe. Manche bringen viele Vorkenntnisse mit, andere gar keine. Eines haben sie aber alle gemeinsam: Sie haben eine Idee und wollen diese umsetzen. Diese überproportionale Begeisterung für eine Sache macht den reinen Konsumenten zum Maker, der seine eigenen Produkte und Services bauen möchte. Um den Schritt von der „Zero" zum „Hero" zu meistern, müssen zwei wichtige Kriterien erfüllt sein:

- Der Maker muss breiten Zugang zu modernen Werkzeugen und Technologien haben.
- Der Maker muss eine große Auswahl an Möglichkeiten haben, sich frisches Wissen anzueignen.

Beide Kriterien sind in Deutschland noch nicht zur vollsten Zufriedenheit erfüllt, doch die stetig wachsende Maker-Community mit ihren FabLabs und Maker Spaces ist auf einem guten Weg.

Der Wunsch, Dinge zu verbessern, neue Technologien zu nutzen und Wissen mit anderen zu teilen, macht den Maker zum „smarten" Maker. Um ein „smarter" Maker zu werden, musst du dich mit anderen Makern austauschen und vernetzen, das heißt, du musst Zugang zu deren Expertise bekommen.

In den FabLabs und digitalen Communities entstehen neue Erfindungen und Innovationen. Wissen wird ausgetauscht und konzentriert sich. Einige dieser Erfindungen finden auch außerhalb der Maker-Community starken Zuspruch. Durch erfolgreiche Crowdfunding-Kampagnen wird ein Zugang zum Markt geschaffen. So kann das Fundament zu einem wirtschaftlichen Unternehmen gelegt werden. Auch wenn nur die Erfindungen einiger mutiger und smarter Maker es auf dieses Level schaffen, so kann die Auswirkung dennoch gigantisch sein. Der italienische Physiker und Elektroningenieur Guglielmo Marconi[2] wurde auf diesem Wege zum Pionier der drahtlosen Telekommunikation.

Wir hoffen, dass dieses Buch dich dabei unterstützen wird, ein „smarter" Maker zu werden.

1.2 Was dich in diesem Buch erwartet

Auf Basis des Arduino werden wir in diesem Buch die spannende Welt der Mikrocontroller erkunden. Du benötigst dafür keine besonderen Vorkenntnisse. Es reicht, wenn du Interesse an der Mikrocontrollertechnik mitbringst, und Spaß am Aufbau von Schaltungen sowie der Entwicklung von Programmen hast. Aber sonst wärst du ja wahrscheinlich nicht hier, oder?

---

[2] Hier erfährst du mehr über Guglielmo Marconi: *https://www.youtube.com/watch?v=v8qXtu0-__k*

In elf spannenden Projekten lernst du alles, was du über Programmierung und Hardware wissen musst, um deine eigenen Ideen mit dem vielseitigen Mikrocontroller-Board zu verwirklichen. Wir haben Wert darauf gelegt, dass du keine graue Theorie pauken musst, sondern gleich mit dem Aufbau von nützlichen Geräten loslegen und wertvolle Praxiserfahrung erwerben kannst.

Nachdem du die Beispiele in diesem Buch aufgebaut und nachprogrammiert hast, wirst du genug über die Arduino-Plattform wissen, um deine eigenen Schaltungsideen planen und umsetzen zu können. Mit diesem Buch im Regal wirst du über den Werkzeugkasten verfügen, den du benötigst, um deiner Kreativität freien Lauf zu lassen. Sicherlich werden dir schon beim Nachbauen der Projekte Ideen kommen, wie man diese erweitern und verändern kann. Fühle dich stets frei, dies zu tun! Die Arduino-Plattform ist genau dafür gemacht. Sie soll Raum zum Experimentieren und Ausprobieren geben, und dich in die Lage versetzen, ohne theoretischen Ballast zur Umsetzung zu gelangen. Im Fachjargon sagt man dazu „Rapid Prototyping". Das heißt so viel wie „eine Idee schnell mal ausprobieren". Es wird dann rasch klar, ob die Idee funktioniert, und an welchen Stellen sie noch erweitert oder verbessert werden muss. So kannst du deine Projekte Schritt für Schritt immer weiter optimieren. Und wer weiß, vielleicht treffen wir uns dann irgendwann auf einer Erfindermesse wieder?

■ 1.3 Wie dieses Buch aufgebaut ist

Wenn du noch keine Erfahrung mit dem Arduino hast, dann solltest du die Kapitel nacheinander durcharbeiten, denn sie bauen aufeinander auf. Neue Dinge werden wir immer dann erklären, wenn sie zum ersten Mal auftreten. Daher nimmt der Schwierigkeitsgrad der Projekte im Verlauf des Buches zu.

 Solltest du ein Theoriefan sein, kannst du auch zu Beginn auch erst einmal zu Kapitel 17 und 18 springen. Dort findest du die wichtigsten Programmier- und Hardwarekenntnisse, die in die diesem Buch vermittelt werden, in der Zusammenfassung.

Bevor wir die ersten Arduino-Projekte realisieren, erhältst du in den Kapiteln 2 bis 4 erst einmal die wichtigsten Grundlagen für deine Arbeit mit dem Arduino. Dazu zählen u. a. die Installation der Entwicklungsumgebung sowie das Lesen von elektronischen Schaltungen. Auch hier werden wir bereits mit zahlreichen Beispielen arbeiten.

Anschließend stürzen wir uns direkt in die Praxis. In Kapitel 5 bauen wir eine Arduinogesteuerte Ampelschaltung. Du wirst überrascht sein, wie schnell das geht. Danach bauen wir einige nützliche Geräte, die dich im Alltag unterstützen. In Kapitel 6 lernst du, wie man eine Weltzeituhr mit Alarmfunktion baut. In Kapitel 7 entwickeln wir eine Mini-Wetterstation mit Analoganzeige. In Kapitel 8 realisieren wir eine temperaturgeregelte Lüftersteuerung.

Wenn Du dich nun fragst, wie du eine ganz individuelle Smart Home-Lösung entwickeln kannst, sind die nächsten beiden Kapitel etwas für dich. In Kapitel 9 erklären wir dir, wie du mit dem Particle Photon, einer Arduino-ähnlichen Hardware-Plattform, mit dem Internet vernetzte Schaltungen entwickeln kannst. Diese nutzen wir in Kapitel 10, um eine automatische Pflanzenbewässerungsanlage zu bauen.

Ein weiteres faszinierendes Gebiet ist die Tonerzeugung mit dem Arduino. In den Kapiteln 11 bis 14 unternehmen wir einen Ausflug in die Welt der Synthesizer und gesampelten Sounds. Dabei lernst du wichtige Hardware-Konzepte wie die Digital-Analog-Wandlung kennen. Im letzten und anspruchsvollsten Sound-Projekt werden wir eine echte Drum Machine bauen (Kapitel 14).

In Kapitel 15 und 16 lernst du die aufregende Welt der Robotik kennen. Wir bauen ein autonom fahrendes Roboterauto und einen humanoiden Roboter.

Wie bereits erwähnt, erhältst du in Kapitel 17 und 18 noch einmal eine Zusammenfassung der wichtigsten Programmier- und Hardwarekenntnisse, die in die diesem Buch vermittelt werden. Diese Kapitel kannst du jederzeit nutzen, um eine bestimmte Sache nachzuschlagen oder dein Wissen aufzufrischen.

Das Buch schließt mit einem Ausblick auf andere Mikrocontroller-Boards sowie spannende Projektideen, die du darüber hinaus noch realisieren kannst.

 Die Sketches sämtlicher Projekte aus diesem Buch findest du unter *www.desk-factory.de/mach-was-mit-arduino*. Dort berichten wir auch über neue Projekte und bieten dir Platz für Fragen und Austausch.

So, und nun wünschen wir dir viel Vergnügen bei der Lektüre dieses Buches! Wir hoffen, dass du genauso viel Spaß beim Umsetzen der Projekte hast wie wir.

Köln/Hamburg, März 2017
Robert Jänisch
Jörn Donges

2 Willkommen in der Arduino-Welt!

Wenn man vom Arduino spricht, ist meistens die Hardware, also die Platine mit dem Mikrocontroller, gemeint. Zusätzlich zur Hardware wird auch eine Softwareumgebung ausgeliefert, mit der du Programme für den Arduino schreiben kannst. Bevor wir uns in den folgenden Kapiteln in die Praxis stürzen, erhältst du an dieser Stelle erst einmal einen kompakten Schnelleinstieg in die Arduino-Welt.

Wir vermitteln dir die wichtigsten Grundlagen zur Arduino-Hardware und zeigen dir, wie du die dazugehörige Software auf deinem Rechner installierst. Außerdem lernst du, wie du in der Software, auch Entwicklungsumgebung genannt, verschiedene Einstellungen vornehmen kannst, um deinen Arduino zu konfigurieren. Sind alle Einstellungen korrekt gewählt, wird es ein Leichtes für dich sein, ein Programm an die Arduino-Hardware zu übertragen. Am Ende des Kapitels wirst du in der Lage sein, Programme auf deinem Arduino auszuführen.

■ 2.1 Was ist überhaupt der Arduino?

Bei der Arduino-Plattform handelt es sich um eine komplette Experimentier- und Entwicklungsumgebung für die beliebten und weit verbreiteten Mikrocontroller der Firma Atmel. 2016 wurde die Firma Atmel von der Firma Microchip gekauft. Der Mikrocontroller-Chip ist zwar das Hirn und die Schaltzentrale eines jeden Projekts, aber um ihn zum Leben zu erwecken, braucht es noch ein wenig mehr. Der Chip muss mit Strom versorgt werden, und es muss eine Möglichkeit geben, Programme und Daten darauf zu schreiben. Natürlich benötigt man auch noch weitere Ein- und Ausgänge, um zum Beispiel Sensoren auszulesen oder einen Motor bzw. ein Display anzusteuern.

All diese Grundfunktionen stellt die Arduino-Plattform bereit. Sie bettet den Atmel-Chip in eine Umgebung ein, in der alles Nötige schon vorhanden ist, sodass du sofort mit eigenen

Ideen und Projekten loslegen kannst. Dazu gehört auch eine komplette Entwicklungsumgebung, mit der du am PC deine Programme entwickeln und dann auf das Board übertragen kannst.

Es werden verschiedene Boards von Arduino angeboten, die für ganz unterschiedliche Anwendungen geeignet sind. Zum Beispiel ist der **Arduino Mega** mit seinen 54 digitalen Ein- und Ausgabeports ein wahrer Kommunikationskünstler, während der winzige **ArduPilot** dazu gedacht ist, seinen Dienst in kleinen Modellfliegern zu verrichten. In diesem Buch werden wir das Standardmodell, den **Arduino Uno**, benutzen. Der Arduino Uno eignet sich am besten zum Einstieg und ist auch der am weitesten verbreitete Controller der Arduino-Familie. Du bekommst ihn für circa 25 Euro bei den einschlägigen Elektronikhändlern, wie etwa Conrad, Reichelt oder Flikto.

Bild 2.1 Das Arduino Uno-Board

2.2 Los geht's! Installation der Arduino-Software

Im ersten Schritt werden wir die Arduino-Software herunterladen und installieren. Sie sorgt dafür, dass du deine Programme (oder Sketches, wie man beim Arduino sagt) auf dem PC oder Laptop entwickeln und dann übertragen kannst. Danach kannst du den Arduino schon für einen ersten Test in Betrieb nehmen. Hierfür ist noch kein weiterer Schaltungsaufbau nötig.

Für die folgenden Schritte brauchst du:
- ein Arduino Uno- Board
- ein USB-Anschlusskabel
- das Arduino-Softwarepaket

2.2.1 Die Arduino-Software downloaden

Die Arduino-Entwicklungsumgebung und die dazugehörigen Treiber kannst du unter *http://www.arduino.cc* herunterladen. Unter *Downloads* findest du ein zip-Paket, in dem alles, was du brauchst, bereits zusammengestellt ist. Entpacke einfach die zip-Datei an eine beliebige Stelle auf deiner Festplatte. Die Entwicklungsumgebung muss nicht installiert werden, sondern wird einfach durch einen Doppelklick auf die Datei *arduino.exe* gestartet. Dies hat den Vorteil, dass du die Umgebung mit deinen Projektdaten auch mobil von einem USB-Stick aus einsetzen kannst. Du wirst deshalb also keine Probleme haben, dich mit anderen Makern auszutauschen und zusammen an Projekten zu arbeiten.

Die Datei *arduino.exe* startet die integrierte Entwicklungsumgebung (IDE). Hier werden die Programme erstellt, verwaltet und auf den Controller übertragen. Die IDE verwendet als Programmiersprache eine speziell angepasste Version der Sprache C, in die bereits umfangreiche Bibliotheken zur Ansteuerung des Controllers eingebunden sind. Das erleichtert den Einstieg in die Programmierung, da man sich erst einmal nicht näher mit den hardwarenahen Details beschäftigen muss. Der Atmel-Controller selbst versteht natürlich nur Maschinensprache, deshalb müssen die Programme zuerst von einem Compiler übersetzt werden.

2.2.2 Den USB-Treiber unter Windows installieren

Bevor du deinen ersten Sketch übertragen kannst, musst du jedoch erst einmal den USB-Treiber installieren. Wir beschreiben im Folgenden den Vorgang für Windows-Nutzer. Wenn du Linux einsetzt, findest du entsprechende Anleitungen in der *Readme*-Datei des Download-Pakets. Aktuelle Informationen zum Betrieb des Arduino unter den verschiedenen Linux-Distributionen stehen auch unter *http://playground.arduino.cc/Learning/Linux*.

1. Verbinde den Arduino Uno über das USB-Kabel mit deinem Rechner und warte, bis Windows ein *Unbekanntes Gerät* erkennt (Bild 2.2).
2. Öffne die *Systemsteuerung* im Startmenü und wähle dort den Bereich *Geräte und Drucker* aus.
3. Öffne mit einem Rechtsklick auf das Icon *Unbekanntes Gerät* den Dialog *Eigenschaften*.
4. Wähle den Reiter *Hardware* aus und klicke dort auf den Button *Eigenschaften*.

5. Es öffnet sich ein weiterer Dialog. Wähle hier *Einstellungen ändern* aus.
6. Klicke nun auf *Treiber aktualisieren*.
7. Im nächsten Dialog wählst du *Auf dem Computer nach Treibersoftware suchen* aus.
8. Klicke auf *Weiter* und dann auf *Durchsuchen*.
9. Suche nun den Ort aus, an dem du das Arduino-Softwarepaket entpackt hast, und navigiere zum Unterordner *driver*.
10. Klicke auf *Weiter*. Das System findet und installiert jetzt die richtigen Treiber.

Bild 2.2 Installation des Arduino-USB-Treibers unter Windows 7

■ 2.3 Die Entwicklungsumgebung starten und den ersten Sketch übertragen

Bevor du den ersten Sketch auf den Arduino übertragen kannst, musst du noch einstellen, welches Board und welchen UBS-Anschluss du nutzt. Dies machst du wie folgt: Klicke auf *Werkzeuge* und wähle dort unter *Board* dein Arduino-Board aus. Als Nächstes suchst du unter WERKZEUGE > PORT den UBS-Port aus, an dem dein Arduino angeschlossen ist. Hier sollte eigentlich nur ein Port angezeigt werden.

Jetzt kannst du den ersten Sketch auf den Arduino übertragen. Starte dazu die integrierte Entwicklungsumgebung mit einem Doppelklick auf *arduino.exe*. Wähle DATEI > BEISPIELE > 01 BASICS > BLINK aus. Nun öffnet sich ein Fenster mit einem mitgelieferten Beispiel-Sketch.

Dieses kleine Code-Fragment bringt die auf dem Board verbaute gelbe LED zum Blinken. Um den Sketch zu übertragen, musst du in der oberen Toolbar auf den Button mit dem nach rechts zeigenden Pfeil klicken (in Bild 2.4 rot markiert).

2.3 Die Entwicklungsumgebung starten und den ersten Sketch übertragen

Bild 2.3 Sobald der Arduino am Strom angeschlossen ist, leuchtet er.

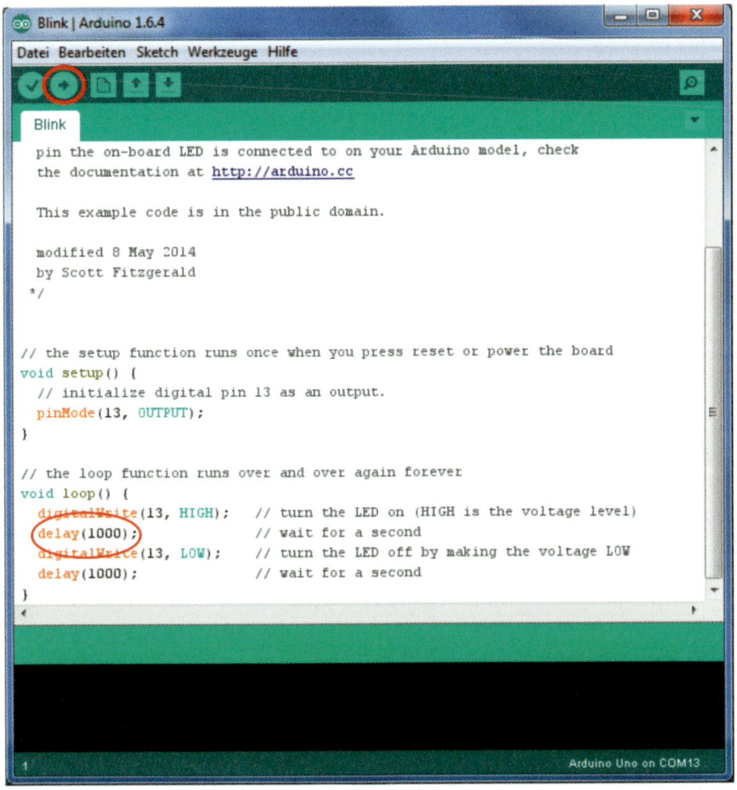

Bild 2.4 Den ersten Sketch übertragen

Wenn alles klappt, flackern die LEDs mit den Bezeichnungen *RX* und *TX* während der Übertragung auf dem Board kurz auf. Sie zeigen an, dass gerade Daten mit dem Computer ausgetauscht werden. Bei *TX* werden Daten gesendet *(Transmit)* und bei *RX* werden sie empfangen *(Receive)*. Dann fängt die LED *L* langsam an zu blinken. Aber ist wirklich unser kleines Beispielprogramm für das Blinken verantwortlich? Wie könnten wir das testen? Ganz klar: Wir verändern einfach das Programm an einer Stelle und prüfen, ob und wie sich das auswirkt.

Für diesen Test musst du nur wissen, dass dort, wo im Code die Funktion `delay(milliseconds);` auftaucht, der Controller die angegebene Zeit wartet. In Bild 2.4 ist die entsprechende Code-Stelle rot markiert. Das erste Delay gibt die Leuchtzeit nach dem Einschalten der LED an, das zweite gibt die Wartezeit nach dem Abschalten der LED an. Die Zeiten werden in Millisekunden eingegeben. Der Wert 1000 steht also für eine Sekunde.

Ändere nun die Zahlen und übertrage den Sketch erneut. Du siehst sofort das Ergebnis: Die LED blinkt im von dir gewählten Rhythmus.

An diesem Code-Beispiel kannst du auch den grundsätzlichen Aufbau eines Sketches erkennen. Es gibt zwei Hauptfunktionen, die immer wieder auftauchen werden:

```
1  void setup() { // wird einmal zu Beginn ausgeführt
2  }
3  void loop() { // wird endlos (also immer wieder) ausgeführt
4  }
```

Das Schlüsselwort `void` sagt dem C-Compiler, dass jetzt eine Funktion definiert wird, die keinen Wert zurückliefert. So etwas nennt man auch eine Prozedur, mit der eine bestimmte Tätigkeit ausgeführt wird.

Die Funktionen `setup` und `loop` bestimmen die grundsätzliche Struktur eines Sketches. Die Funktion `setup` wird zu Beginn genau einmal durchlaufen. Hier legst du deine Rahmenbedingungen fest und initialisiert das System. Alles, was zur Vorbereitung der Aufgabe ausgeführt werden muss, gehört hier hinein. Die Funktion `loop` wird immer wiederholt und enthält die eigentlichen Funktionen deiner Anwendung. Auf diese Weise vermeidest du, dass der Arduino in einen undefinierten Zustand gerät. Denn wenn der `loop`-Block zuende ist, wird er gleich wieder von vorne ausgeführt. Daher muss in unserem Blink-Sketch die LED auch nur einmal ein- und ausgeschaltet werden. Die Befehle stehen ja im `loop`-Block, also wird der Arduino endlos blinken.

In den Arduino-Projekten (Kapitel 5 bis 16) wirst du Schritt für Schritt mehr zur Programmierung erfahren. Solltest du dir einen strukturierten Überblick verschaffen wollen, findest du in Kapitel 17 alle Programmiergrundlagen in der Zusammenfassung.

Nachdem du den Arduino nun zum Laufen gebracht hast, kannst du es sicher kaum erwarten, deine erste Schaltung aufzubauen. Damit werden wir uns in Kapitel 3 beschäftigen.

3 Dein erster Schaltkreis

Alle elektrischen Geräte beruhen auf denselben physikalischen Gesetzmäßigkeiten. In einer Schaltung werden diese Gesetzmäßigkeiten gezielt genutzt, um Dinge physikalisch zu verändern. Der einfachste Stromkreis beinhaltet eine Energiequelle und einen Verbraucher. Dies kann zum Beispiel ein mit einer Batterie betriebenes Leuchtmittel wie bei einer Taschenlampe sein. Eine ähnliche Schaltung wirst du in diesem Kapitel kennenlernen und selber bauen.

Natürlich kann ein Stromkreis auch sehr viel komplexer aufgebaut sein als der einer Taschenlampe. Je nach Anwendung werden in einem Stromkreis verschiedene Komponenten hinzugefügt. Werden bestimmte Schaltungen mehrfach in gleicher Ausprägung benötigt, kann es Sinn ergeben, diese in sogenannte integrierte Schaltungen (Englisch: *integrated circuits*, kurz: IC) zu überführen und als eine Art Baustein verfügbar zu machen. Smartphones bestehen zum Beispiel aus einer Vielzahl integrierter Schaltungen in einem Chip.

Bild 3.1 Anschlüsse für individuelle Schaltungen beim Arduino Uno

Hast du schon mal vom Mooreschen Gesetz gehört? Das Mooresche Gesetz geht auf Gordon Moore, einen Mitbegründer der Firma Intel, zurück. Dieser prognostizierte in den sechziger Jahren, dass sich die Zahl der Transistoren von integrierten Schaltungen (IC) jährlich verdoppeln würde. Diese Annahme traf er aufgrund der rasanten Entwicklung der Halbleiterindustrie. Später relativierte er die Annahme dahingehend, dass er voraussagte, die aktiven Komponenten eines Chips würden sich etwa alle zwei Jahre verdoppeln. Heute gehen Experten von einer Verdoppelung innerhalb von 18 Monaten aus. Dieser Trend ist ungebrochen und wir bekommen immer kleinere Hardware mit immer mehr Funktionen angeboten.

Doch bevor wir weiter über die Zukunft von technischen Geräten philosophieren, kehren wir zu den Basics zurück und bauen eine erste Schaltung.

Was du dafür brauchst:

- je eine rote, gelbe und grüne Leuchtdiode
- 3 × 220 Ohm-Widerstände
- einen Taster (z. B. Drucktaster T604[1])
- eine Schaltlitze oder einen Klingeldraht (ca. 1 m)
- ein Steckbrett (Breadboard)

Falls du nicht weißt, welchen Widerstand du in der Hand hältst, hilft dir die Übersicht in Bild 3.2 bei der Orientierung.

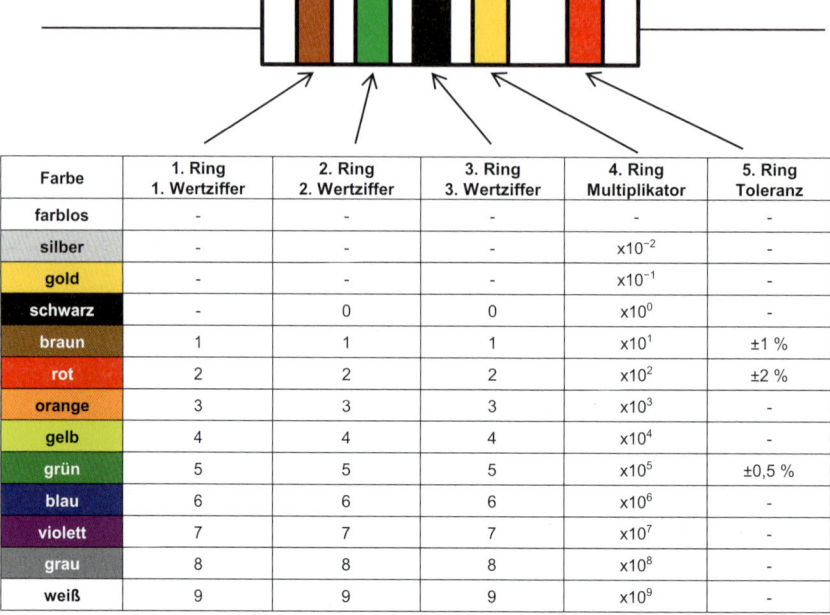

Farbe	1. Ring 1. Wertziffer	2. Ring 2. Wertziffer	3. Ring 3. Wertziffer	4. Ring Multiplikator	5. Ring Toleranz
farblos	-	-	-	-	-
silber	-	-	-	$\times 10^{-2}$	-
gold	-	-	-	$\times 10^{-1}$	-
schwarz	-	0	0	$\times 10^{0}$	-
braun	1	1	1	$\times 10^{1}$	±1 %
rot	2	2	2	$\times 10^{2}$	±2 %
orange	3	3	3	$\times 10^{3}$	-
gelb	4	4	4	$\times 10^{4}$	-
grün	5	5	5	$\times 10^{5}$	±0,5 %
blau	6	6	6	$\times 10^{6}$	-
violett	7	7	7	$\times 10^{7}$	-
grau	8	8	8	$\times 10^{8}$	-
weiß	9	9	9	$\times 10^{9}$	-

Bild 3.2 Diese Tabelle erklärt dir, wie du den richtigen Widerstand findest.

---

1 *https://www.conrad.de/de/drucktaster-24-vdc-005-a-1-x-aus-ein-t604-tastend-1-st-700479.html*

3.1 Schaltungsaufbau mit dem Breadboard (Steckbrett)

Vielleicht fragst du dich: „Was brauche ich für meine Schaltung? Ein Breadboard? Was ist denn ein Brotbrett?" Ein Breadboard – im Deutschen auch Steckbrett oder Steckplatine genannt – erleichtert das Experimentieren mit elektronischen Bauteilen ungemein.

Der englische Begriff leitet sich von den ersten Schaltungen ab, welche – wie in Bild 3.3 zu sehen – einfach auf ein Holzbrett genagelt wurden. Diese Holzbretter erinnerten die Arbeiter an ihre Frühstücksbrettchen. Fortan wurden diese deshalb Brotbrett, also Breadboard, genannt.

Bild 3.3 Ein Breadboard aus dem Jahr 1920: Sieht doch aus wie ein Frühstücksbrett, oder?

Auf einem Breadboard kann man die Bauteile einfach aufstecken, ohne dass diese zu verlöten sind. Integrierte Schaltungen (ICs) können direkt auf das Breadboard gesteckt werden. Üblicherweise beträgt das Rastermaß 2,54 mm.

Da die Fertigung einer kompletten Platine (PCB) vom Layout übers Ätzen bis hin zum Bestücken sehr zeitaufwendig ist, bietet sich das Breadboard für kleine Experimente und zum grundlegenden Testen eines Schaltungsentwurfes an. Mit einem Breadboard entfällt ein Großteil des Aufwands beim Rapid Prototyping[2]. Andererseits bringen Breadboards einige Vorgaben und Beschränkungen mit sich, die man kennen sollte. Dazu erfährst du in Abschnitt 3.1.3 mehr.

3.1.1 Aufbau

Der Trick beim Breadboard besteht darin, dass einige der Löcher auf dem Steckbrett untereinander leitend verbunden sind. In der schematischen Darstellung des Steckbretts, die in Bild 3.4 zu sehen ist, haben wir diese Verbindungen mit Linien eingezeichnet. Im Versorgungsbus verlaufen sie in zwei parallelen Zeilen von links nach rechts, während in der Mitte des Steckbretts jeweils fünf Löcher horizontal zu einer Spalte zusammengefasst sind.

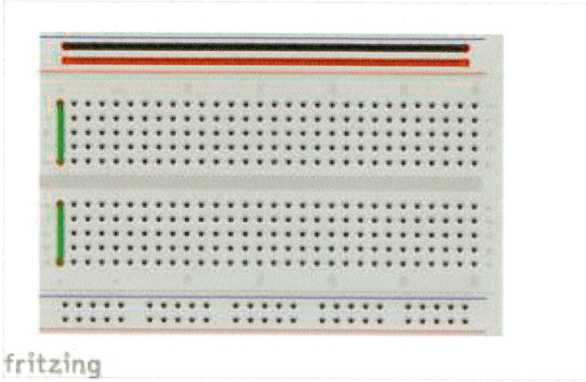

Bild 3.4 Verdrahtung der Pins auf einem Breadboard

Das Breadboard ist so aufgebaut, dass immer eine Reihe von fünf Kontakten miteinander verbunden ist (grüne Linien in Bild 3.4). Alle Bauteile, die mit einem Bein im gleichen Fünferfeld stecken, haben also miteinander Kontakt.

Zwischen zwei solcher Zeilenblöcke verläuft ein größerer Spalt. An dieser Stelle können DIP-ICs (Integrierte Schaltkreise in Dual-Inline-Bauform) auf das Brett gesteckt werden. Die eine Reihe der Beinchen steckt dann oberhalb (neben dem Spalt) und die andere unterhalb davon.

Andere Bauteile, wie z. B. Widerstände, Kondensatoren oder Transistoren, können an beliebiger Stelle innerhalb der Blöcke eingebaut werden. Um sie untereinander zu verbinden, kann man entweder jeweils ein Bein der Bauteile in eine gemeinsame Zeile stecken oder – für längere Wege – mit Drahtbrücken arbeiten.

---

[2] Als Rapid Prototyping bezeichnet man einen schnellen Test-Aufbau, um eine Schaltungsidee zu überprüfen. Es geht dabei noch nicht darum, ein perfektes Modell für die Serienproduktion zu haben. Daher werden z. B. die Verbindungen auch nicht gelötet, sondern nur gesteckt. So kann man den Aufbau schnell verändern oder erweitern.

3.1.2 Versorgungsspannung

Steckbretter gibt es in verschiedenen Ausführungen. Die meisten Breadboards verfügen über eine seitliche Stromversorgung in Form eines Bus (mit Plus- und Minuspol). Oft ist der Pluspol rot und der Minuspol schwarz gekennzeichnet. Der Bus kann über Kabelbrücken z. B. mit dem Arduino und der Spannungsversorgung verbunden werden. Einige Breadboards verfügen sogar über sogenannte Bananen-/Büschelstecker[3], mit denen ein Netzteil angeschlossen werden kann.

3.1.3 Einschränkungen

Wie schon erwähnt, sind Breadboards eine gute Möglichkeit, um auf schnelle Weise neue Prototypen aufzubauen. Jedoch gibt es einige Einschränkungen:

- SMD-Bauteile[4] (Englisch: *surface-mount device*, kurz: SMD) können ohne zusätzliche Adapter nicht verwendet werden.
- Breadboards sind nicht für große Spannungen und Ströme ausgelegt.
- Ab einer gewissen Größe werden die Schaltungen unübersichtlich.
- Breadboards sind nur bedingt für Schaltungen mit hohen Frequenzen geeignet.

■ 3.2 Vom Programm zur Schaltung: Hardwareentwicklung mit dem Arduino

Was den Arduino so reizvoll macht, ist, dass du eigene Schaltungen entwickeln und aufbauen kannst, und so den Schritt vom Software- zum Hardware-Entwickler machst. Auf diese Weise erweiterst du deinen Computer, du stattest ihn quasi mit Sinnen aus, die es ihm ermöglichen, mit der Umwelt zu kommunizieren und auf sie zu reagieren. Neben Programmierkenntnissen benötigt der Arduino-Nutzer also auch Grundkenntnisse in der Elektrotechnik.

---

3 Bananenstecker sind einfache standardisierte Steckverbinder für geringe Stromstärken. Ihren Namen verdanken sie einer am Stecker entlanglaufenden gewölbten Feder, durch die das Aussehen des Steckers an eine Banane erinnert. Die Feder stabilisiert den Stecker in der Verbindung. Ein Büschelstecker besitzt statt der gewölbten Feder ein Büschel von Drähten zur Stabilisierung.

4 SMD-Bauteile wurden für die maschinelle Serienproduktion von Schaltungen konzipiert. Sie sind sehr klein und haben keine Anschlussdrähte. Daher sind sie recht schwer von Hand zu verlöten.

In den folgenden Abschnitten lernst du einige elektronische Bauteile und deren Aufbau kennen. Unsere Erläuterungen werden in diesem Kapitel sehr praxisorientiert sein. In Kapitel 4 steigen wir dann tiefer in die Schaltungstechnik ein.

Hast du dein Breadboard, eine Leuchtdiode und einen Widerstand griffbereit vor dir liegen? Prima, dann kann es jetzt ja losgehen.

■ 3.3 Dein erster Stromkreis

Im ersten Schritt wollen wir einen einfachen Stromkreis bauen. Der Arduino dient uns dazu nur als Spannungsquelle. Er bekommt aber später noch mehr zu tun. Für die Verbindungen zwischen Breadboard und Arduino sowie für die Verbindungen auf dem Breadboard selbst brauchst du ein paar kleine Kabelstücke. Mit einem Seitenschneider lassen sie sich bequem aus der Schaltlitze schneiden (Bild 3.5). Zur Not tut's auch eine Haushaltsschere. Die Isolierung an beiden Enden musst du entfernen, sodass der blanke Metalldraht einige Millimeter herausschaut. Das geht am besten mit einem Taschenmesser. Führe dazu einfach die Klinge ohne Druck einmal locker um den Draht herum. Auf diese Weise wird die weiche Plastikisolierung durchtrennt, aber der Draht bleibt unbeschädigt. Die Isolierung lässt sich danach wie ein Käppchen ganz leicht nach oben abziehen.

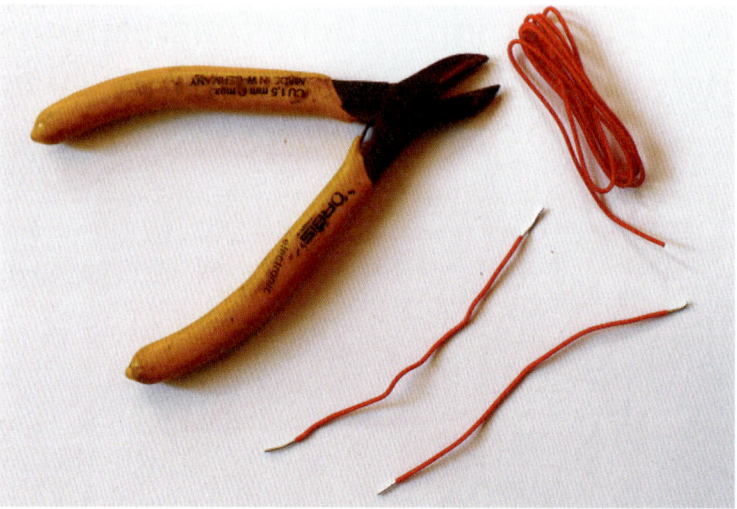

Bild 3.5 Mit dem Seitenschneider lassen sich kleine Verbindungsdrähte herstellen.

3.4 „Es werde Licht!" Eine LED zum Leuchten bringen

Nach einigen Vorbereitungen kann es nun endlich losgehen.

1. Setze den 220 Ohm-Widerstand etwa mittig auf das Breadboard.
2. Verbinde den +5 V-Ausgang am Arduino mit dem rechten Anschlussbeinchen des Widerstands.
3. Verbinde das längere Anschlussbeinchen der LED auf der linken Seite mit dem Widerstand.
4. Setze einen Verbindungsdraht vom kurzen LED-Beinchen zum GND[5]-Anschluss am Arduino.

Bild 3.6 Ein einfacher Stromkreis mit LED, Widerstand und Arduino als Spannungsquelle

Leuchtet die LED? Prima, dann hast du alles richtig gemacht. Falls nicht, dann überprüfe erst einmal, ob auch wirklich das kürzere Anschlussbeinchen mit dem GND-Anschluss verbunden ist. Die Leuchtdiode funktioniert nämlich nur in einer Richtung.

---

[5] GND (Ground) oder auch Masse ist der Anschluss, der auf 0 Volt liegt. In unseren Beispielen ist das immer auch der Minuspol der Spannungsversorgung.

Bild 3.7 Die gelbe LED leuchtet.

3.5 Jetzt nehmen wir Kontakt auf: Ein- und Ausgänge am Arduino

Nun lassen wir die LED erst einmal weiter vor sich hin leuchten und schauen uns den Arduino genauer an. Der Arduino besitzt an zwei Seiten Leisten mit Kontakten, die beschriftet sind. Bislang haben wir nur den +5 V- und den GND-Anschluss benutzt, welche eine Betriebsspannung für die Schaltung bereitstellen. Das siehst du auch daran, dass über dem Block „Power" steht. Es gibt aber noch viel mehr Kontakte mit interessanten Funktionen.

Gegenüber der Spannungsversorgung haben wir eine Reihe, die mit *DIGITAL (PWM ~)* beschriftet ist. Dies sind die digitalen Ein- und Ausgänge. Hier wird es spannend, denn auf diese Ausgänge können wir mit der Programmierung zugreifen. Jeder dieser Kontakte ist eine digitale Schnittstelle, die einem Bit entspricht, also 0 oder 1 sein kann. Sie kann eigentlich noch mehr, wie du in Kapitel 7 erfahren wirst.

Wir können jeden Kontakt entweder als Ausgang nutzen und per Sketch einen Wert darauf setzen, oder wir definieren ihn als Eingang und können dann einlesen, welcher Spannungspegel dort anliegt. Das wollen wir in Abschnitt 3.6 gleich einmal ausprobieren.

■ 3.6 Wir tasten uns heran: Eine LED per Taster steuern (Teil 1)

Für den nächsten Arbeitsschritt brauchst du den eingangs erwähnten Taster. Falls du keinen Taster besitzt, kannst du Folgendes machen: Lies dir die Beispiele aus diesem Abschnitt durch und übernimm nur den Teil mit der LED. Schaue dir dann den Sketch mit dem Blinklicht aus Abschnitt 2.3 an. Nun sollte es kein Problem sein, die Sketches anzupassen und die LED auf dem Board über einen digitalen Ausgang des Arduino zum Blinken zu bringen.

Falls du einen Taster besitzt, gehst du wie folgt vor:

1. Schließe einen Kontakt des Widerstands mit +5 V am Arduino an (Bild 3.8).
2. Verbinde den anderen Kontakt des Widerstands mit dem langen Anschluss der LED.
3. Ziehe ein Kontaktkabel vom kurzen Anschluss der LED zum DIGITAL-Pin 9.
4. Setze den Taster mit seinen vier Kontakten auf den Mittelsteg des Breadboards.
5. Kontaktiere einen Anschluss des Tasters mit dem DIGITAL-Pin 4.
6. Verbinde den anderen Anschluss des Tasters mit GND.
7. Öffne die Entwicklungsumgebung *arduino.exe* auf deinem Rechner.
8. Gehe auf DATEI > NEU und kopiere den folgenden Code ins Editorfenster:

```
1   int LED=9;
2   int TASTER=4;
3
4
5   void setup() {
6   pinMode(LED,OUTPUT);
7   pinMode(TASTER, INPUT);
8   digitalWrite(TASTER,HIGH);
9
10  }
11
12  void loop() {
13
14  if(digitalRead(TASTER)) digitalWrite(LED,HIGH); else
15  digitalWrite(LED,LOW);
16
17  }
```

Die Zeilennummerierung des Codes dient übrigens nur dazu, um hier im Buch leichter auf eine bestimmte Stelle im Code zu verweisen. Du brauchst sie in der Arduino-IDE nicht einzugeben.

Bild 3.8 So sollte deine Schaltung in etwa aussehen.

■ 3.7 Morsen mit dem Arduino: Eine LED per Taster steuern (Teil 2)

Wie du den Sketch aus Abschnitt 3.6 an den Arduino sendest, weißt du ja schon aus Abschnitt 2.3. Klicke einfach auf den Pfeil in der Toolbar über dem Editorfenster. Der Button mit dem Häkchen links daneben dient dazu, deinen Sketch auf Fehler zu überprüfen. Nach erfolgreicher Übertragung drückst du ein paar Mal auf den Taster. Die LED leuchtet nun exakt so lange wie der Taster gehalten wird. Mit dieser Schaltung haben wir also einen Morseapparat gebaut.

Untersuchen wir den Code aus Abschnitt 3.6 mal etwas genauer:

In den Zeilen 1 und 2 definieren wir Variablen, damit wir uns nicht immer wieder aufs Neue ins Gedächtnis rufen müssen, an welchen Pins der Taster und die LED angeschlossen sind. Die Variablen dienen als Platzhalter. Natürlich kannst du bei deinem Aufbau auch andere Pins verwenden. In diesem Falle musst du die Zahlen entsprechend anpassen.

Im setup-Teil in den Zeilen 6 und 7 legen wir fest, wie die Pins arbeiten. Die LED soll vom Arduino ein- und ausgeschaltet werden. Das ist also ein OUTPUT-Pin. Der Taster dient natürlich zu Eingabe, denn damit wollen wir dem Arduino mitteilen, dass wir etwas schalten wollen. Also gibt es auch einen INPUT-Pin. Diese Zuordnungen legt die Funktion pinMode fest.

3.8 If-Abfragen erstellen: Eine LED per Taster steuern (Teil 3)

Schauen wir uns auch noch die restlichen Zeilen des Codes aus Abschnitt 3.6 an. Im loop-Block folgt in Zeile 14 ein sehr wichtiges Konzept aus der Programmierung: Hinter if steht immer eine Aussage, zum Beispiel „Taster gedrückt". Der Controller prüft nun, ob diese Aussage zutrifft oder nicht. Wenn sie zutrifft, arbeitet das Programm den Teil ab, der hinter dem if-Statement steht. Wenn die Aussage nicht zutrifft, dann wird der Block hinter dem Schlüsselwort else abgearbeitet. Man kann das Verhalten von Programmen also von Bedingungen abhängig machen.

In unserem Beispiel steht im Bedingungsblock die Funktion digitalRead (Taster). Sie liest den Zustand des Pins aus, an dem der Taster angeschlossen ist. Wenn die Funktion den Zustand HIGH zurückliefert, dann gilt die Bedingung als erfüllt. Mit digitalWrite können wir analog dazu den Zustand eines Pins und damit den der LED setzen.

In Zeile 14 schalten wir also die LED genau dann auf HIGH, wenn der Zustand des Tasters auf HIGH ist. Sonst schalten wir auf LOW (in Zeile 15). Dadurch können wir mit dem Taster die LED schalten.

HINWEIS: Aber Vorsicht! Dass der Pin, an den die LED angeschlossen ist, auf HIGH liegt, heißt nicht notwendigerweise, dass die LED dann auch leuchtet. Das hängt nämlich davon ab, wie die LED genau geschaltet ist.

3.9 Ein Taster, zwei Wirkungen: Eine LED ein- und ausschalten

Bestimmt hast du schon einmal ein Gerät benutzt, bei dem du eine Funktion mit demselben Knopf ein- und ausschalten kannst. Was genau passiert, wenn du auf den Knopf drückst, hängt davon ab, wie der augenblickliche Zustand gerade ist. Jeder Power-Schalter eines Monitors funktioniert auf diese Weise: Ist der Monitor an, schaltet der Taster ihn aus und umgekehrt. Dieses Hin- und Herschalten nennt man **toggeln**.

Eine solche Schaltung wollen wir mit der LED nachbauen (Bild 3.9). Dazu musst du am Aufbau nichts verändern, sondern nur folgenden neuen Sketch hochladen:

```
1   int LED=9;
2
3   int TASTER=4;
4   int TOGGLE=false;
5   void setup() {
6   // put your setup code here, to run once:
7   pinMode(LED,OUTPUT);
8   pinMode(TASTER, INPUT);
9   digitalWrite(TASTER,HIGH);
10  }
11
12  void loop() {
13  // put your main code here, to run repeatedly:
14  if(!digitalRead(TASTER)){
15      delay(100); // Entprellen des Tasters
16      If((!digitalRead(TASTER))TOGGLE=!TOGGLE;}
17  if (TOOGLE==true) digitalWrite(LED,HIGH); else digitalWrite(LED,LOW);
18  }
```

In Zeile 4 des vorgegangenen Codes definieren wir die Variable `TOGGLE` als `false`. Die Werte `true` und `false` sind vom Arduino-Compiler bereits vordefinierte Konstanten, die du für die Programmierung logischer Bedingungen nutzen kannst – zum Beispiel in einer `if`-Abfrage oder bei anderen bedingten Kontrollstrukturen wie `while` (dazu später mehr).

In Zeile 14 fragen wir wieder den Zustand des Tasters ab. Was danach kommt, überrascht dich vielleicht, aber wenn du versucht hast, das Programm selbst zu entwickeln, dann ist dir sicherlich aufgefallen, dass sich die Schaltung nicht ganz so wie erwartet verhält.

Die Zeitspanne zwischen Herunterdrücken und Loslassen des Tasters ist nur einige Sekundenbruchteile lang, aber der Arduino ist schnell genug, um während dieser Zeit den `loop`-Block mehr als einmal auszuführen. Während der Taster gedrückt bleibt, wird die LED sehr schnell hin- und herschalten, und beim Loslassen des Tasters wird der Zustand angezeigt, der zufällig gerade aktiv war.

Bild 3.9 Mit dem Taster kannst du die LED aus- und einschalten.

Das wollten wir so natürlich nicht. Deshalb warten wir, nachdem der Taster als gedrückt erkannt wurde, noch einige Millisekunden und fragen ihn dann nochmals ab. Mit diesem sogenannten **Entprellen** des Tasters wird der undefinierte Zwischenzustand von vorher aufgehoben. Allerdings musst du jetzt mindestens 100 ms drücken, um die LED umzuschalten. Versuche auch mal, mit anderen `delay`-Werten zu experimentieren.

Nachdem der Tastendruck erkannt und durch die erneute Abfrage bestätigt wurde, wird die Variable `TOGGLE` in Zeile 16 umgeschaltet. Das lösen wir durch den Verneinungs-Operator `!`, der aus einem `true` ein `false` macht und umgekehrt. Die Anweisung `TOGGLE=!TOGGLE` kehrt also den Wahrheitswert immer dann um, wenn der Taster länger als 100 Millisekunden gedrückt wird. In Zeile 17 schalten wir die LED in Abhängigkeit vom Wert der Variablen an oder aus.

> Folgendes haben wir aus den Versuchen gelernt: Der erste Aufbau mit dem Taster war ein Morseapparat. Die LED leuchtete genau so lange wie der Taster gedrückt gehalten wurde. Im zweiten Aufbau haben wir einen Ein/Aus-Schalter daraus gemacht, haben aber an der Schaltung selbst nichts verändert. Wir haben nur einen anderen Sketch übertragen, also sozusagen lediglich die Firmware geändert. Das zeigt die Flexibilität, die solch eine Mikrocontroller-Lösung bietet. Derselbe Aufbau kann viele verschiedene Aufgaben erledigen. Zu dieser Erkenntnis werden wir im Laufe des Buches noch öfters kommen.

Abschließend wollen wir dir noch ein paar Anregungen für weitere Experimente mit dieser Schaltung geben:

- Tausche im Code `HIGH` und `LOW` aus und beobachte, wie sich dies auswirkt.
- Setze im `if`-Statement ein `!` vor `digitalRead(TASTER)`. Dies ist das Zeichen für Verneinung. Es kehrt die Aussage also einfach um: Aus „wahr" wird „falsch" und umgekehrt. Was passiert dann?
- Baue eine zweite und dritte LED ein, schalte sie mit dem Taster durch oder programmiere mit `delay` ein Lauflicht[6].

> **HINWEIS:** Betreibe eine LED nie ohne einen Widerstand davor zu schalten. Wenn du die LED direkt an die +5 V anschließt, wird sie das nicht überleben.

---

6 Ein Lauflicht ist eine Reihe von mehreren Lampen oder LEDs, die nacheinander zeitversetzt leuchten und damit Bewegungseffekte erzeugen.

4 Der Schlüssel zum Verstehen aller Schaltungen

In diesem Kapitel wird es etwas theoretischer zugehen. Es vermittelt die nötigen Grundlagen, welche du für die Realisierung der Arduino-Projekte in Kapitel 5 bis 16 benötigst. Mit dem erworbenen Wissen wirst du besser verstehen, was in einer Schaltung vor sich geht. Denn schließlich willst du ja nicht nur Arduino-Projekte aus dem Internet nachbauen, sondern auch eigene Ideen verwirklichen, oder? Und was machst du, wenn eine Schaltung mal nicht auf Anhieb funktioniert? Dann ist Fehlersuche angesagt – und dazu musst du wissen, was hinter den Kulissen geschieht. Nach einer Einführung in Stromkreise und Schaltungen schauen wir uns die einzelnen Bauteile und deren Zweck genauer an. Außerdem zeigen wir dir, wie du mit einem Multimeter umgehst und wie du damit wichtige Messungen an deinem Schaltungsaufbau vornehmen kannst.

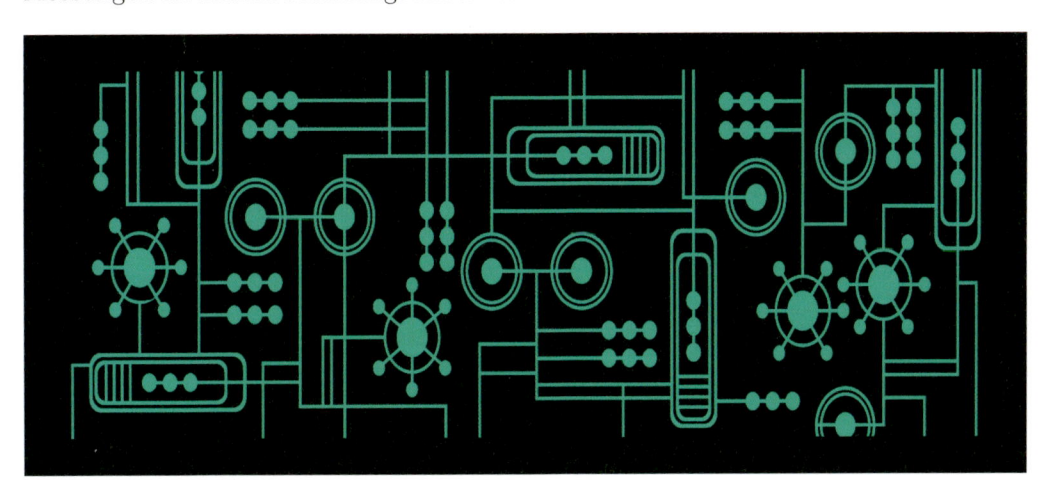

Bild 4.1 Der Schlüssel zum Verstehen aller Schaltungen

4.1 Der Schaltplan – die abstrakte Essenz der Schaltung

Als Erstes schauen wir uns einmal an, wie unsere Bauteile im Schaltplan aussehen. Ein Schaltplan ist ein abstraktes Abbild der Schaltung. Er zeigt an, welche Bauteile vorhanden sind und auf welche Weise diese miteinander verbunden sind. Um einen Schaltplan lesen zu können, hilft es, die Standard-Symbole zu kennen. Bild 4.2 zeigt die wichtigsten Symbole im Überblick.

> **TIPP:** Das Widerstandssymbol in Bild 4.2 ist die amerikanische Darstellungsweise. Im europäischen Raum wird ein Widerstand einfach als leeres Rechteck dargestellt. Das ist vielleicht am Anfang etwas verwirrend, aber im Grunde nicht weiter schlimm, denn man kann beide Symbole nicht mit etwas Anderem verwechseln.

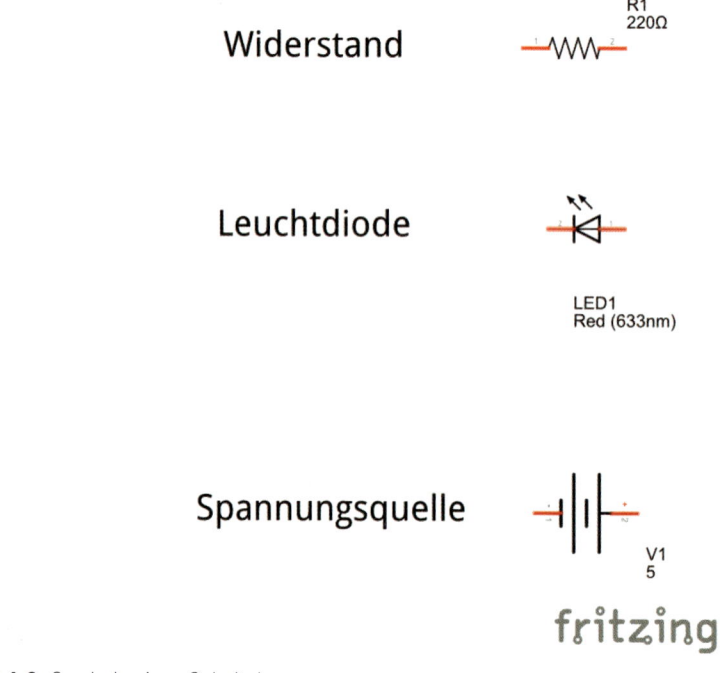

Bild 4.2 Symbole eines Schaltplans

Ein Schaltplan sagt übrigens nichts darüber aus, wie die wirklichen Abstände zwischen den Bauelementen aussehen und wie sie angeordnet sind. Das Bild eines Schaltplans lässt sich in ein Layout auf dem Breadboard (Steckbrett) übertragen. Schaltpläne sind ein Mittel zum Planen von Schaltungen und auch zur Kommunikation mit anderen Makern. Wenn du einem Freund deinen Schaltplan schickst, dann wird er in der Lage sein, die Schaltung nachzubauen. Sie wird nicht exakt gleich aussehen, aber sie wird die gleiche Funktion haben – und genau diese Information steckt im Schaltplan.

Gehen wir kurz die anderen Schaltplan-Symbole durch, die neben dem **Widerstand** in Bild 4.2 gezeigt werden. Aus Kapitel 3 weißt du, dass die **Leuchtdiode** nur in einer Richtung funktioniert. Das liegt daran, dass sie ein Halbleiter ist und ganz besondere elektrische Eigenschaften hat. Im Schaltsymbol erkennst du die Richtung anhand des pfeilförmigen Symbols. Der Pfeil muss immer in Richtung Minuspol zeigen, wenn die LED leuchten soll. Um deine Schaltung mit Energie zu versorgen, brauchst du immer eine **Spannungsquelle**. Das kann zum Beispiel eine Batterie oder ein Netzgerät sein. Der Arduino stellt auch eine Spannungsquelle zur Verfügung.

4.2 Spannung, Strom, Widerstand – das Dreigespann der Elektrotechnik

Eine Spannungsquelle kannst du dir als ein Reservoir von Ladungsträgern vorstellen. Sie stehen unter Spannung, das heißt, sie haben den Drang vom Minus- zum Pluspol zu fließen. Bildlich kann man sich das wie eine gespannte Feder vorstellen: Die Feder steckt voller Energie, die schlagartig entladen wird, sobald der Weg frei ist.

Sobald Plus- und Minuspol elektrisch verbunden werden, beginnt also ein Strom zu fließen. Je höher die Spannung, desto größer der Strom. Eine Spannung besteht immer zwischen zwei Punkten einer Schaltung. Deshalb hat die Spannungsquelle auch zwei Pole, die mit Plus und Minus bezeichnet werden.

Ein Strom fließt nur dann, wenn der Stromkreis geschlossen ist, also eine leitende Verbindung zwischen Plus und Minus hergestellt ist. Im Gegensatz dazu ist die Spannung immer vorhanden. Sie zeigt das Potenzial an, dass ein Strom fließen kann. Wie groß dieser Strom ist, hängt von der Spannung ab. Wie bereits erwähnt: Je höher die Spannung, desto größer der Strom.

Die Größe des Stroms hängt darüber hinaus auch von den Bauteilen ab, die in den Stromkreis geschaltet sind und durch die der Strom fließen muss. Diese setzen dem Stromfluss nämlich einen Widerstand entgegen – und genau so heißt diese Eigenschaft auch in der Elektrotechnik: Widerstand. Das ist zum einen die Eigenschaft, den Stromfluss zu begrenzen, aber gleichzeitig heißt so auch das Bauteil, das wir zu diesem Zweck in den Schaltungen verwenden.

Spannung, Strom und Widerstand sind also drei unterschiedliche Größen, die miteinander zusammenhängen. Dem werden wir nun auf den Grund gehen. Du weißt bestimmt schon, dass Spannungen in Volt und Ströme in Ampere gemessen werden. In der Elektronik haben wir es mit nicht so großen Strömen zu tun, daher begegnet man oft der Einheit *mA*. Das sind Milliampere oder ein Tausendstel von einem Ampere.

Die Einheit des Widerstands ist das Ohm (Ω = großes Omega im griechischen Alphabet). Wie es in einem Stromkreis zum Widerstand kommt, kannst du dir anhand eines einfachen Kupferkabels vorstellen. Wenn hier Strom fließt, bedeutet das auf mikroskopischer Ebene, dass sich Elektronen zwischen den Metallatomen hindurchwinden. Dabei gibt es immer Verluste. Einige Elektronen werden gestoßen oder eingefangen und sind dann raus. Diese Verluste sind natürlich umso größer, je länger das Kabel ist. Doppelte Kabellänge heißt doppelte Verluste, also doppelter Widerstand und im Endergebnis halber Strom.

Wir können dieses Ergebnis in einer Formel zum Ausdruck bringen. Wir stellen dazu eine Gleichung aus Spannung (U), Strom (I) und Widerstand (R) auf. Dies sind die üblichen Bezeichnungen, die du so in jedem Lehrbuch der Elektrotechnik findest. Es gilt: Doppelte Spannung führt zu doppeltem Strom, doppelter Widerstand führt zu halbiertem Strom. Ganz allgemein muss damit gelten:

$I = U/R$

Wenn wir diese Gleichung umformen, landen wir beim berühmten Ohmschen Gesetz:

$U = R \times I$

Vom Ohmschen Gesetz hast du bestimmt schon mal gehört. Wir brauchen es tatsächlich oft in der Schaltungstechnik, um die Kennwerte der Bauteile passend auszuwählen. Nehmen wir zum Beispiel an, deine LED verträgt ca. 20 mA Strom (das sind 0.02 A). Du willst sie am +5 V-Ausgang des Arduino betreiben. Wie groß muss dann der Vorwiderstand sein? Dazu formen wir das Ohmsche Gesetz etwas um und erhalten:

$R = U/I = 5\ V/0.02\ A = 250\ \Omega$.

Also wählen wir einen Widerstand, der möglichst nahe an diesen 250 Ω liegt. Dies ist der Grund, warum wir bei unseren Versuchen in Kapitel 3 einen 220 Ω-Widerstand gewählt haben.

> **TIPP:** Zusätzlich wird als Vorwiderstand für eine LED der Spannungsabfall an der LED (Durchlassspannung, für jede Farbe typisch) von den 5 V abgezogen werden. Also z. B. für Rot: (5V − 1.6V)/0.020A = 3.4V/0.020A = 170 Ω
>
> 180 Ohm aus der E12-Widerstandsreihe würden eigentlich reichen, man nimmt aber 220 Ohm, um bei Toleranzen auf der sicheren Seite zu sein.
>
> Weitere Details zur Berechnung findest du hier: *http://www.led-treiber.de/html/vorwiderstand.html*

> **HINWEIS:** Wenn durch einen Widerstand ein Strom fließt, dann liegt daran eine Spannung an, die so groß ist wie das Produkt aus Strom und Widerstand.
>
> Dieser Merksatz ist ziemlich wichtig, denn diese Eigenschaft von Widerständen wird sehr oft ausgenutzt: Man verwendet sie, um an bestimmten Punkten innerhalb einer Schaltung Spannungen zu erzeugen. Deswegen heißen die Grundschaltungen, die wir uns anschauen, auch **Spannungsteiler**. Wenn zwei Widerstände hintereinander an eine Spannungsquelle angeschlossen werden, dann teilt sich die Spannung zwischen ihnen im Verhältnis der Widerstandswerte auf. Liegen Widerstände mit 10 Ω und 90 Ω hintereinander an einer Spannung von 1 V, dann misst man über dem 10 Ω-Widerstand eine Spannung von 0,1 V und über dem 90 Ω-Widerstand eine Spannung von 0,9 V.

4.3 Bitte parallel in Reihen aufstellen! Das Gesetz der Reihenschaltung

Wir kommen nun noch einmal zu unserem Beispiel mit dem Kupferkabel zurück. Dieses Beispiel soll dir helfen, die wichtigsten Grundkonzepte der Schaltungstechnik zu verstehen. Wir hatten ja bereits festgestellt, dass eine Verdoppelung der Kabellänge auch den Widerstand verdoppelt, weil die Reibungsverluste des Stroms sich verdoppeln.

> **HINWEIS:** Aus den vorangegangenen Ausführung lässt sich das Gesetz der Reihenschaltung ableiten: Schaltet man zwei Widerstände in Reihe hintereinander, dann addieren sich ihre Widerstandswerte. Der Widerstand der gesamten Anordnung ist die Summe der Einzelwiderstände: $R_{Gesamt} = R_1 + R_2$

Wir könnten aber auch das Kabel in der Mitte durchschneiden und die beiden Hälften parallel nebeneinander in die Schaltung einsetzen. Dann haben die Elektronen doppelt so viel Platz. Der Strom verdoppelt sich also, und wie wir bereits gelernt haben, halbiert sich in der Folge der Widerstand.

> **HINWEIS:** Ganz allgemein gilt also: Schaltet man zwei gleich große Widerstände parallel, dann ist der Widerstand der gesamten Anordnung die Hälfte des Einzelwiderstands.

Für verschieden große Widerstände gilt im Prinzip natürlich dasselbe, aber der Gesamtwiderstand berechnet sich dann etwas anders. Wer es ganz genau wissen will: Man muss dann die Kehrwerte der Einzelwiderstände addieren und vom Ergebnis wieder den Kehrwert nehmen. Dies lässt sich mit folgender Formel berechnen:

$1/R_{Gesamt} = 1/R_1 + 1/R_2$

In Bild 4.3 siehst du die Schaltpläne für beide Fälle.

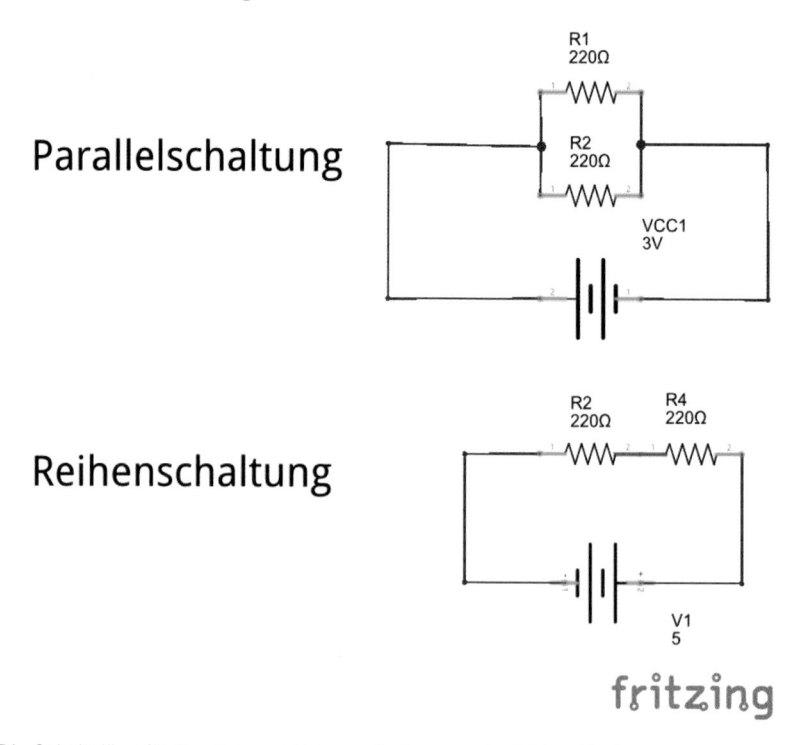

Bild 4.3 Die Schaltpläne für Parallel- und Reihenschaltung zweier Widerstände

In komplexeren Schaltungen sind üblicherweise mehrere Reihen- und Parallelschaltungen enthalten, aber mit den beiden vorangehend genannten Regeln kann man sich Stück für Stück durcharbeiten und alle Spannungen und Ströme berechnen. Allerdings kann das sehr mühsam und aufwendig werden. Normalerweise brauchst du es auch nicht zu tun, es sei denn, du entwickelst eine komplett neue Schaltung auf dem leeren Brett. Wenn du das kannst, dann wirst du mit diesen Berechnungen aber wahrscheinlich auch keine Probleme mehr haben.

4.4 Das Multimeter – ein Multitalent für Strom, Spannung und Widerstand

Nachdem du nun die Zusammenhänge zwischen Strom, Spannung und Widerstand kennst, fragst du dich vielleicht, wie du diese Größen an einer Schaltung messen kannst. Dazu brauchst du zum Glück nicht drei verschiedene Messgeräte. Es gibt im Handel eine große Auswahl an sogenannten Multimetern, die alle Grundfunktionen in einem Gerät vereinen und darüber hinaus oft noch viele Zusatzfunktionen besitzen. Am Anfang reicht ein einfaches Modell, das du schon für 10 – 15 Euro bekommst.

Bild 4.4 zeigt eine Spannungsmessung mit dem Multimeter. Wähle dazu den passenden Messbereich und halte die Messfühler an die beiden Punkte, zwischen denen du die Spannung messen willst. Achte dabei aber darauf, dass du den Messbereich für Gleichspannungen wählst. Es gibt auch Wechselspannungen, die sich zeitlich sehr schnell verändern. Mit dieser Einstellung würdest du nichts messen können.

Um einen Strom zu messen, muss dieser durch das Multimeter hindurchfließen. Dazu muss der Stromkreis an einer Stelle unterbrochen werden. Trenne die Verbindung zwischen zwei Bauteilen und halte die Messfühler an die beiden neu entstandenen Kontakte, um den Strom zu messen, der an dieser Stelle durch die Schaltung fließt.

Bild 4.4 Wir messen die Betriebsspannung unseres LED-Aufbaus mit einem Multimeter.

4.5 Schaltplanentwicklung und -zeichnung mit Fritzing

In Bild 4.5 ist der Schaltplan unserer LED-Lichtquelle dargestellt. Auch das Schaltsymbol des Arduino Uno ist zu sehen. Mikrocontroller und andere integrierte Schaltungen werden als Kasten dargestellt und mit ihren Anschlussbeinchen beschriftet.

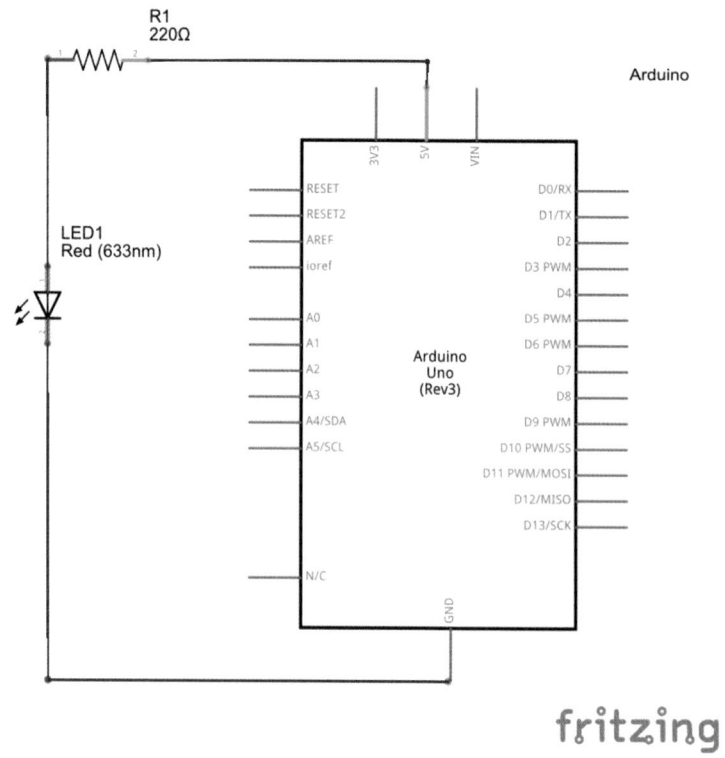

Bild 4.5 Der Schaltplan für die LED am Arduino

Die Schaltpläne in diesem Buch sind mit Fritzing erstellt. Dieses sehr nützliche Tool ist frei verfügbar, du kannst es also kostenlos für deine Projekte nutzen. Unter *http://fritzing.org* kannst du das Programm herunterladen. Dort gibt es auch die Möglichkeit, das Entwicklerteam mit einer freiwilligen Spende zu unterstützen. Mit dem Open-Source-Programm Fritzing kannst du deine Projekte planen, dokumentieren und mit anderen Makern teilen. Fortgeschrittene Maker können sogar ein Platinenlayout erstellen und damit die Serienproduktion einer Entwicklung vorbereiten.

Das Fritzing-Programm muss nicht installiert werden. Es reicht aus, das heruntergeladene Archiv in ein beliebiges Verzeichnis auf deiner Festplatte zu entpacken. Das Programm ist dann direkt lauffähig.

Wenn du Fritzing zum ersten Mal startest, landest du auf einer Einführungsseite mit allgemeinen Informationen zum Programm und aktuellen Neuigkeiten. Unter der Menüleiste findest du eine Reihe von Reitern, mit denen du zwischen den verschiedenen Sichten hin- und herschalten kannst.

4.5.1 Die Steckplatinen-Ansicht

Um mithilfe von Fritzing einen Aufbau mit dem Breadboard darzustellen, wählst du die Steckplatinenansicht aus (Bild 4.6). Rechts in Bild 4.6 siehst du die Bauteile-Bibliothek. Hier steht dir eine große Auswahl verschiedener Standardbauteile zur Verfügung – vom einzelnen Widerstand bis hin zu kompletten Modulen oder Controllerboards.

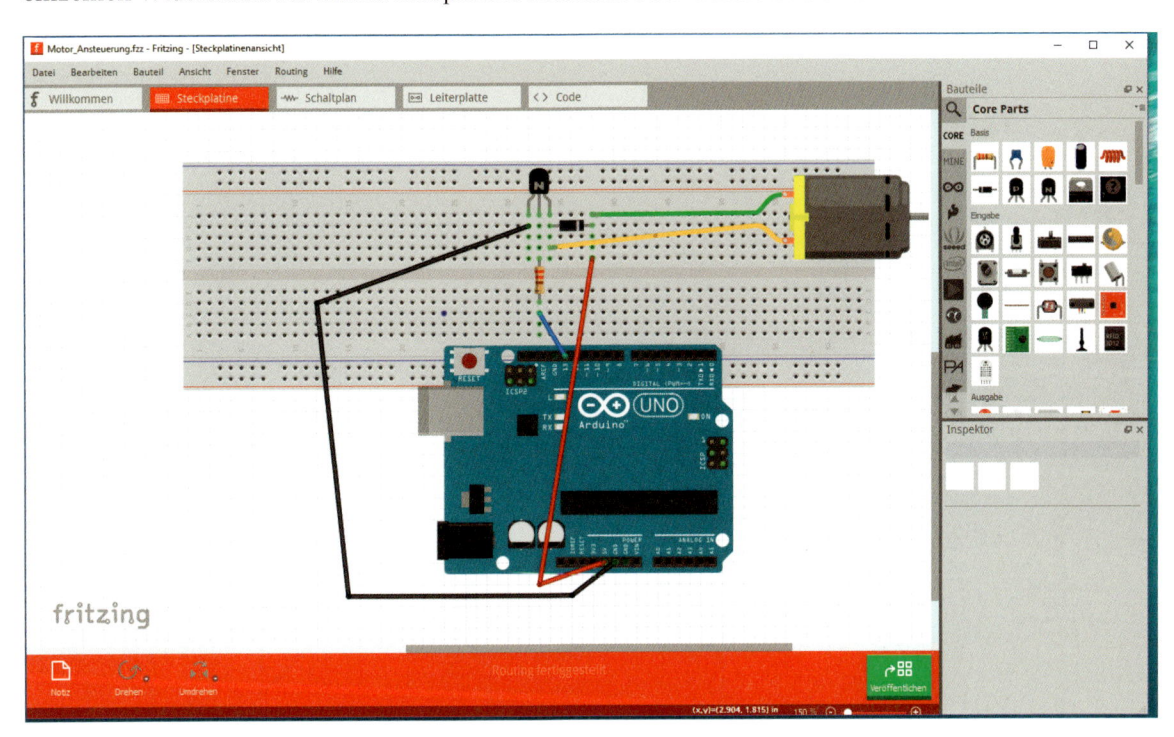

Bild 4.6 Die Steckbrett-Ansicht von Fritzing

Wenn du ein bestimmtes Bauteil suchst, kannst du die Suchfunktion nutzen (Lupe in der obersten Zeile). Hier findet sich zum Beispiel auch ein Arduino Uno-Board oder ein Standard-Breadboard.

Du kannst also deinen Aufbau eins zu eins in das Programm übertragen. Ziehe dazu einfach ein Bauteil mit gedrückter linker Maustaste aus der Bibliothek in den Arbeitsbereich und lasse es dann los. Um Verbindungsdrähte zu ziehen, musst du im Arbeitsbereich auf den Ausgangspunkt der Verbindung klicken und mit gedrückter linker Maustaste die Verbindung ziehen. Wenn die Verbindung um eine Ecke gehen oder einen Knick haben soll, kannst du dies ebenfalls durch die Zieh- und Klick-Methode erreichen.

Unter DATEI > EXPORTIEREN > BILD kannst du deinen Entwurf als Grafik abspeichern. Denke daran, das Projekt auch im Fritzing-Format zu sichern, denn nur dann kannst du das Projekt später wieder öffnen, um weiter am Schaltplan zu arbeiten, um den Schaltplan zu erweitern oder um Änderungen vorzunehmen.

Das Programm bietet noch einige weitere Exportmöglichkeiten. So kannst du zum Beispiel Daten für die Elektronik-Simulationssoftware SPICE erzeugen, eine Bauteilliste erstellen lassen und vieles mehr.

Fritzing ist weitaus komplexer als wir es im Rahmen dieses Buches darstellen können. Nutze die mitgelieferte Dokumentation von Fritzing und sammle Erfahrungen mit eigenen Projekten, dann wirst du schnell von der Funktionsvielfalt des Programms profitieren.

4.5.2 Die Schaltplan-Ansicht

Mit dem in Bild 4.7 zu sehenden Reiter gelangst du in die Schaltplan-Ansicht. Hier wird deine Schaltung als abstrakter Schaltplan dargestellt.

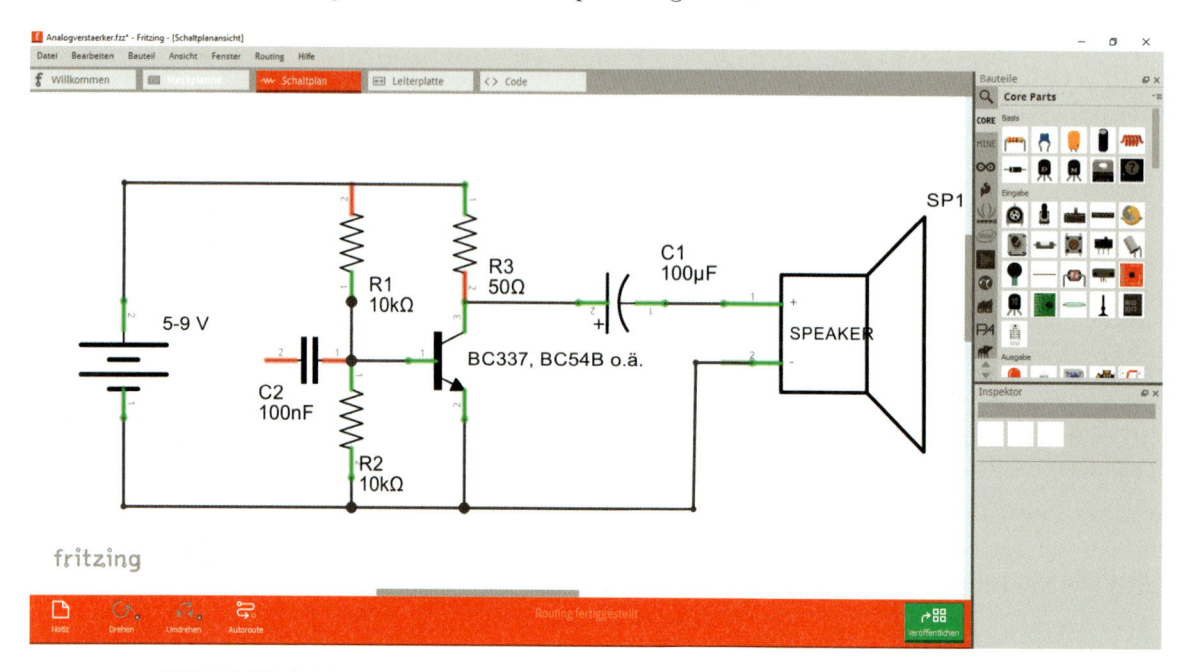

Bild 4.7 Die Schaltplan-Ansicht

Eines der nützlichsten Features von Fritzing ist, dass die Änderungen, die du in einer Ansicht vornimmst, automatisch in den anderen Ansichten aktualisiert werden. Wenn du also in der Steckplatinen-Ansicht schon ein kleines Projekt gezeichnet hast, dann wirst du in der Schaltplan-Ansicht die entsprechenden Schaltsymbole der benutzten Bauteile vorfinden.

Auch die Verbindungen hat Fritzing schon eingezeichnet. Allerdings sind sie automatisch gesetzt worden und überschneiden sich. Hier musst du noch dafür sorgen, dass die Verbindungen sauber getrennt geführt werden, damit der Schaltplan leichter lesbar ist. Fritzing setzt die automatisch erzeugten Verbindungen als gestrichelte Linien. Sobald du eine davon anklickst, wird sie als Verbindung durchgezogen. Nun kannst du sie wie gehabt mit der Maus ziehen und formen. Durch Klicken der rechten Maustaste kannst du die Darstellungsfarbe und weitere Parameter verändern.

Auch in dieser Ansicht exportierst du das Schaltbild mit der Funktion DATEI > EXPORTIEREN > BILD und der anschließenden Auswahl eines Formats.

4.5.3 Die Platinen-Ansicht

Über den in Bild 4.8 zu sehenden Reiter öffnet die Ansicht für das Platinenlayout. Dies ist eine sehr mächtige Funktion, denn damit kannst du eine professionelle Leiterplatte entwerfen, auf der die elektrischen Verbindungen durch ein chemisches Verfahren aus einer Kupferplatte herausgeätzt werden.

Vielleicht hast du schon einmal einen Bausatz zum Löten gekauft. Darin befindet sich meist eine Leiterplatte, in die du die mitgelieferten Bauteile einsetzen und verlöten musst. Genau solche Leiterplatten kannst du mit Fritzing entwickeln. Dazu sollte dein Projekt allerdings schon einen finalen Entwicklungsstand erreicht haben, denn im Gegensatz zum Breadboard lassen sich die Verbindungen auf den Platinen nicht wieder rückgängig machen. Sie sind fest in das Leiterplattenmaterial integriert.

Wenn dein Schaltungsprojekt den Prototypenstatus durchlaufen hat, wenn du bereits Testreihen und Optimierungen vorgenommen hast und wenn du genau weißt, wie das fertige Layout aussehen soll, dann ist es an der Zeit, diesen Schritt zu gehen, denn mit einer Leiterplatte kannst du dein Gerät in Serie herstellen. Die Fritzing-Initiative betreibt sogar ein eigenes Fab. Du kannst dein Platinendesign also direkt aus dem Programm heraus hochladen und bei Fritzing in Auftrag geben.

Die Technik der Platinenherstellung ist allerdings schon eine recht fortgeschrittene Aufgabe. In diesem Buch werden wir sie deshalb nicht weiter verfolgen. Wir beschränken uns darauf, die Projekte auf einem Breadboard aufzubauen. Das hat den großen Vorteil, dass du leicht Änderungen vornehmen kannst, weiterführende Experimente machen kannst und so Schritt für Schritt deine eigenen Projekten entwickeln kannst.

Bild 4.8 In der Leiterplatten-Ansicht kannst du eigene Platinenlayouts erstellen.

4.5.4 Die Code-Ansicht

Der Reiter rechts neben der Leiterplatten-Ansicht führt dich schließlich zur Code-Ansicht von Fritzing. Dieses Fenster erinnert an die Arduino-Entwicklungsumgebung. Tatsächlich ist es auch nur ein anderes Frontend für diese Entwicklungsumgebung. Du kannst auch von Fritzing aus Sketches entwickeln und auf den Arduino laden. Dazu musst du in den Einstellungen den Pfad zur Arduino-IDE angeben Bei korrekter Konfiguration wird dann von Fritzing aus der Compiler aufgerufen und der compilierte Sketch auf den Controller übertragen. Damit hast du alles in einer Hand.

Du kannst die Code-Ansicht aber auch nutzen, um die Sketches zusammen mit dem Schaltplan als Projekt abzuspeichern. Dann musst du Fritzing nicht mit der Arduino-IDE verbinden, sondern entwickelst und testest deine Sketches weiterhin in der Arduino-Entwicklungsumgebung. Am Ende kopierst du den fertigen Sketch dann einfach in das Fritzing-Codefenster, um den Code zusammen mit dem Schaltplan und dem Aufbau-Layout abzuspeichern. Auf diese Wiese ist alles zusammen in einer Datei und es geht so leicht nichts verloren.

5 Eine Ampel mit Tag- und Nachtschaltung

In diesem Kapitel werden die in den vorigen Kapiteln erworbenen Grundlagen anhand eines Beispielprojekts in die Praxis umsetzen. Wir werden eine Arduino-Ampelsteuerung mit Tag- und Nachtschaltung bauen.

Ampeln steuern den Verkehr an Kreuzungen oder Einmündungen. Sie helfen Fußgängern, die Straßen sicher zu überqueren. Eine Ampelsteuerung ist ein sehr gutes Beispiel dafür, wie stark die moderne Elektrotechnik in unser alltägliches Leben verwoben ist. Ohne Ampeln wäre der Verkehr in unseren Städten nur sehr schwer zu kontrollieren. Stell dir vor, an jeder Straßenkreuzung würde ein Polizist zur Verkehrssteuerung stehen. In einer Stadt wie Berlin wären das sehr viele Polizisten. Um den Verkehrsfluss über eine „grüne Welle" zu steuern, müssten sich alle Polizisten über Funk abstimmen. Stell dir vor, was das für ein Chaos ergäbe.

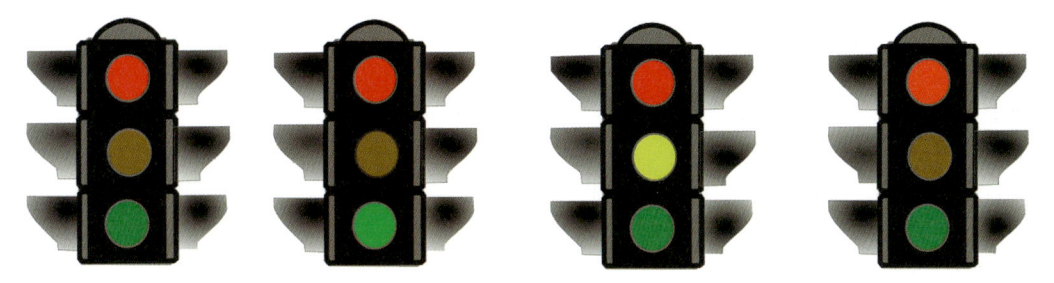

Bild 5.1 Varianten der Signalabfolge einer Ampel

Übrigens, die erste Ampelsteuerung in Deutschland wurde im Jahr 1924 in Berlin eingeführt. Der größte Verkehr in Berlin herrschte damals am Potsdamer Platz. Fünf große Hauptstraßen trafen hier zusammen. Da der Verkehrsposten das Gewimmel von der Mitte des Platzes aus nicht mehr überblicken konnte, wurde er in einen Turm gestellt, der beinahe wie ein kleiner Leuchtturm aussah. Die Berliner nannten ihn „Oberkieker". Nach allen fünf Seiten konnte der Mann im Turm den Platz und die Eingänge der Straßen überschauen. Durch elektrische Lichtsignale regelte er das Überfahren des Potsdamer Platzes. Die Signale waren dieselben wie bei der Eisenbahn. Der Turm kann übrigens heute wieder am Potsdamer Platz besichtigt werden.

Im Folgenden werden wir mit dem Arduino eine reale Ampelschaltung simulieren. Dazu werden wir drei LEDs (welche für die drei Ampelfarben stehen) mit dem Arduino verbinden und über ein kleines Programm ansteuern. Neben LEDs lernst du dabei auch mit Fotowiderständen zu arbeiten. Fotowiderstände bieten dir eine einfache Möglichkeit, um Helligkeit zu messen. Darüber hinaus wirst du auch lernen, wie du die Messdaten mit einem Analog-Digital-Wandler des Arduino auslesen und in deinen Programmen nutzen kannst.

■ 5.1 Arduino-Ampel vs. reale Ampelsteuerung

In einer echten Verkehrsampel könnte auch ein Mikrocontroller wie der Arduino seinen Dienst verrichten. Im Unterschied zu unserer Arduino-Ampel ist die reale Ampelsteuerung jedoch vernetzt und kann auf die Signale anderer Ampeln bzw. auf die Verkehrssituation reagieren. Ansonsten kommt unsere Lösung einer echten Ampelsteuerung aber schon ziemlich nah. Daran siehst du, wie flexibel so ein Mikrocontroller ist. Ob du nun drei LEDs mit ein paar Milliampere schaltest oder eine echte Ampelanlage, in der leistungsstarke Signallampen ihren Dienst tun, ist für die Steuerungslogik gleichgültig.

Du könntest anstatt der LEDs auch sogenannte Relais einsetzen und schon schaltet dasselbe Programm eine große Ampel. Ein Relais ist ein Schalter, der automatisch von einer Steuerung geöffnet und geschlossen werden kann. Dort fließen viel höhere Ströme als in der Steuerelektronik. Dass man niedrige Ströme und Spannungen für die Schaltlogik verwendet und damit größere Ströme und Leistungen schaltet ist in der Elektronik ganz typisch.

Für dieses Projekt brauchst du folgende Bauteile:

- 3 LEDs (5 mA): 1 × rot, 1 × gelb, 1 × grün
- 3 Vorwiderstände für die LEDs (220 Ω)
- 1 Fotowiderstand (LDR)[1]
- 1 Vorwiderstand für den LDR (zwischen 70 kΩ und 150 kΩ)

Der Fotowiderstand, auch LDR (*Light Dependent Resistor*, zu Deutsch: lichtabhängiger Widerstand) genannt, ist – wie der Name schon sagt – ein Widerstand, dessen Wert davon abhängt, ob Licht auf ihn fällt oder nicht. Der Wert des Vorwiderstands hängt davon ab, welchen Typ von Fotowiderstand du verwendest. Es kommt jedoch nicht so genau darauf an, welchen Vorwiderstand du verwendest, weil du das später auch noch im Sketch anpas-

---

[1] Zum Beispiel hier: *http://www.conrad.de/ce/de/product/183598/Fotowiderstand-B906032-Gehaeuseart-THT/?ref=detview1&rt=detview1&rb=1*

sen kannst. Am besten besorgst du dir ohnehin gleich mehrere Widerstände, denn sie kosten nicht viel.

■ 5.2 Die Ampel zeigt grün für den Arduino: eine Tagschaltung programmieren

Bevor wir den Fotowiderstand mit der Tag- und Nachtschaltung einbauen, widmen wir uns erst einmal der Ansteuerung der Ampel. Du hast ja inzwischen schon Erfahrungen mit dem Aufbau von Schaltungen gesammelt und wirst in Bild 5.2 den dargestellten Aufbau schnell mit dem Breadboard zusammenstecken können.

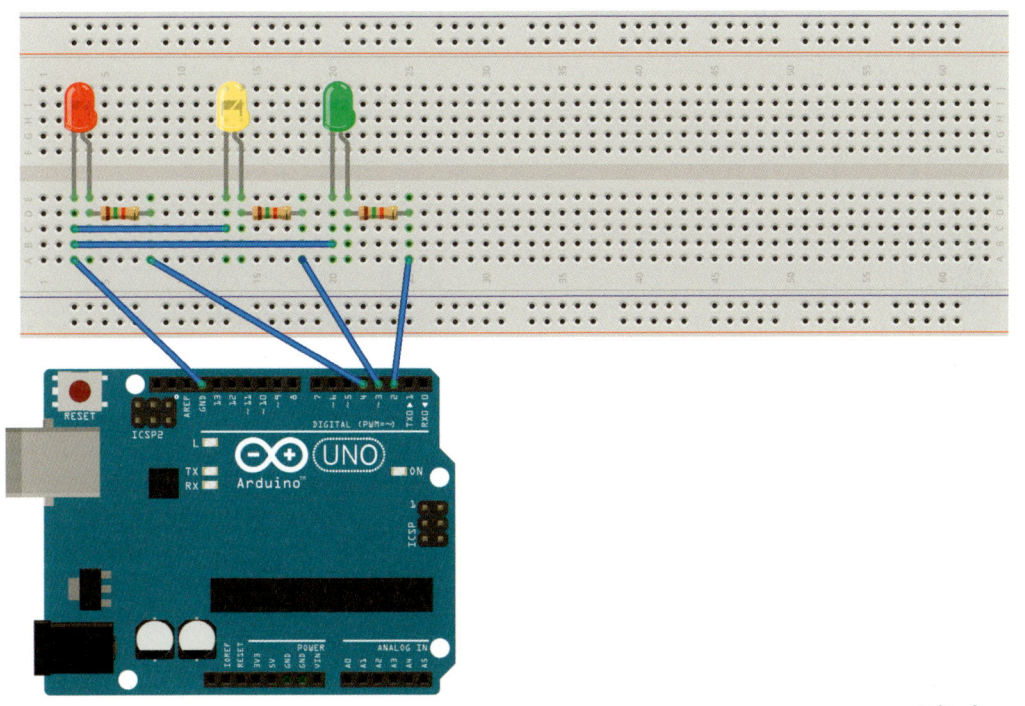

Bild 5.2 Die LED-Verschaltung für die Ampelsteuerung

Wir gehen jeweils über einen Vorwiderstand an die digitalen Pins 2–4. Die Minus-Seiten der LEDs (Kathoden genannt) legen wir zusammen mit Drahtstückchen auf einen gemeinsamen Kontakt und verbinden diesen mit GND.

Nun kommt ein Sketch zum Einsatz. Wir implementieren zuerst die Tagschaltung und entscheiden uns für einen klassischen Ampelzyklus mit Gelb-Rot-Phase, bevor die Ampel dann auf Grün springt:

```
// Einfache Ampelsteuerung
// Zuordnung der Digitalpins fuer die LEDS
int LED_Gruen=2;
int LED_Gelb=3;
int LED_Rot=4;

// Schaltzeiten
int Gruen_Sekunden=7;
int Rot_Sekunden=7;
int Gelb_Sekunden=3;

void setup() {
// put your setup code here, to run once:
pinMode(LED_Gruen,OUTPUT);
pinMode(LED_Gelb,OUTPUT);
pinMode(LED_Rot,OUTPUT);

digitalWrite(LED_Gruen,LOW);
digitalWrite(LED_Gelb,LOW);
digitalWrite(LED_Rot,LOW);

}

void loop() {

// Grünphase
digitalWrite(LED_Gruen,HIGH);
digitalWrite(LED_Gelb,LOW);
digitalWrite(LED_Rot,LOW);
delay(1000*Gruen_Sekunden);

// Gelbphase
digitalWrite(LED_Gruen,LOW);
digitalWrite(LED_Gelb,HIGH);
digitalWrite(LED_Rot,LOW);
delay(1000*Gelb_Sekunden);

// Rotphase
digitalWrite(LED_Gruen,LOW);
digitalWrite(LED_Gelb,LOW);
digitalWrite(LED_Rot,HIGH);
delay(1000*Rot_Sekunden);

// Gelb-Rot-Phase
digitalWrite(LED_Gruen,LOW);
digitalWrite(LED_Gelb,HIGH);
digitalWrite(LED_Rot,HIGH);
delay(1000*Gelb_Sekunden);
}
```

Die Dauer der einzelnen Phasen und die Zuordnung der LEDs zu den digitalen Ausgängen kannst du bei den Variablendefinitionen im Header anpassen. Im setup-Block schalten wir zuerst die drei Ausgänge scharf und alle LEDs aus. Dann kommt der loop-Block, in dem wir mit der delay-Funktion die Ampelphasen nacheinander einstellen. Unsere kleine Ampel schaltet nun munter vor sich hin und wiederholt immer wieder die Abfolge, so wie sie im loop-Block definiert ist.

Die hier verwendeten Code-Elemente sollten dir alle bekannt vorkommen. Alle Elemente, die wir hier verwendet haben, kamen bereits in den vorangegangenen Kapiteln zum Einsatz.

Bild 5.3 Wir haben eine Ampel gebaut.

■ 5.3 Nachts sind alle Ampeln gelb: eine Nachtschaltung programmieren

Im nächsten Schritt möchten wir eine Ampelschaltung simulieren, die nachts, wenn wenig Verkehr ist, nicht den kompletten Zyklus durchschaltet. Stattdessen soll die gelbe LED als Warnsignal blinken.

Nun kommt ein neues, bereits erwähntes Bauteil zum Einsatz: der Fotowiderstand. Es handelt sich dabei um ein Halbleiterbauelement, das wie ein Widerstand in einer Schaltung eingesetzt wird. Im Unterschied zum festen Widerstand sinkt aber der Widerstandswert, wenn Licht auf den Fotowiderstand fällt. Die genauen Widerstandswerte unterscheiden sich ein wenig, je nachdem, welchen Typ von Fotowiderstand du verwendest. Bei den einschlägigen Elektronikhändlern findest du hierzu technische Angaben und Datenblätter. Meist ist es aber so, dass der Fotowiderstand bei Dunkelheit einige hundert kΩ groß ist, während er bei vollem Tageslicht auf wenige kΩ oder auch bis auf einige hundert Ohm absinkt. Es kommt auch gar nicht so genau darauf an, welchen Fotowiderstand du verwendest, da wir im Sketch die Umschaltschwelle selbst festlegen können.

Bild 5.4 zeigt die Schaltung, die wir für die Realisierung dieses Projekts benötigen.

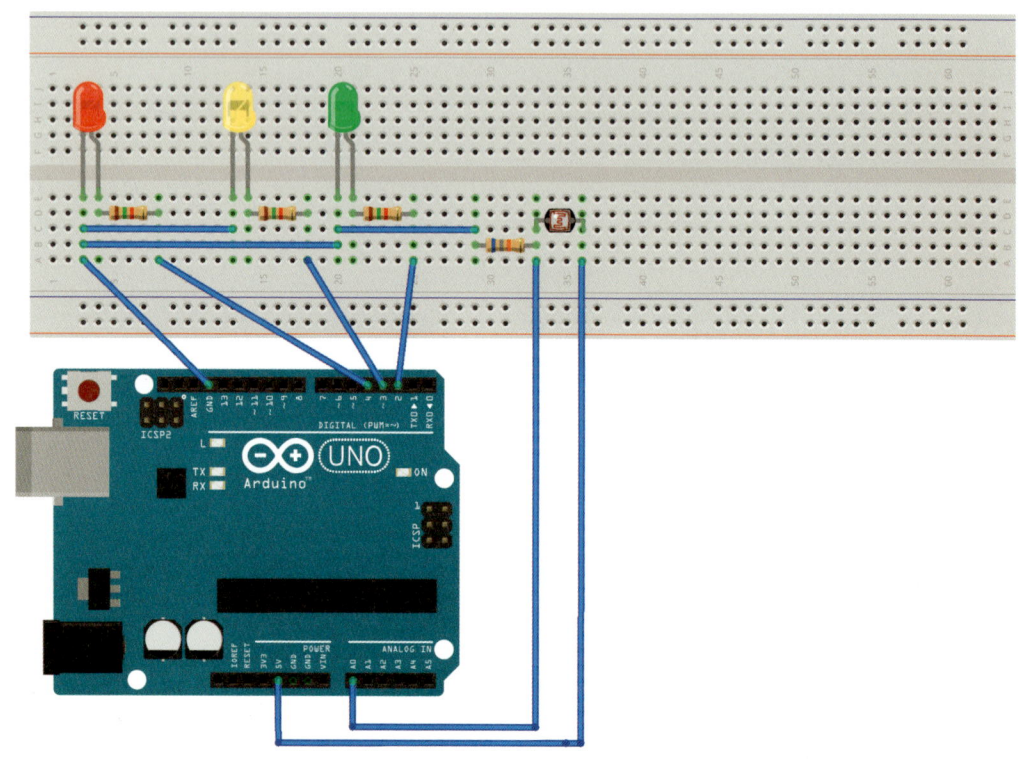

Bild 5.4 Der komplette Aufbau mit Fotowiderstand

5.4 Ein Spannungsteiler in Aktion: Messdaten mit einem Analog-Digital-Wandler auslesen

Im Folgenden wollen wir erstmals einen der analogen Eingänge verwenden. Bislang haben wir nur digitale Ein- und Ausgänge verwendet. Diese sind immer dann geeignet, wenn unser Schaltvorgang zwei Zustände haben kann (Null oder Eins, LED ein oder aus, Taster gedrückt oder nicht gedrückt usw.). Das ist beim Fotowiderstand anders: Er verändert den Widerstandswert nicht sprunghaft, sondern kontinuierlich – so wie die Helligkeit im Raum. Wenn du nachts das Licht einschaltest, erfolgt eine digitale Änderung, also ein Sprung von Dunkel nach Hell. Wenn du stattdessen den Sonnenaufgang beobachtest, dann wird es langsam und stetig heller. Es existieren dabei viele Zwischenwerte von Dunkel nach Hell. Ebenso stetig verändert der Fotowiderstand seine Ohmzahl.

Am Digital-Pin können wir das nicht ausnutzen, denn dieser kennt nur die Eingangswerte 0 und 1. Es gibt hier keine Zwischenwerte, wie der Fotowiderstand sie liefert, wohl aber an den analogen Pins, die du auf dem Arduino Uno unter *Analog IN* findest. Dahinter verbergen sich sogenannte Analog-Digital-Wandler. Sie wandeln den analogen Wert, der am Pin anliegt in eine Zahl um, die der Arduino dann mit digitalen Mitteln weiterverarbeiten kann. Das funktioniert wieder über eine Spannung. Der Analog-Digital-Wandler im Arduino wandelt die Spannung, die an einem Analog-Pin anliegt, in eine Zahl zwischen 0 und 1023 um. Null entspricht GND und 1023 steht für + 5 V.

Wie kommen wir nun vom veränderlichen Widerstand zur veränderlichen Spannung? Das hast du schon in Abschnitt 4.2 gelernt – und zwar über einen Spannungsteiler. Dieser besteht aus dem Widerstand *R5* und dem Fotowiderstand *R4* in unserem Schaltplan. Die Spannung über *R5* schicken wir an den analogen Eingang *A0*.

Im Beispiel haben wir einen Widerstand von $R5 = 68\ k\Omega$ gewählt. Dieser ist mit dem Fotowiderstand in Reihe geschaltet. Zusammen liegen sie an der +5 V-Betriebsspannung des Arduino. Du erinnerst dich, dass die Spannung sich über in Reihe geschalteten Widerständen in dem Verhältnis aufteilt, welches die Widerstandswerte zueinander haben.

Wenn helles Sonnenlicht auf den Fotowiderstand scheint, hat dieser – verglichen mit den 68 kΩ – einen sehr kleinen Widerstand. Daher fällt wenig Spannung über ihm ab. Über *R5* liegt fast die ganze Betriebsspannung. Wir lesen also vom Analogeingang einen hohen Wert nahe 1000 aus.

Wird es nun dunkel, dann steigt der Wert des Fotowiderstands. Gehen wir einmal davon aus, dass er erst einmal auf $R4 = 70\ k\Omega$ ansteigt. Dann ist *R5* auf einmal ähnlich groß wie der Fotowiderstand. Im Falle gleicher Widerstände teilt sich die Betriebsspannung ja auch gleichmäßig über der Reihenschaltung auf. Es liegen also nur noch etwa 2,5 V über *R5*. Dementsprechend wird der Analogeingang nun Werte um ca. 512 liefern. Je dunkler es wird, desto kleiner werden die Auslesewerte.

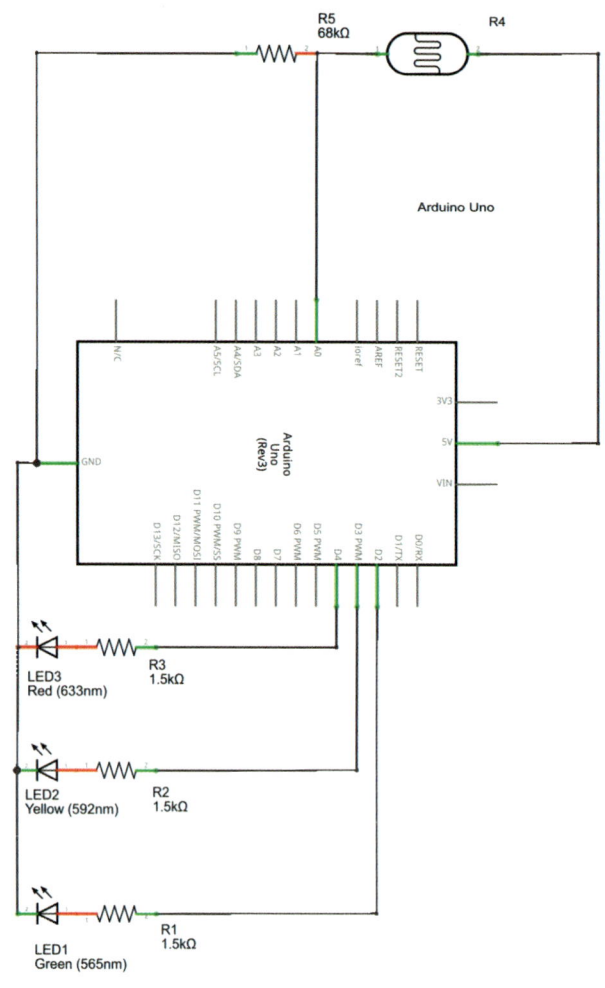

5 Eine Ampel mit Tag- und Nachtschaltung

Bild 5.5 Schaltplan für die Ampel mit Tag- und Nachtschaltung

Im Sketch lesen wir den Analogeingang aus und vergleichen ihn mit einem Schwellenwert. Betrachten wir nun den Sketch zur Ampelsteuerung einmal genauer:

```
1   int LED_Gruen=2;
2   int LED_Gelb=3;
3   int LED_Rot=4;
4
5   int Gruen_Sekunden=5;
6   int Rot_Sekunden=5;
7   int Gelb_Sekunden=2;
8
9   int Nachtblink_Sekunden=1;
10  int LDR=0;
11
```

```
12  int Threshold=1000; // Schwellwert fürs Umschalten 0
13  bis 1024
14
15  void setup() {
16  // put your setup code here, to run once:
17  pinMode(LED_Gruen,OUTPUT);
18  pinMode(LED_Gelb,OUTPUT);
19  pinMode(LED_Rot,OUTPUT);
20
21  digitalWrite(LED_Gruen,LOW);
22  digitalWrite(LED_Gelb,LOW);
23  digitalWrite(LED_Rot,LOW);
24
25  }
26
27  void loop() {
28
29
30  if(analogRead(LDR)>Threshold){ // Tagschaltung
31  // Grünphase
32  digitalWrite(LED_Gruen,HIGH);
33  digitalWrite(LED_Gelb,LOW);
34  digitalWrite(LED_Rot,LOW);
35  delay(1000*Gruen_Sekunden);
36
37  // Gelbphase
38  digitalWrite(LED_Gruen,LOW);
39  digitalWrite(LED_Gelb,HIGH);
40  digitalWrite(LED_Rot,LOW);
41  delay(1000*Gelb_Sekunden);
42
43  // Rotphase
44  digitalWrite(LED_Gruen,LOW);
45  digitalWrite(LED_Gelb,LOW);
46  digitalWrite(LED_Rot,HIGH);
47  delay(1000*Rot_Sekunden);
48
49  // Gelb-Rot-Phase
50  digitalWrite(LED_Gruen,LOW);
51  digitalWrite(LED_Gelb,HIGH);
52  digitalWrite(LED_Rot,HIGH);
53  delay(1000*Gelb_Sekunden);
54  }
55  else {// Nachtschaltung
56
57  digitalWrite(LED_Gruen,LOW);
58  digitalWrite(LED_Gelb,LOW);
59  digitalWrite(LED_Rot,LOW);
60  delay(1000*Nachtblink_Sekunden);
61  digitalWrite(LED_Gruen,LOW);
62  digitalWrite(LED_Gelb,HIGH);
63  digitalWrite(LED_Rot,LOW);
64  delay(1000*Nachtblink_Sekunden);
65  }
66  }
```

Der Knackpunkt liegt in Zeile 30. Hier fragt das Programm den Analog-Pin ab und verzweigt entsprechend.

Wie zu erwarten war, lösen wir die Abfrage über eine `if`-Konstruktion. Die Variable `Threshold` (in Zeile 12) legt die Umschaltschwelle fest. Wir sind ja zu dem Ergebnis gekommen, dass die Auslesewerte umso größer werden, je heller die Umgebung ist. Bei mir hat ein Wert von 1000 gut funktioniert. Dieser Wert steht für eine sehr helle Umgebung. Der Fotowiderstand geht also auf sehr niedrige Werte zurück. An dieser Stelle musst du etwas experimentieren und verschiedene Werte ausprobieren, da die Schwelle von vielen Faktoren abhängt und bei jedem Aufbau anders sein wird. Später werden wir auch Möglichkeiten kennenlernen, um eine solche Schwelle per Drehschalter direkt am Aufbau einzustellen.

Wenn nun die Umgebung so dunkel wird, dass der Auslesewert unter den Wert von `Threshold` sinkt, dann wird der `else`-Block abgearbeitet und die gelbe LED beginnt langsam zu blinken.

Bild 5.6 zeigt den kompletten Aufbau. Rechts siehst du den Spannungsteiler mit dem Fotowiderstand und links die Ampel. Zum Testen kannst du auch den Fotowiderstand mit der Hand oder einer Pappe abdecken oder mit einer Taschenlampe oder einem Handy beleuchten.

Bild 5.6 Der komplette Aufbau der Ampelsteuerung

Damit ist unser Projekt zur Ampelschaltung erst einmal beendet. Bestimmt hast du schon viele Ideen für weiterführende Experimente. Falls nicht, möchten wir dir zum Abschluss noch ein paar Anregungen geben:

- Ersetze den Fotowiderstand durch einen Taster, um manuell zwischen Tag- und Nachtmodus zu toggeln.
- Du kannst auch einen Belichtungsmesser[2] mit dem Arduino realisieren. Definiere dazu zwei Schaltschwellen *S1* und *S2*. Nun liest du wieder den Analog-Pin aus und schaltest bei einem Wert kleiner *S1* Rot ein. Wenn ein Wert zwischen *S1* und *S2* ausgelesen wird, schaltest du Gelb ein, und bei einem Wert größer *S2* schaltest du Grün ein.
- Sofern du im Besitz eines Multimeters bist, dann greife im Betrieb die Spannung über dem Fotowiderstand ab und vergleiche die Messungen in einer hellen mit denen in einer dunklen Umgebung.

---

[2] Ein Belichtungsmesser ist ein Messgerät für die Beleuchtungsstärke und wird zum Beispiel in Kameras verwendet, um die richtigen Einstellungen für die Belichtung zu finden.

6 Eine Weltzeituhr mit Alarmfunktion

In diesem Kapitel werden wir ein Projekt verwirklichen, das einen ganz typischen Einsatz von Mikrocontrollern im Alltag zeigt. Wir bauen eine Digitaluhr mit dem Arduino und erweitern sie im nächsten Schritt um eine Weltzeituhr sowie eine Alarmfunktion. Dabei lernst du ein neues, sehr nützliches Bauteil kennen, das du auch in vielen anderen Projekten gut gebrauchen kannst: das LCD- Display HD44780. Softwareseitig wirst du ein paar neue Programmierkonzepte kennen lernen – allen voran den String-Datentyp und die Verarbeitung von Zeichenketten.

Bild 6.1 Wir bauen eine Weltzeituhr mit Alarmfunktion.

■ 6.1 Das LCD-Display HD44780 anschließen

Das LCD-Display HD44780 kann zwei Zeilen mit jeweils 16 Zeichen darstellen. Es ermöglicht dir, verschiedenste Daten und Werte anzuzeigen, und ist quasi so etwas wie ein kleiner Bildschirm für den Arduino. HD44780 ist eigentlich die Bezeichnung für den Controllerchip, der die Daten vom Arduino annimmt und damit die Anzeige ansteuert. Das Display hat 16 Eingangspins, von denen acht für die Übertragung der Anzeigedaten vorgesehen sind. Die restlichen acht Pins dienen der Steuerung, Spannungsversorgung und Beleuchtung des Displays.

Die Pinbelegung dieses Bauteils folgt einem weit verbreiteten Standard und wird von der Arduino-Programmiersprache bereits mit vielen Funktionen unterstützt, die das Darstellen von Daten auf dem Display zum Kinderspiel machen. Die meisten Displays, die du im Elektronikhandel für wenige Euro kaufen kannst, sind schon mit Bausteinen bestückt und können direkt am Arduino betrieben werden. Am besten besorgst du dir ein Modul mit angelöteter Stiftleiste, die du direkt ins Breadboard stecken kannst.

Bild 6.2 LCD-Display HD44780

Um das LCD-Display HD44780 zu verdrahten und an den Arduino anzuschließen, brauchst du eine ganze Menge von Drahtstückchen. Bei voller Beschaltung belegt das Display neun Pins am Arduino. Außerdem musst du auf dem Breadboard noch einige Pins miteinander verbinden. Nun ist der Zeitpunkt gekommen, zu dem du aus einer Rolle Klingeldraht kurze Verbindungsstücke schneidest, so wie es in Kapitel 3 erklärt wurde. Es gibt im Elektronikhandel auch fertige Sets sogenannter Jumperkabel, die du verwenden kannst.

Die Pins am Display werden von links nach rechts gezählt. An die ersten beiden Pins wird die 5 V-Versorgungsspannung angelegt. Pin 3 ist für die Einstellung des Kontrasts verantwortlich. Manche Schaltungen, die du im Internet findest, sehen hier einen veränderbaren Widerstand vor, um den Kontrast der Anzeige einstellen zu können. Normalerweise reicht es aber aus, den Pin einfach auf GND zu legen. Damit erzielt man meist schon eine gute Darstellung. Solltest du dennoch Probleme mit einer zu blassen Anzeige haben, kannst du über diesen Pin eingreifen. Die Pins 4 bis 6 steuern die Datenübertragung zwischen Arduino und LCD-Controller. Darauf wollen wir erst einmal nicht im Einzelnen eingehen, denn der Arduino-Compiler kümmert sich automatisch um die korrekte Ansteuerung des Displays.

Die Pins 7 bis 14 sind die Datenleitungen. Wir haben also 8 Bit zur Verfügung, um Anzeigedaten auf das Display zu schicken. Der LCD- Controller bietet auch einen „Light-Modus", in dem nur vier Datenleitungen benötigt werden. Dadurch wird die Übertragung etwas langsamer laufen, aber die Geschwindigkeit reicht für unsere Zwecke dicke aus. Daher schließen wir hier nur vier Pins an.

Die Pins 15 und 16 dienen der Spannungsversorgung für die Hintergrundbeleuchtung des Displays. Wir schließen hier die + 3.3 V-Ausgangsspannung des Arduino an.

6.3 zeigt dir, wie du die Schaltung aufbauen kannst, wenn du das LCD-Display mit der Stiftleiste ins Breadboard steckst.

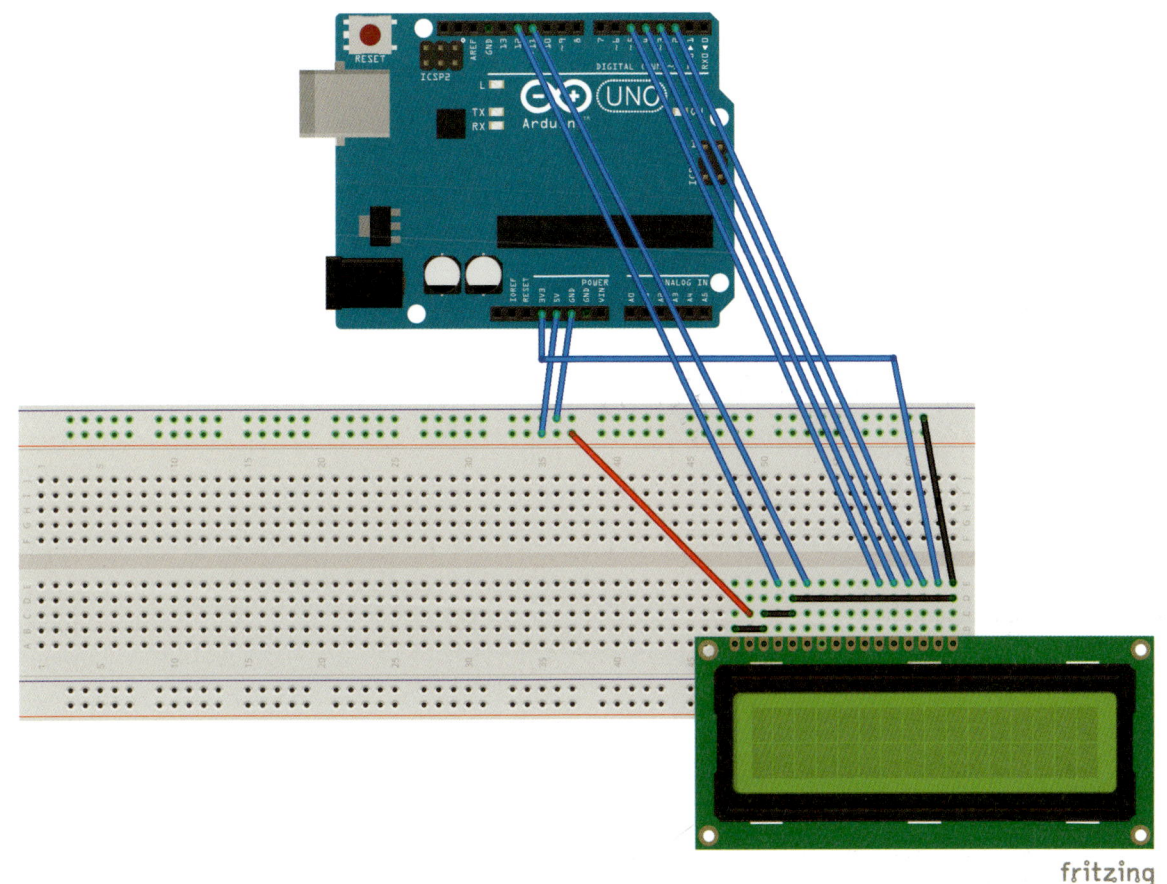

Bild 6.3 Anschluss des LCD-Displays

Die folgende Tabelle zeigt die Verdrahtung noch einmal in der Übersicht.

LCD-Pin	LCD-Bezeichnung	Arduino-Anschluss	Funktion
1	VSS	GND	Spannung –
2	VDD	+5 V	Spannung +
3	V0	GND	Kontrast (0 – 5V)
4	RS	DIGITAL 12	Register Select
5	R/W	GND	Read/Write
6	E	DIGITAL 11	Enable
7–10	DB0–DB3	nicht verwendet	Datenpins
11	DB4	DIGITAL 5	Datenpins
12	DB5	DIGITAL 4	Datenpins
13	DB6	DIGITAL 3	Datenpins
14	DB7	DIGITAL 2	Datenpins
15	A	+3.3 V	LED Backlight +
16	K	GND	LED Backlight –

Bild 6.4 zeigt den Schaltplanaufbau für das LCD-Display.

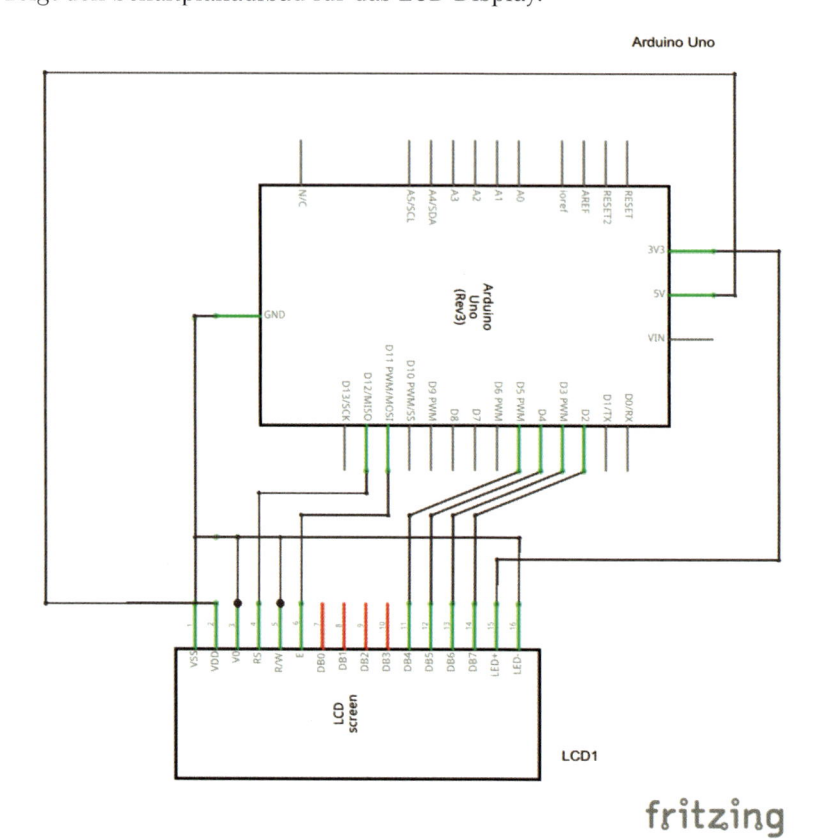

Bild 6.4 Schaltplan für den LCD-Display-Aufbau

Bild 6.5 bis Bild 6.7 zeigen, wie du den Arduino an das LCD-Display anschließt.

Bild 6.5 Die ersten Anschlüsse auf dem LCD-Display

Bild 6.6 Jetzt schließt du den Arduino an.

Bild 6.7 Das LCD-Display ist nun komplett angeschlossen.

6.2 Text auf dem Display darstellen

Hast du das LCD-Display erfolgreich angeschlossen? Prima, dann können wir loslegen. Dein Aufbau wird wahrscheinlich so ähnlich aussehen wie in Bild 6.8. Mit Folgenden wollen wir nun das Display per Software ansteuern.

Bild 6.8 „Hallo Welt!"

Bevor wir uns um die Funktionen der Uhr kümmern, testen wir das Display erst einmal mit einem Sketch, der eine Meldung auf dem Display ausgibt. Wir entscheiden uns für das klassische „Hallo Welt", aber du kannst natürlich einen beliebigen Text wählen.

```
1   // Testsketch für LCD-Display
2   #include <LiquidCrystal.h>
3   LiquidCrystal lcd(12, 11, 5, 4, 3, 2);
4   void setup() {
5   // LCD mit 16 Spalten und zwei Zeilen initialisieren
6   lcd.begin(16, 2);
7   // Text ausgeben
8   lcd.print("Hallo Welt!");
9   }
10  void loop() {
11  // Cursor in der zweiten Zeile an erster Stelle
12  positionieren
13  lcd.setCursor(0, 1);
14  // Gib die Anzahl der Sekunden seit dem letzten Reset
15  aus:
16  lcd.print(millis()/1000);
17  }
```

In diesem Code sind einige neue Elemente enthalten, die wir im Folgenden kurz durchgehen werden.

- **Zeile 2:** Die Anweisung `#include <LiquidCrystal.h>` dient dazu, den Inhalt einer anderen Datei in deinen Code einzubinden. Der Compiler behandelt das so, als ob der Text aus der Datei direkt an dieser Stelle stehen würde. Meist verwendet man diese Anweisung, um externe Programmbibliotheken einzubinden. In diesem Fall binden wir die Funktionen zur Ansteuerung des LCD-Displays ein, die in der Datei `LiquidCrystal.h` stehen.
- **Zeile 3:** Hier erzeugen wir ein Objekt vom Typ `LiquidCrystal` mit Namen `lcd`. Wir übergeben der Software mit `LiquidCrystal lcd(12, 11, 5, 4, 3, 2);` gleich das Pin-Layout unserer Schaltung. Immer wenn wir in Zukunft auf das Display schreiben, passiert das über dieses Objekt. Eine ausführliche Dokumentation findest du unter dem Stichwort „LiquidCrystal Library" auf der Arduino-Website: *https://www.arduino.cc/en/pmwiki.php?n=Reference/LiquidCrystal*
- **Zeile 6:** Hier initialisieren wir das Display, d. h., wir legen die Zeilen- und Spaltenzahl fest und löschen die Anzeige.
- **Zeile 8:** Mit `lcd.print()` schicken wir eine Zeichenkette auf das Display.
- **Zeile 13:** Die Funktion `lcd.setCursor()` erhält Zeile und Spalte als Parameter und legt fest, an welcher Stelle auf dem Display der nächste `print`-Befehl ausgegeben wird.

Im `loop`-Block des Testsketches nutzen wir den Arduino schon als Timer: Die Funktion `millis()` liefert zurück, wie viele Millisekunden seit dem letzten Reset oder Einschalten des Arduino vergangen sind. Wir schicken diesen Wert aufs Display und teilen ihn durch 1000, das heißt, wir haben einen Sekundenzähler. Diesen Wert werden wir als Basis für das Programmieren der Uhr- Funktionen verwenden.

6.3 Strings oder Rechnen mit Wörtern: Der Arduino als Digitaluhr (Teil 1)

Nachdem das Display nun einsatzbereit ist, kommen wir zu unserem eigentlichen Vorhaben. Wir möchten zunächst einmal die aktuelle Uhrzeit auf dem Display darstellen – und zwar wie bei einer Digitaluhr üblich im Format HH:MM:SS (je zwei Stellen für Stunde, Minute und Sekunde, getrennt durch Doppelpunkte).

Dazu bedienen wir uns eines neuen Datentyps, der Zeichenketten abspeichern und verarbeiten kann: der `String`-Typ. Eine `String`-Variable speichert eine Zeichenkette. Du hast bereits in Kapitel 5 gelernt, dass man Zahlen als Variablen unter einem bestimmten Namen abspeichern kann und dann im Sketch unter diesem Namen auf sie zugreifen und mit ihnen rechnen kann. Dazu haben wir den Datentyp `int` verwendet. Diese Abkürzung steht für `Integer`. Solche Variablen sind immer ganzzahlige Werte. Wir können Texte oder Zeichen aber auch als Variable abspeichern. Diese sind dann vom Typ `String`. Man kann sie – genauso wie Zahlen – in Funktionsaufrufen verwenden oder Operationen damit ausführen. Du kannst das ausprobieren, indem du im Testsketch den `lcd.print()`-Befehl ersetzt:

```
1  String Teil1="Hallo";
2  String Teil2="Welt!";
3  lcd.print(Teil1+" "+Teil2);
```

Im Ergebnis steht wieder „Hallo Welt!" auf dem Display, doch wir haben die Ausgabe aus zwei `String`-Variablen und einer `String`-Konstanten zusammengesetzt. Mit dem +-Operator kannst du beliebige Ausgabezeilen aus konstanten Textstückchen und `String`-Variablen zusammensetzen. Das wollen wir in Abschnitt 6.4 für die Anzeige der Uhrzeit nutzen.

■ 6.4 Was schlägt die Stunde? Der Arduino als Digitaluhr (Teil 2)

Im Folgenden wirst du den Sketch für die digitale Anzeige der Uhrzeit kennenlernen. Bevor wir die einzelnen Funktionen genauer durchgehen, kannst du den ganzen Code erst einmal per Copy & Paste in die Arduino-Entwicklungsumgebung kopieren und dort abspeichern.

Dann setzt du in Zeile 40 (siehe folgender Code) die aktuelle Uhrzeit ein und schickst den Sketch an den Arduino. Wir müssen dem Programm die Startzeit mitgeben, da der Arduino keine eingebaute Uhr hat wie zum Beispiel dein PC oder Laptop. Außerdem kannst du in Zeile 49 eintragen, was in der ersten Zeile angezeigt werden soll (zum Beispiel deine Stadt). Auf dem Display deines Arduino ist nun eine Zeitanzeige zu sehen (Bild 6.9).

Bild 6.9 Ort und Zeit werden auf dem LCD-Display angezeigt.

Dies ist der komplette Code für die Programmierung der Zeitanzeige:

```
1   // Arduino als Digitaluhr mit dem LCD-Display
2
3   #include <LiquidCrystal.h>
4
5   String number_to_string(long secs, int DIV, int MOD){
6   // Rechnet die Sekundenzahl um und wandelt das Ergebnis
7   // in einen String
8   // DIV=3600: Rechnet Sekunden in Stunden um
9   // DIV=60: Rechnet Sekunden in Minuten um
10  // Der Wert MOD gibt an, ab welcher Zahl die Anzeige
11  // wieder auf Null springt
12  // (Normalerweise 12 oder 24 beim Stundenzähler, 60 bei // Minuten und Sekunden
13
14  String Str;
15  unsigned long number=secs/DIV%MOD;
16
17  // Bei einstelliger Zahl noch eine Null voranstellen,
18  // sonst direkt umwandeln
19  if(number<10) Str='0'+String(number);
20  else Str=String(number);
21  return Str;
22  }
23
24  String timeString(unsigned long secs){
25  // Wandelt die Sekundenzahl secs um in einen String im
26  // Uhrzeit-Format
27  return
28  number_to_string(secs,60*60,24)+':'+number_to_string(secs,60,60)+':'+
29  }
30
31  LiquidCrystal lcd(12, 11, 5, 4, 3, 2);
```

```
32
33   // Unter diesem Kommentar die aktuelle Uhrzeit einsetzen.
34   // Die Variable Offset ist die Anzahl der Sekunden von 0
35   // Uhr bis zum gegenwärtigen Zeitpunkt.
36   // Sie wird zu den Sekunden seit Start addiert. Dadurch
37   // zeigt der Arduino beim Start nicht 0:00:00 an, sondern // Uhrzeit, die hier definiert wird:
38
39   // ---------------------UHRZEIT EINSETZEN----------
40   long init_stunde=17; long init_minute=35; long init_sekunde= 0;
41   // ---------------------------------------------
42   unsigned long Offset=init_stunde*3600+init_minute*60+init_sekunde;
43
44
45   void setup() {
46   // LCD mit 16 Spalten und 2 Zeilen initialisieren
47   lcd.begin(16, 2);
48   // Text für erste Zeile ausgeben
49   lcd.print("Hamburg");
50   }
51
52   void loop() {
53   // Anzahl Sekunden seit dem letztem Reset berechnen
54   unsigned long secs=millis() /1000 ;
55
56   // Die mit der Funktion timeString aus den Sekunden und
57   // der Startzeit berechnete Uhrzeit ausgeben
58   lcd.setCursor(0, 1);
59   lcd.print(timeString(secs+Offset));
60   }
```

■ 6.5 Bits und Bytes bis zum Überlaufen: Der Arduino als Digitaluhr (Teil 3)

Sehen wir uns nun den Code zur Programmierung der Zeitanzeige aus Abschnitt 6.4 einmal genauer an. Als Erstes fällt auf, dass wieder ein neuer Datentyp benutzt wird – und zwar unsigned long. Hierbei handelt es sich nur um ganze Zahlen, genau wie beim Typ int. Allerdings bedeutet long, dass doppelt so viel Speicherplatz für die Variable reserviert wird. Statt den 16 Bit einer int-Variable besitzt eine long-Variable 32 Bit. Wir benötigen die long-Variable, weil wir die Sekunden seit dem Start des Programms zählen wollen. Eine int-Variable kann maximal Werte bis 2^{16} = 65536 annehmen. Diese Anzahl von Sekunden ist bereits nach 18 Stunden gezählt. Dann würden die Variablen überlaufen und wieder auf null springen. Mit 32-Bit-Variablen passiert das erst nach 50 Tagen. Daher müssen wir für diese Anwendung die längeren, speicherintensiven long-Typen verwenden. Aus demselben Grund sagen wir dem Compiler mit dem Schlüsselwort unsigned, dass wir keine negativen Zahlen verwenden wollen, denn auch dadurch erweitert sich der Bereich bis zum Überlauf.

> Leider können wir unsere Ausführungen zu Variablen und Datentypen an dieser Stelle nicht weiter vertiefen, da dies dem Rahmen des Buches sprengen würde. Nutze die Möglichkeit und vertiefe dein Wissen in Einstiegsbüchern oder Programmierkursen zu den Sprachen C und C++.

6.6 Wie Funktionen funktionieren: Der Arduino als Digitaluhr (Teil 4)

In Zeile 5 des Codes aus Abschnitt 6.4 definieren wir übrigens eine eigene Funktion. Das ist ein wichtiges Konzept bei der Programmierung. Bislang haben wir immer bereits vordefinierte Funktionen verwendet und aufgerufen. Wir können aber auch eigene Funktionen definieren und auf diese Weise sich wiederholende Aufgaben effizient von einem Funktionsaufruf erledigen lassen.

In unserem Falle definieren wir die Funktion `number_to_string()`, die eine Zahl (eine `int`- oder `long`-Variable) in einen `String` umwandelt. Daraus werden wir die Uhrzeit auf dem LCD-Display zusammensetzen. Es wird immer zuerst der Rückgabetyp genannt, dann der frei wählbare Funktionsname und in Klammern werden die Parameter angegeben, die an die Funktion übergeben werden sollen (immer mit Typangabe und Name). Das sieht wie folgt aus:

```
String number_to_string(long secs, int DIV, int MOD)
```

Danach folgt ein Block in geschweiften Klammern. Dort wird implementiert, was diese Funktion macht.

6.7 Ein wenig Zeitrechnung muss sein: Der Arduino als Digitaluhr (Teil 5)

Wir bleiben bei der Analyse des Codes aus Abschnitt 6.4. Für die Funktion `number_to_string` schauen wir uns erst einmal Zeile 15 an:

```
unsigned long number=secs/DIV%MOD;
```

Die Zeile sieht etwas kryptisch aus, aber wir werden sie dir Schritt für Schritt erklären. Wir nehmen die Sekundenzahl in der Variablen secs und teilen sie erst einmal durch den Wert DIV, der beim Aufruf der Funktion mit übergeben wurde. Damit kann man entweder Sekunden in Minuten oder Sekunden in Stunden umrechnen, je nachdem, was man für DIV einsetzt.

Danach folgt ein neuer Operator: Das Zeichen % nennt man Modulo- Operator. Das klingt vielleicht etwas kompliziert und mathematisch, aber eigentlich ist es ganz einfach. Die Zahl, die hinter dem % steht, ist wie eine Grenze, die nicht überschritten wird. Genauer gesagt ergibt die Modulo-Operation den Rest, der beim Teilen entsteht. Für den Sekundenzähler benutzen wir z. B. %60. Dies bewirkt, dass nach 59 Sekunden nicht 60 kommt, sondern der Zähler wieder bei 0 anfängt. Denn 60 geteilt durch 60 geht glatt auf und der Divisionsrest ist 0. Bei 120 passiert das Ganze wieder usw. Anstatt die Sekunden immer weiterzuzählen, springen wir also immer bei 60 wieder auf 0 zurück – genau wie eine Uhr eben. Das erledigt der Modulo-Operator ganz automatisch für uns.

In den Zeilen 19 und 20 sorgen wir nun dafür, dass der Rückgabe-String immer genau zwei Zeichen hat. Bei Zahlen kleiner als 10 ist er jedoch einstellig. Dann setzen wir einfach eine „0" vorne dran.

Das in der Variablen Str gespeicherte Ergebnis wird dann in Zeile 21 an den Funktionsaufrufer zurückgegeben. Wir können nun überall im Code auf diese Funktion zurückgreifen, indem wir einfach number_to_string() mit den entsprechenden Werten aufrufen.

In Zeile 24 definieren wir noch eine weitere Funktion. Diese Funktion ist die wichtigste des ganzen Programms. Sie nimmt die absolute Sekundenanzahl als Grundlage und wandelt diese in eine Uhrzeit im HH:MM:SS-Format um. Dies erfolgt, indem ein String mit dem +-Operator zusammengesetzt wird, und dreimal die Funktion number_to_string() aufgerufen wird, jeweils mit den Parametern für Stunden, Minuten und Sekunden.

In Zeile 42 definieren wir einen Wert namens Offset, den wir noch auf die Sekundenzählung des Arduino aufschlagen. Da der Arduino mit 0 zu zählen beginnt, wäre die angezeigt Uhrzeit beim Start immer 00:00:00, was wir nicht möchten. Stattdessen soll hier die aktuelle Zeit angezeigt werden. Dazu behelfen wir uns mit einem Trick: Wir addieren die Zahl der Sekunden, die seit der Anzeige „0:00:00" vergangen sind, zum Timer-Wert hinzu.

Den Rest wirst du jetzt sicherlich schnell verstehen. Im loop-Block nehmen wir die Laufzeit des Arduino aus der Funktion millis(), berechnen daraus die absolute Sekundenzahl, packen unseren Offset drauf und schicken das Ganze an die Funktion timeString(), die einen String im Uhrzeitformat daraus macht. Dieser String wird mittels lcd.print() ans LCD-Display geschickt.

6.8 Der Arduino als Weltzeituhr (Teil 1)

Eine Digitaluhr hätten wir nun also erfolgreich gebaut. Als Nächstes wollen wir unsere Uhr mit einer Weltzeitanzeige ausstatten. Dabei kommen wir mit relativ wenig neuer Hardware aus. Ein Taster genügt, um die verschiedenen Zeitzonen durchzuschalten.

Beginnen wir mit der Weltzeituhr. Hier bauen wir auf das auf, was wir schon haben. Der Sketch aus Abschnitt 6.4 stellt uns eine Funktion zur Verfügung, die aus einer Sekundenzahl eine komplette Uhrzeit-Anzeige im String-Format macht.

Die Idee ist nun, eine Liste mit Städten anzulegen, und zu jedem Städtenamen zusätzlich jeweils die Zeitverschiebung in Stunden gegenüber unserer Ortszeit abzuspeichern. Mit einem Druck auf den Taster soll dann die nächste Stadt in die Anzeige geladen werden. Dazu geben wir den Städtenamen im Display aus und rufen die Uhrzeit-Anzeige auf, wobei wir die Zeitverschiebung im Funktionsargument beim Aufruf berücksichtigen.

Bist du bereit? Prima, dann kann es ja losgehen. Bild 6.10 zeigt, wie deine Schaltung für die Weltzeituhr in etwa aussehen sollte.

Bild 6.10 So sollte deine Schaltung in etwa aussehen.

6.9 Arrays – die virtuellen Sortimentskästen: Der Arduino als Weltzeituhr (Teil 2)

Um eine Liste abspeichern zu können, lernst du nun einen neuen Datentyp kennen. Listen sind ziemlich wichtige Datentypen, die in der Informatik ständig auftauchen. Schließlich sind sie die einfachste Möglichkeit, Daten zu speichern. Wir verwenden dazu ein sogenanntes Array. Ein Array ist eine durchnummerierte Liste von Variablen. Jeder Eintrag, der in einem Array gespeichert ist, hat eine Nummer (seinen Index). Über den Index kannst du beliebige Elemente aus der Liste ansprechen, ihnen Werte zuweisen oder Werte auslesen. Besitzt du einen Sortimentskasten für deine Elektronik-Bauteile? Ein Array ist eigentlich nichts anderes als eine Reihe virtueller Kästen:

```
String Sortimentskasten[4];
```

In der vorangegangen Codezeile haben wir ein Array mit vier Elementen definiert. Nun weisen wir den Sortimentskästen ein paar Werte zu:

```
Sortimentskasten[0]="Widerstände"; Sortimentskasten[1]="Jumperkabel";
```

Du kannst überall im Code auf die einzelnen Fächer zugreifen – zum Beispiel mit einer Abfrage:

```
if (Sortimentskasten[0]!="Widerstände") lcd.print("Keine Widerstände gefunden.");
```

Anstatt die Werte einzeln zuzuweisen, kannst du die Liste auch direkt bei der Definition mit übergeben.

6.10 New York, Rio, Tokyo: Der Arduino als Weltzeituhr (Teil 3)

Wir legen nun für die Weltzeituhr ein Array mit Städtenamen an sowie ein weiteres Array mit den dazu passenden Zeitverschiebungen an. Wir benötigen dazu ein String-Array für die Städte und ein Integer-Array für die Zeitverschiebung. Hierfür übernehmen wir folgenden Code in den Definitionsteil zu Beginn des Sketches:

```
1   int const LocNr=6;
2   String Locations[LocNr] = {"Berlin", "Moskau","Los
3   Angeles","New York","Rio","Tokyo"};
4   unsigned long TimeShifts[LocNr] = {0,1,-9,-7,-6,7};
5   int currentLoc;
```

Zunächst definieren wir eine Konstante, in der wir die Anzahl der Städte festhalten. Danach folgt die Array-Definition der Städtenamen und gleich dahinter werden in derselben Reihenfolge die Zeitverschiebungen in Stunden gespeichert. Diese Liste kannst du natürlich beliebig erweitern und verändern. Denk daran, auch die Konstante LocNr anzupassen. Eventuell musst du die Sommerzeit berücksichtigen. Die aktuelle Zeitverschiebung kannst du unter *http://www.zeitverschiebung.net/de* nachschlagen.

Die Variable currentLoc ist der Indexzähler. Dort speichern wir zur Laufzeit die Nummer der Stadt, die aktuell angezeigt werden soll. Das Weiterschalten der Städte soll über einen Taster erfolgen. Vermutlich weißt du schon, wie man das realisiert, denn in Kapitel 3 haben wir uns bereits mit dem Einbauen und Abfragen eines Tasters beschäftigt. Lies die Umsetzung im Zweifelsfall noch einmal dort nach.

Wir schließen den Taster zwischen GND und DIGITAL 7 an. Doch wie setzen wir nun die Abfrage des Tasters und das Umschalten der Zeit um? Du erinnerst dich vielleicht an den Aufbau in Kapitel 3, wo wir die Abfrage des Tasters mit einer kleinen Verzögerung noch einmal wiederholt haben, um ihn zu entprellen. Der dort verwendete Code leistet uns auch hier wieder gute Dienste:

```
1   // Taster abfragen mit Entprellung 200 ms
2   if(!digitalRead(TASTER)){
3   // Taster gedrückt, schon mal Display löschen
4   lcd.setCursor(0,0);
5   lcd.print(".");
6   delay(200);
7   if(!digitalRead(TASTER)){
8   // Taster nach 200 ms immer noch gedrückt,
9   weiterschalten und Stadtnamen im Display ausgeben
10  currentLoc=(currentLoc+1)%LocNr;
11  lcd.setCursor(0,0);
12  lcd.print(Locations[currentLoc]);
13  }
14
```

Sobald der Arduino einen Tastendruck erkennt, wird erst einmal ein String aus 20 Leerzeichen auf den Bildschirm geschickt. Das ist notwendig, weil sonst etwas auf dem Display stehenbleiben könnte. Wenn dort zum Beispiel gerade „Los Angeles" mit 11 Zeichen angezeigt wird und dies mit „New York" (8 Zeichen) überschrieben würde, dann blieben hinten drei Zeichen stehen, das heißt, es würde „New Yorkles" auf dem Display stehen. Deshalb müssen wir vorher die komplette Anzeigebreite löschen.

Das Wichtigste passiert aber in folgender Zeile:

```
currentLoc=(currentLoc+1)%LocNr;
```

Der Zeiger auf den aktuellen Anzeigeort wird eins hochgezählt. Du erkennst wieder den Modulo-Operator %, der schon bei der Anzeige der Uhrzeit sehr nützlich war. Diesmal sorgt er dafür, dass wir wieder bei Null beginnen, sobald wir über den letzten Eintrag der Liste hinausgehen. Der Techniker nennt dies „zyklisches Durchschalten".

Als Nächstes suchen wir unter der Position currentLoc in der Liste nach dem Stadtnamen und schreiben ihn ins Display:

```
lcd.print(Locations[currentLoc]);
```

Dies hat natürlich auch auf die Zeitanzeige eine Auswirkung. Wir gehen so wie in Abschnitt 6.7 vor: Wir lesen in der Variablen secs die Anzahl von Sekunden seit dem Start des Sketches ein, berechnen daraus über eine Funktion die Uhrzeit und wandeln diese in einen Anzeigestring um.

An dieser Stelle kommt nun die Zeitverschiebung hinzu: unsigned long displayTime=secs +Offset+3600*TimeShifts[currentLoc]; Offset war die eingestellte Start-Uhrzeit. Danach addieren wir die aktuelle Zeitverschiebung in Sekunden hinzu. Aus dieser Variablen wird dann die Anzeigezeit berechnet.

Mit diesen Anpassungen haben wir die Weltzeituhr erfolgreich programmiert.

> Übrigens: In manchen Zeitzonen (zum Beispiel in Indien) gibt es gegenüber unserer Zeitzone eine halbstündige Zeitverschiebung. Dies könnten wir mit der jetzigen Version des Sketches nicht abbilden. Kannst du den Sketch entsprechend erweitern? (Tipp: Zeitverschiebung in Minuten angeben)

6.11 Jetzt wird der Arduino laut: Weltzeituhr mit Alarmfunktion

Zum Abschluss des Projekts wollen wir die Uhr um eine Alarmfunktion erweitern. Dabei wirst du dem Arduino zum ersten Mal Töne entlocken.

Der Arduino-Compiler hat hierfür bereits eine eingebaute Funktion namens tone(). Diese schickt eine sogenannte Rechteckwelle mit wählbarer Frequenz auf einen digitalen Pin. Wir werden uns ab Kapitel 11 noch ausführlicher mit der Tonerzeugung beschäftigen. Fürs Erste genügt es zu wissen, dass eine Rechteckwelle einen recht scharfen und künstlich klingenden Ton erzeugt, und dass die Frequenz der Tonhöhe entspricht. Der Ton dauert so lange an, bis ein neuer Ton gespielt wird, oder bis du mit der Funktion noTone() den Lautsprecher wieder abschaltest.

Für die Tonerzeugung benötigst du einen Lautsprecher. Hier tut es ein einfacher Piezo-Summer, den du im Elektronikhandel erhältst, und welchen du direkt an einen Digital-Pin des Arduino anschließen kannst.

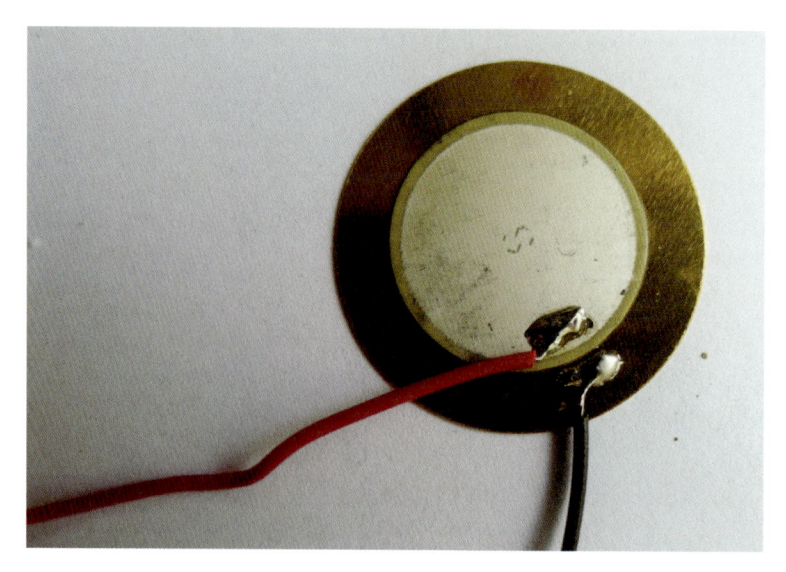

Bild 6.11 Piezo-Lautsprecher

Den Töner kannst du direkt zwischen GND und einem freien digitalen Pin anschließen. Wir haben Pin 8 gewählt:

```
int BUZZER= 8;
```

Um Krach zu machen, fehlt noch eine kleine Hilfsfunktion. Sie legt die Tonfolge des Alarmsignals fest. Dieses Signal kannst du natürlich frei gestalten. Die im folgenden Code verwendete Variante erinnert etwas an eine Polizeisirene:

```
1   void alarm(){
2   for(int i=0;i<3;i++){
3   tone(BUZZER,500);
4   delay(1000);
5   tone(BUZZER,700);
6   delay(1000);
7   noTone(BUZZER);}
8   }
```

In diesem Code ist wieder ein neues Element enthalten. Die for-Schleife ist eine wichtige Kontrollstruktur in der Programmierung. Sie dient dazu, einen Anweisungsblock mehrere Male zu wiederholen. Dabei wird eine Indexvariable hochgezählt. Du gibst in der Definition nach for an, von wo bis wo der Index laufen soll, und welche Schrittweite er haben soll. Diesen Index kannst du dann innerhalb des Anweisungsblocks verwenden. Dies ist sehr nützlich in Verbindung mit Arrays, wenn zum Beispiel etwas für *jedes* Element gemacht werden soll.

Im vorangegangenen Beispiel heißt der Index i und läuft in Einer-Schritten (i++ ist eine Anweisung, die i um eins hochzählt) von 0 (int i=0;) bis 2 (i <3;). Die for-Schleife wird also genau dreimal ausgeführt, das heißt, unser Alarmton wiederholt sich dreimal.

6.11 Jetzt wird der Arduino laut: Weltzeituhr mit Alarmfunktion

Nun wird es Zeit, das Projekt der Weltzeituhr mit dem der Alarmfunktion zusammenzulegen. Bild 6.12 zeigt den Aufbau mit den beiden neuen Elementen.

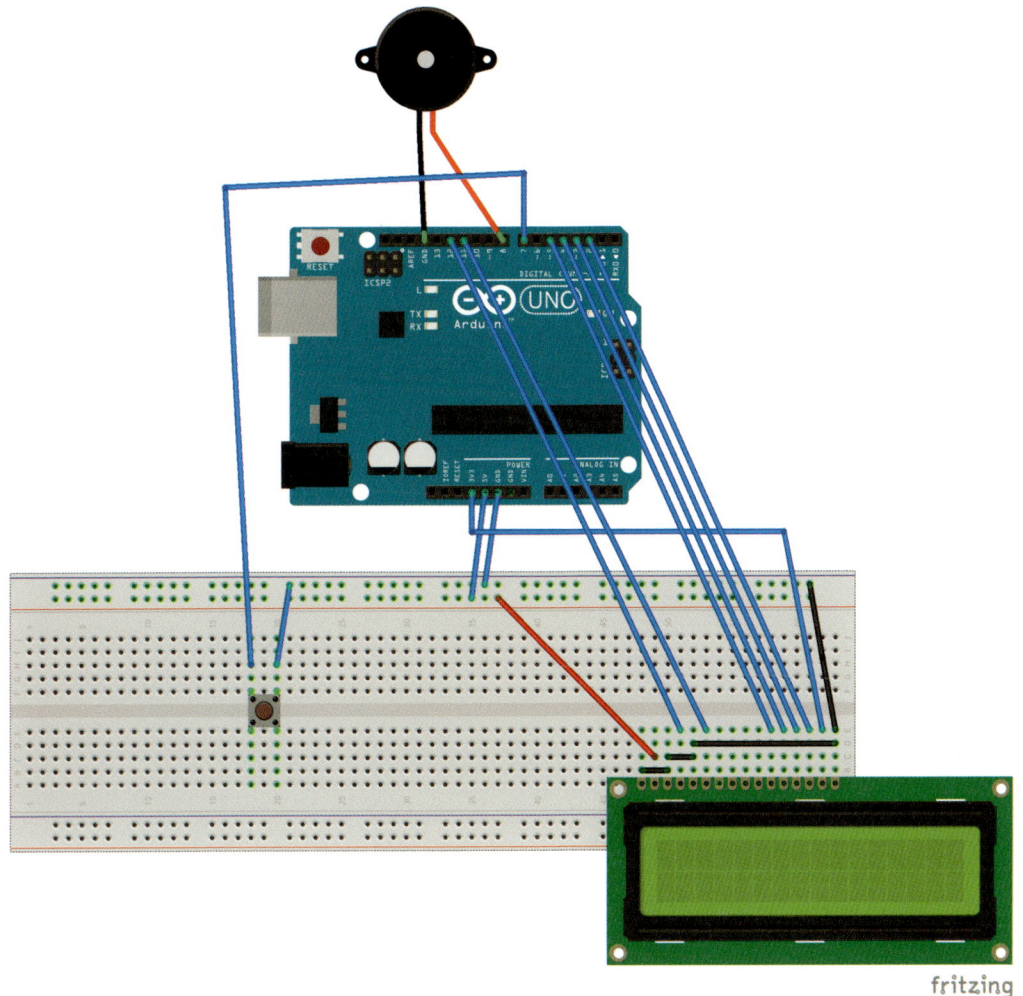

Bild 6.12 Aufbau der Weltzeituhr mit Alarmfunktion

Im Folgenden siehst du den kompletten Sketch für die Weltzeituhr mit Alarmfunktion. Die meisten Neuerungen haben wir bereits angesprochen.

```
1   // Arduino als Weltzeituhr mit Alarmfunktion
2   #include <LiquidCrystal.h>
3
4   // Definitionsblock
5   int TASTER = 7;
6   int BUZZER= 8;
7
8   int const LocNr=6;
9   String Locations[LocNr] = {"Berlin", "Moskau","Los Angeles","New York","Rio"
```

```
unsigned long TimeShifts[LocNr] = {0,1,-9,-7,-6,7};
int currentLoc;

//////////////////////////////////////////////////////
// HIER DIE STARTUHRZEIT EINTRAGEN!
long init_stunde=13; long init_minute=55; long init_sekunde= 0;
unsigned long Offset=init_stunde*3600+init_minute*60+init_sekunde;
//////////////////////////////////////////////////////

//////////////////////////////////////////////////////
// HIER DIE ALARMUHRZEIT EINTRAGEN!
long alarm_stunde=13; long alarm_minute=55; long alarm_sekunde= 30;
unsigned long Alarm=alarm_stunde*3600+alarm_minute*60+alarm_sekunde;
//////////////////////////////////////////////////////

// Hilfsfunktionen

String number_to_string( long secs, int DIV, int MOD){
// Wandelt Sekundenzahl in String um, der Stunden, Minuten oder
// Sekunden angibt
// DIV=3600: Sekunden in Stunden
// DIV=60: Sekunden in Minuten
// MOD gibt an, ab welcher Zahl die Anzeige wieder auf Null
// springt (24 bei Stunden, 60 bei Minuten und Sekunden)

String Str;
unsigned long number=secs/DIV%MOD;
// Bei einstelliger Zahl noch eine Null voranstellen, sonst
// direkt umwandeln
if(number<10) Str='0'+String(number);
else Str=String(number);
return Str;
}

String timeString(unsigned long secs){
// Wandelt die Sekundenzahl secs um in einen String im Uhrzeit-Format
return
number_to_string(secs,60*60,24)+':'+number_to_string(secs,60,60)+':'+number_
}




LiquidCrystal lcd(12, 11, 5, 4, 3, 2);


void alarm(){
for(int i=0;i<3;i++){
tone(BUZZER,500);
delay(1000);
tone(BUZZER,700);
delay(1000);
noTone(BUZZER);}
}


void setup() {
// Pinmodes setzen
pinMode(TASTER, INPUT);
```

```
 68   digitalWrite(TASTER,HIGH);
 69   pinMode(BUZZER,OUTPUT);
 70   // Erste angezeigte Stadt wählen
 71   currentLoc=0;
 72   // LCD mit 16 Spalten und 2 Zeilen initialisieren
 73   lcd.begin(16, 2);
 74   // Text für erste Zeile ausgeben
 75   lcd.print(Locations[currentLoc]);
 76
 77   }
 78
 79   void loop() {
 80   // Anzahl Sekunden seit dem letztem Reset berechnen
 81   unsigned long secs=millis() /1000 ;
 82   unsigned long displayTime=secs+Offset+3600*TimeShifts[currentLoc];
 83
 84   lcd.setCursor(0,0);
 85   lcd.print(Locations[currentLoc]);
 86
 87   lcd.setCursor(0, 1);
 88   lcd.print(timeString(displayTime));
 89
 90   // Test auf Alarm und gegebenenfalls auslösen
 91   if(displayTime==Alarm){
 92   lcd.setCursor(0,0);
 93   lcd.print("ALARM      ");
 94   alarm();
 95   }
 96
 97   // Taster abfragen mit Entprellung 200 ms
 98   if(!digitalRead(TASTER)){
 99   // Taster gedrückt, schon mal Display löschen
100   lcd.setCursor(0,0);
101   lcd.print(".");
102   delay(200);
103   if(!digitalRead(TASTER)){
104   // Taster nach 200 ms immer noch gedrückt, weiterschalten
105   // und Stadtnamen im Display ausgeben
106   currentLoc=(currentLoc+1)%LocNr;
107   lcd.setCursor(0,0);
108   lcd.print(Locations[currentLoc]);
109   }
110   };
111   }
```

Nun fehlt nur noch das Auslösen des Alarms. Die Alarmzeit übergeben wir genauso wie die Start-Uhrzeit beim Hochladen des Sketches. Dies geschieht in Zeile 21. Intern geben wir alle Uhrzeiten seit 0:00:00 Uhr als Sekundenzahl an. Daher rechnet Zeile 22 die Alarmzeit in dieses Format um.

Was jetzt noch fehlt? Eine if-Abfrage. Diese steht in Zeile 91 und ist ziemlich selbsterklärend: Wenn die Uhrzeit gleich der Alarmzeit ist, dann soll „Alarm" ins Display geschrieben werden und die Funktion alarm() soll ihr Signal abspielen.

Das wars! Unser erstes größeres Arduino-Projekt ist geschafft.

Bild 6.13 Die fertige Weltzeituhr

> Wenn du nicht genug von Uhren bekommen kannst, dann nutze den Taster und das LCD-Display doch einfach für den Bau einer Stoppuhr. Hierfür kannst du wieder mit der Funktion `millis()` arbeiten und diesmal die Anzeige um die Ausgabe der Hundertstelsekunden erweitern.

7 Eine Mini-Wetterstation mit Analoganzeige

In diesem Kapitel werden wir ein weiteres Projekt verwirklichen, das einen typischen Einsatz von Mikrocontrollern im Alltag zeigt – eine Mini-Wetterstation mit Analoganzeige. Du kennst sicher die kleinen Fertiggeräte, die man im Elektronikhandel erwerben kann. Manche von ihnen liefern eine komplette Wettervorhersage und können über Funk die Daten von verschiedenen Außensensoren empfangen. Aber Fertiggeräte kaufen ist langweilig. Wir bauen lieber unsere eigene Arduino-gesteuerte Wetterstation.

Bild 7.1 Wir bauen eine Arduino-gesteuerte Wetterstation.

Beim Bau der Arduino-gesteuerten Wetterstation kommt wieder das LCD-Display zum Einsatz. Du kennst es bereits aus Kapitel 6 und weißt, wie es angesteuert wird. Anstatt die Uhrzeit anzuzeigen, wird das das LCD-Display diesmal der Ausgabe von Temperatur und Luftfeuchtigkeit dienen. Außerdem wirst du nun ein wichtiges Tool kennenlernen, um Daten vom Arduino an die Entwicklungsumgebung zu senden und dort anzuzeigen: den Temperatur- und Luftfeuchtigkeitssensor DHT11. Vor allem bei Schaltungen ohne LCD-Display ist das ein sehr nützliches Hilfsmittel.

Dieses Kapitel enthält außerdem einen besonderen Leckerbissen: Anstatt die Messwerte als Zahlen auf dem LCD-Display anzuzeigen, werden wir einen Servomotor ansteuern und daraus eine analoge Anzeige mit Zeiger und Zifferblatt bauen. Mit der Servo-Ansteuerung lassen sich Bewegungen sehr kontrolliert steuern – das ist eine wichtige Grundlage, um Roboter und Fahrzeuge entwickeln zu können (Kapitel 15 und 16).

7.1 Der Temperatur- und Luftfeuchtigkeitssensor DHT11

Die im Handel erhältlichen Wetterstationen basieren alle auf der Messung von drei verschiedenen Größen: Temperatur, Luftdruck und Luftfeuchtigkeit. Wir haben Glück, denn für die Messung der Temperatur und Luftfeuchtigkeit gibt es bereits ein praktisches Sensor-Bauteil, das sich bestens mit dem Arduino versteht: den Temperatur- und Luftfeuchtigkeitssensor DHT11.

Bild 7.2 Der Temperatur- und Luftfeuchtigkeitssensor DHT11

Der DHT11 ist deshalb so gut geeignet, weil er bereits über einen Baustein zur Datenübertragung an den Arduino verfügt. Dazu verwendet er einen 1-bit-Bus, das heißt, du musst nur einen einzigen digitalen Pin am Arduino reservieren, und kannst per Sketch auf alle Funktionen des DHT11 zugreifen.

Genau wie beim LCD-Display müssen wir uns um die technischen Einzelheiten der Datenübertragung vom DHT11 an den Arduino nicht weiter kümmern, denn es gibt bereits eine fertige Bibliothek zur Ansteuerung des DHT11 und seiner größeren Brüder. Allerdings ist sie nicht standardmäßig in den Bibliotheken der Arduino-Entwicklungsumgebung enthalten. Du musst sie erst einmal installieren.

Die Arduino-IDE (Entwicklungsumgebung) hat nach der ersten Installation bereits einige Bibliotheken integriert. Willst du diese erweitern, so musst du die neue Bibliotheksdatei in den entsprechenden Ordner kopieren: *Dokumente/Arduino/Library*

Bild 7.3 Der DHT11 in Aktion

Noch einfacher geht es, wenn du die neue Datei über das Menü SKETCH > LIBRARY IMPORTIEREN > ADD LIBRARY importierst. Meist werden die Bibliotheken als ZIP-Datei zum Download angeboten. Diese kannst du auch direkt zur Bibliothek hinzufügen. Hierfür gibt es einen eigenen Menüeintrag unter SKETCH > LIBRARY IMPORTIEREN > ADD ZIP LIBRARY.

Nach dem Import ist die Bibliothek in der Liste der geladenen Libraries enthalten. Nun können wir sie mit einer `#include`-Anweisung in unseren Sketch einbinden.

■ 7.2 Serielle Info für die Fehlersuche: Einsatz des seriellen Monitors

Bevor es mit der Wetterstation weitergeht, machen wir noch einen kleinen Exkurs. Später wollen wir die Wetterdaten natürlich auf dem LCD-Display anzeigen. Aber manchmal möchte man schnell etwas testen, zum Beispiel den Wert einer Variablen zur Laufzeit ausgeben, um die Funktion eines Programms zu überprüfen. In diesem Falle wäre es praktisch, wenn man beliebige Texte und Zahlen direkt auf dem Bildschirm des angeschlossenen Rechners anzeigen zu können – und genau das kann eine serielle Schnittstelle für uns übernehmen.

Der Arduino tauscht über eine USB-Schnittstelle Daten mit externen Geräten aus. Du hast diese Datenleitung schon oft benutzt, denn natürlich werden auch die Sketches auf diesem Weg an den Arduino übertragen. Es geht aber auch andersherum: Der Arduino kann auch Daten über die USB-Schnittstelle an den angeschlossenen Rechner senden.

Um diese Daten sichtbar zu machen, gibt es in der Entwicklungsumgebung einen sogenannten Monitor. Diesen seriellen Monitor wollen wir uns einmal genauer anschauen. Wie wäre es, wenn wir die Ausgabe der Messdaten einfach doppelt erfolgen lassen – einmal übers LCD-Display und parallel dazu über den seriellen Monitor auf dem Bildschirm?

Mit dem Serial-Objekt kannst du über die USB-Schnittstelle Daten an den angeschlossenen PC senden. Das Monitor-Fenster zeigt ankommende Zeichen in Echtzeit an. Probiere es aus, indem du folgenden Sketch an den Arduino schickst:

```
void setup() {
// Serielle Verbindung öffnen über USB Port mit 9600 baud

Serial.begin(9600);

}

void loop() {
// Ausgabe der Sekunden seit reset
long secs=millis()/1000;
Serial.print(String(secs));
Serial.print("\tSekunden\n");
delay(1000);
}
```

Im setup-Block wird zunächst einmal die Serial-Funktion mit Serial.begin(9600) eingerichtet. Der Funktionswert gibt die Übertragungsrate an. Im Beispiel sind es 9600 Bit pro Sekunde. Man sagt auch 9600 baud dazu.

Du kannst hier Werte zwischen 300 und 115200 wählen. Die meisten Sketches verwenden die 9600 als sichere Standardrate. Weitere Informationen findest du auch in der Dokumentation auf der Arduino-Seite: *https://www.arduino.cc/en/Reference/SoftwareSerialBegin*

Mit Serial.print() kannst du Variablen und Texte auf den seriellen Monitor schicken, wie du es bereits mit dem LCD-Display gemacht hast.

Wenn du den Sketch auf den Arduino überträgst, passiert erst einmal nichts. Dies liegt daran, dass der serielle Monitor standardmäßig nicht angezeigt wird. Den Monitor öffnest du unter *Werkzeuge* in der Arduino-Entwicklungsumgebung oder mit der Tastenkombination STRG + UMSCHALT + M. Probiere es aus und du wirst sehen, wie die Ausgabe im Sekundentakt in das Fenster auf dem Bildschirm geschickt wird (Bild 7.4).

Ein wichtiger Bestandteil der Softwareentwicklung ist die Fehlersuche. Diese Fehlersuche nennt man auch **Debugging** und bei größeren Projekten mit viel Programmierarbeit ist der serielle Monitor dein wichtigstes Werkzeug dafür.

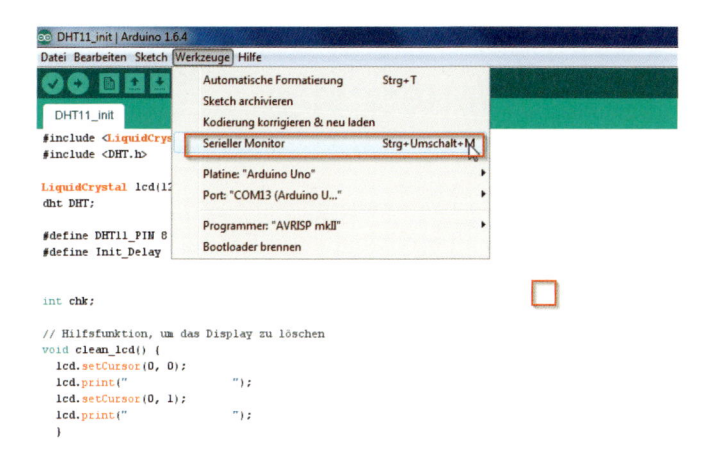

Bild 7.4 Starten des seriellen Monitors in der Arduino-IDE

Programme sind nie ganz frei von Fehlern und während der Entwicklung musst du meistens mehrere Testläufe machen, dir die Ergebnisse anschauen und dann an den Stellen, wo sich das Programm nicht wie gewünscht verhält, den Code verändern. Dazu will man oft wissen, welchen Wert eine Variable an einer bestimmten Stelle zur Laufzeit hat. Mit dem seriellen Monitor kannst du das leicht herausfinden: Du setzt einfach eine `Serial.print()`-Anweisung an die entsprechende Stelle und schon wird der Wert der Variablen auf dem Bildschirm ausgegeben (Bild 7.5).

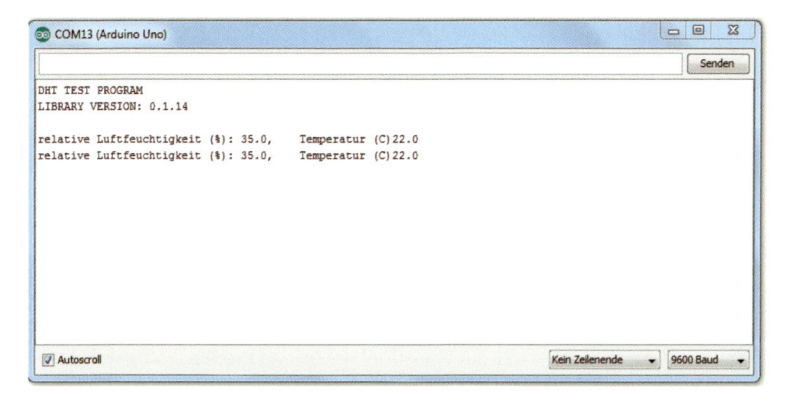

Bild 7.5 Der serielle Monitor

7.3 Jetzt kann das Wetter kommen! Aufbau der Wetterstation

Nun wollen wir uns dem Aufbau der Wetterstation widmen (Bild 7.6). Das LCD-Display mit seiner Verdrahtung ist bereits ein alter Bekannter. In Kapitel 6 findest du den Bauplan für die richtige Verdrahtung. Hardwareseitig kommt bei der Wetterstation gar nicht so viel dazu: Damit die Datenübertragung an den Arduino funktioniert, benötigt der DHT11 nur drei Anschlüsse. Zwei davon sind für die Spannungsversorgung reserviert, ein weiterer Pin dient als Datenkanal. Dieser wird mit einem Digitaleingang des Arduino verbunden. Damit ist der Aufbau bereits einsatzbereit. Wenn du die Spannungsversorgung richtig am DHT11 angeschlossen hast, quittiert er das mit einer grünen LED. Den Datenkanal haben wir auf Pin 8 gelegt.

Sobald das LCD Display verdrahtet ist, schließt du den DHT11 wie folgt an:

1. Verbinde VCC am DHT11 mit +5 V am Arduino.
2. Verbinde den DATA-Pin des DHT11 mit dem digitalen Pin 8 am Arduino.
3. Verbinde GND mit GND.

Bild 7.6 Der Aufbau der Wetterstation

Nun müssen wir nur noch die Sensordaten auslesen und auf die beiden Ausgabekanäle schicken. Der folgende Sketch erledigt dies:

```
1   #include <LiquidCrystal.h>
2   #include <DHT.h>
3
4   LiquidCrystal lcd(12, 11, 5, 4, 3, 2);
5   dht DHT;
6
7   int DHT11_PIN =8;
8   int Init_Delay = 1000;
9
10  int chk;
11
12  // Hilfsfunktion, um das Display zu löschen
13  void clean_lcd() {
14  lcd.setCursor(0, 0);
15  lcd.print("                ");
16  lcd.setCursor(0, 1);
17  lcd.print("                ");
18  }
19
20
21
22  void setup() {
23
24
25  Serial.begin(9600);
26  Serial.println("DHT TEST PROGRAM");
27  Serial.print("LIBRARY VERSION:");
28  Serial.println(DHT_LIB_VERSION);
29  Serial.println();
30
31  lcd.begin(16, 2);
32  chk = DHT.read11(DHT11_PIN);
33  lcd.setCursor(0, 1);
34  switch (chk)
35  {
36  case DHTLIB_OK:
37  lcd.print("Status: OK");
38  break;
39  case DHTLIB_ERROR_CHECKSUM:
40  lcd.print("Status: Checksum error");
41  break;
42  case DHTLIB_ERROR_TIMEOUT:
43  lcd.print("Status: Time out error");
44  break;
45  default:
46  lcd.print("Status: unbekannter Fehler");
47  break;
48  }
49  delay(Init_Delay);
50  }
51
52
53
54  void loop()
55  {
```

```
56
57
58   // Daten für den DHT11 Sensor lesen
59   chk = DHT.read11(DHT11_PIN);
60   clean_lcd();
61   lcd.setCursor(0,0);
62   lcd.print("Type: DHT11");
63   clean_lcd();
64   lcd.setCursor(0,0);
65   lcd.print("Temp: "+String(DHT.temperature)+" C");
66
67   lcd.setCursor(0,1);
68   lcd.print("Luftf: "+String(DHT.humidity)+" %");
69   delay(1000);
70
71   // Ausgabe der Daten über die serielle Schnittstelle
72   Serial.print("relative Luftfeuchtigkeit (%): ");
73   Serial.print(DHT.humidity, 1);
74   Serial.print(",\tTemperatur (C)");
75   Serial.println(DHT.temperature, 1);
76   }
```

■ 7.4 Statusmeldungen des DHT11-Sensors ausgeben

Im setup-Block nutzen wir aus, dass der DHT11-Sensor neben den reinen Messdaten auch Statusmeldungen über den Bus schicken kann. Wir können auf diese Weise sofort sehen, ob alles in Ordnung ist, und ob wir den Messergebnissen trauen können. Dies erledigt folgender Befehl:

```
chk = DHT.read11(DHT11_PIN);
```

Um die Statusmeldung auszugeben, bedienen wir uns der switch-Anweisung. Das ist so etwas wie eine erweiterte if-Abfrage. Immer wenn eine Abfrage mehr als zwei Ergebnisse haben kann, wird es mühsam und fehleranfällig, das Ganze über mehrere geschachtelte if-Anweisungen zu realisieren. Das wäre zwar im Prinzip möglich, aber C++ bietet uns eine bequemere Variante: die case-Abfrage, welcher wir uns in Abschnitt 7.6 widmen werden.

7.5 Die case-Abfragetechnik: DHT11-Fehlercodes, Temperatur und Luftfeuchtigkeit ausgeben

Das, was hinter `switch` in Klammern steht, wird bei jedem Block, der mit `case` beginnt, abgefragt. Nur wenn das Ergebnis übereinstimmt, wird der Anweisungsblock hinter `case` ausgeführt. Falls nicht, geht es mit dem nächsten `case` weiter. Doch auch nach einer Übereinstimmung geht es beim nächsten `case` weiter. Auf diese Weise kannst du mehrere Bedingungen gleichzeitig abfragen. Willst du also, dass nur ein `case`-Block ausgeführt wird, musst du ihn mit der Anweisung `break;` beenden. Diese sorgt nämlich dafür, dass der ganze `switch`-Block verlassen wird. Des Weiteren gibt es noch die Anweisung hinter `default:`, die nur ausgeführt wird, wenn keine der `case`-Abfragen geklappt hat. Das klingt jetzt vielleicht etwas kompliziert, aber diese Vorgehensweise ermöglicht es, sehr komplexe Abfragen übersichtlich aufzuschreiben. Nach einer kleinen Eingewöhnungsphase wirst du diese Funktion sicher nicht mehr missen wollen.

Weiter geht's! Wir fragen in den `case`-Blöcken zwischen den Zeilen 36 und 47 (vgl. Code in Abschnitt 7.4) die Fehlercodes des DHT11 ab (sie sind in der DHT-Bibliothek definiert) und geben diese auf dem LCD-Display aus. Nach einer fest eingestellten Zeit `Init_Delay` geht die Ausführung in den `loop`-Block über. Damit schaltet das System auf den Anzeigemodus und gibt im Sekundenrythmus Temperatur und Luftfeuchtigkeit aus. Dazu dienen die Funktionen `DHT.temperature` und `DHT.humidity` aus der DHT-Bibliothek.

7.6 Ein Statustaster gratis! Statusabfrage mit dem Reset-Taster des Arduino

Dadurch, dass wir die Statusabfrage in den `setup`-Block packen, müssen wir keinen zusätzlichen Taster einbauen, denn ein Druck auf den eingebauten Reset-Taster des Arduino genügt, um das Ergebnis der Statusabfrage ins Display zu holen.

Probiere es aus! Ziehe dazu den DHT11 aus dem Breadboard. Die Anzeige wird sofort unsinnige Werte anzeigen. Drückst du nun am Arduino auf den Reset-Taster in der Ecke neben dem USB Port, startet der Sketch neu und die Statusabfrage wird auf dem Display angezeigt. Dann sollte anhand der Meldung zu sehen sein, dass vom DHT11 keine Daten mehr kommen. Wie lange die Statusmeldung angezeigt wird, kannst du über die Variable `Init_Delay` in Zeile 8 festlegen (vgl. Code in Abschnitt 7.4). Immer wenn im Betrieb Probleme oder seltsame Werte auftauchen, kannst du durch den Reset-Taster eine Fehlermeldung anzeigen lassen.

So, das war es schon. Die Wetterstation ist nun einsatzbereit. Das LCD-Display zeigt Temperatur und Luftfeuchtigkeit an. Zum Testen der Funktion eignet sich ein Fön, da er beide Messgrößen gleichzeitig beeinflusst. Die Temperatur sollte steigen und die relative Luftfeuchtigkeit durch die trockene, heiße Luft sinken.

> **HINWEIS:** Achte darauf, dass beim Fönen keine Widerstände oder andere Kleinteile in der Nähe herumliegen.

7.7 Messuhr mit Stil: Analoge Temperaturanzeige

Die Temperatur soll nun analog über einen Zeiger angezeigt werden, der sich über einer Skala dreht. Diese Art der Umsetzung kennst du sicher noch von alten Messgeräten. Bevor die digitale Elektronik ihren Siegeszug antrat, waren alle Messgeräte in dieser Weise aufgebaut: Die kontinuierliche Änderung einer Messgröße wurde auf irgendeine Weise in die Bewegung einer Anzeige umgesetzt. Dafür gibt es zahlreiche Beispiele, die auch heute noch im Gebrauch sind:

- die Quecksilbersäule eines Thermometers
- die Zeiger einer analogen Armbanduhr
- die Druckanzeige an einem Kessel oder bei einer Espresso-Maschine

Bild 7.7 Analoge Anzeige über einen Zeiger

Streng genommen werden wir ein wenig schummeln, da wir mit dem Arduino weiterhin digitale Größen verarbeiten und diese nur ganz am Schluss in ein analoges Signal umwandeln. Aber der Effekt ist hinterher derselbe: Ein Zeiger, der die Änderungen der Messgröße durch Bewegung um einen bestimmten Winkel anzeigt.

7.8 Die Bauteile für die Temperaturanzeige: Servo und Potentiometer

Du lernst in diesem Projekt einige wichtige, neue Bauteile kennen. Wir setzen zum ersten Mal einen Mini-Servo ein und schauen uns dessen Ansteuerung an.

Folgende Bauteile benötigst du für das Projekt:

- ein Dreh-Potentiometer (10 kΩ), siehe Bild 7.8
- einen kleinen Modellbau-Servo mit einer Betriebsspannung von 5 V (siehe Bild 7.9)

Servos ermöglichen es, sehr gezielte Bewegungen über den Arduino zu steuern. Sie sind im Grunde so etwas wie die Arme und Beine des Arduino und können für Antriebe oder Greifer verwendet werden. Servos sind also für alle Projekte mit Modellfahrzeugen und Robotern relevant.

Auch das Potentiometer ist ein Bauteil, das immer wieder benötigt wird. Hinter diesem kompliziert klingenden Namen verbirgt sich einfach nur ein einstellbarer Widerstand. Es gibt Potentiometer in verschiedenen Widerstandsbereichen, mit Drehknopf oder platzsparend mit einem Schlitz für Schraubendreher. Diese Bauteile kamen bereits in der analogen Elektronik häufig zum Einsatz. Sie eignen sich als Nutzer-Interface, denn immer wenn man an einem Knopf drehen kann, dann lässt sich damit ein Wert in der Schaltung verändern.

Wir werden die Analog-Anzeige in drei Schritten aufbauen:

1. Zuerst wird das Potentiometer (meistens nur Poti genannt) eingebaut und der Auslesewert direkt auf das LCD-Display geleitet.
2. Dann verkabeln wir den Servo und steuern ihn mit dem Auslesewert vom Poti an.
3. Zuletzt wird der Servo-Eingang an den Temperatursensor des DHC11 gekoppelt.

7.9 Das Potentiometer: Dateneingabe auf analoge Weise

Das Potentiometer hat drei Anschlüsse. Zwischen den beiden äußeren Anschlüssen liegt immer ein konstanter Widerstand. Der mittlere Anschluss ist mit einem Schleifer verbunden, der durch Drehen über das Widerstandsmaterial bewegt werden kann. Je nachdem, wie lange die Strecke zwischen den äußeren Anschlüssen und dem mittleren Schleiferkontakt ist, ändert sich der Widerstandswert dazwischen. Ganz ähnlich verhält es sich mit dem Spannungsteiler, welchen wir in Kapitel 4 und 5 kennengelernt haben.

Die Spannung, die über den äußeren Kontakten liegt, wird über den mittleren Kontakt in zwei Teile aufgeteilt. Das Praktische am Poti ist, dass diese Unterteilung verstellbar ist. Wir haben es also mit einem *einstellbaren* Spannungsteiler zu tun. Das ist auch der Hauptanwendungszweck dieses Bauteils.

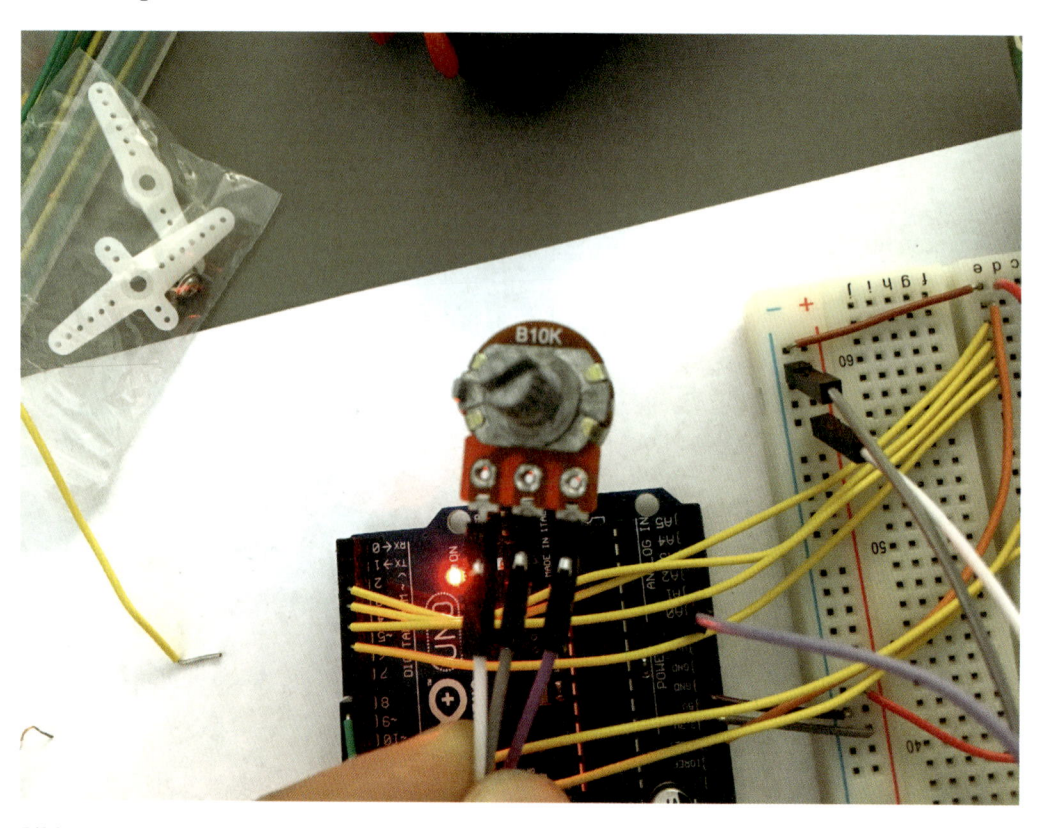

Bild 7.8 Ein Potentiometer im eingebauten Zustand

Probiere es aus und verbinde die äußeren Anschlüsse des Potis mit +5V und GND. Den mittleren Kontakt verbindest du mit dem analogen Eingang des Arduino, den du bereits bei der Ampelsteuerung kennengelernt hast. Wir wählen hier den analogen Pin *A0*.

Wir verwenden den Aufbau aus Abschnitt 7.3, weil wir das LCD-Display für die Anzeige nutzen wollen. Den Temperatur- und Feuchtigkeitssensor DHT11 brauchen wir erst einmal nicht, aber belasse ihn ruhig in der Schaltung, da er später wieder benötigt wird.

Zunächst möchten wir nur den Wert des analogen Pins auf dem Display anzeigen. Dies funktioniert mit folgendem Sketch:

```
1   #include <LiquidCrystal.h>
2
3   LiquidCrystal lcd(12, 11, 5, 4, 3, 2);
4
5   int Poti=0;
6
7   void setup() {
8   lcd.begin(16, 2);
9   }
10
11  void loop()
12  {
13  lcd.setCursor(0,0);
14  lcd.print("Poti: "+String(analogRead(Poti))+"      ");
15  }
```

Der Code enthält keine neuen Elemente. Die Ansteuerung des LCD-Displays kennst du schon zur Genüge und auch mit dem Auslesen des analogen Pin hast du bereits Erfahrung.

Dennoch ist dieser Aufbau ein wichtiger Schritt, denn so können wir sicherstellen, dass das Poti korrekt eingebaut ist und funktioniert. Das wollen wir nun einmal testen, indem wir den Schleifer am Potentiometer verstellen. Auf dem Display müssten nun Werte zwischen 0 und 1024 angezeigt werden. Die Anzeige wird ein wenig flackern, da die letzten Stellen aufgrund von Messungenauigkeiten nicht konstant sind. Wenn dich das stört, kannst du ein kleines Delay in den `loop`-Block einbauen. Und, funktioniert dein Poti? Super, dann kommen wir nun zum Servo.

7.10 Der Servo-Motor: Arme und Beine für den Arduino

Ein Servo ist eine Einheit aus Ansteuerungslogik, Getriebe und Elektromotor, die gemeinsam in einem Gehäuse verbaut sind. Im Unterschied zu einem normalen Elektromotor, der kontinuierlich in eine Richtung dreht, bewegt sich der Servo nur schrittweise und über einen begrenzten Winkelbereich. Ein typischer Modellbau-Servo wie der in unserem Beispiel verwendete kann zum Beispiel nur eine halbe Umdrehung machen. Diese kann man aber sehr genau steuern. Du kannst einen exakten Winkel vorgeben, den der Servo dann anfährt und auch hält, selbst wenn eine Kraft (oder ein Drehmoment um genau sein) an der Achse zieht.

Gesteuert wird dies über ein sogenanntes Puls-Signal. Das ist eine Spannung, die nur für sehr kurze Zeit eingeschaltet und dann wieder ausgeschaltet wird. Das Ganze wird periodisch wiederholt. Diese Pulse wertet die innere Elektronik im Servo aus und setzt die Information in die Einstellung der Achse um.

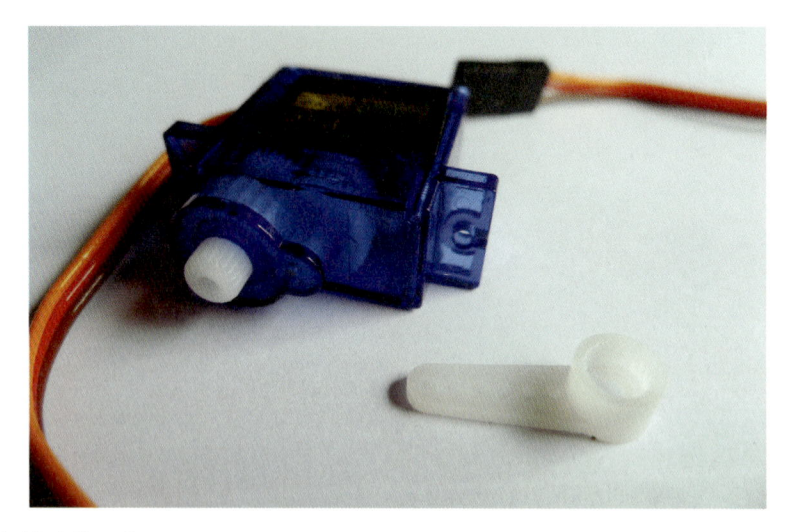

Bild 7.9 Ein Modellbau-Servo

Bei den Farben der Anschlusskabel gibt es verschiedene Ausführungen, je nachdem, von welchem Hersteller dein Servo stammt (Bild 7.10). Eines ist aber allen gemeinsam: Das mittlere der drei Kabel ist immer rot. Hier wird die +5 V-Versorgungsspannung angelegt. Das Massekabel ist entweder schwarz oder braun und gehört an den GND-Pin am Arduino. Was dann noch übrig bleibt, ist die Signalleitung. Sie kann weiß, gelb, orange oder blau sein.

Die Signalleitung verbindest du mit einem digitalen Pin. Aber Vorsicht! Der Servo funktioniert nicht an jedem Pin. Der Pin muss in der Lage sein, das spezielle Puls-Signal zu erzeugen, mit dem der Servo angesteuert wird. Du erkennst das daran, dass neben der Pin-Bezeichnung auf der Arduino-Platine eine Wellenlinie (~) markiert ist (Bild 7.11). Beim Arduino Uno handelt es sich um die Pins 3, 5, 6, 9, 10 und 11.

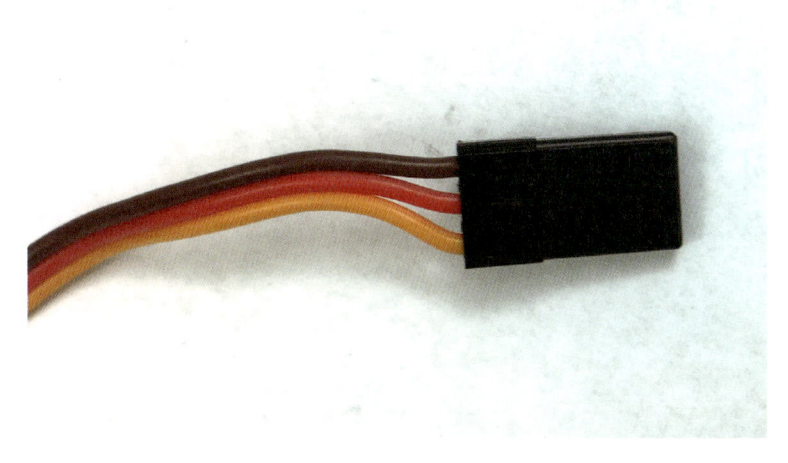

Bild 7.10 Die drei Anschlüsse des Servos

Bild 7.11 Die Anschlüsse sind durch eine Wellenlinie (~) gekennzeichnet.

Um die Erzeugung der Pulse für die Ansteuerung müssen wir uns zum Glück nicht kümmern. Auch hier gibt es bereits eine nützliche Bibliothek in der Arduino-Entwicklungsumgebung. Wir binden sie mit folgendem Befehl ein:

```
#include <Servo.h>
```

Das Servo Objekt wird wie folgt erzeugt und initialisiert:

```
1   int Servo_Pin=9;
2   Servo myServo;
3
4   void setup() {
5   myServo.attach(Servo_Pin);
6   }
```

Die Ansteuerung des Servos ist nun denkbar einfach. Für fortgeschrittene Anwendungen kannst du mithilfe der Servo-Bibliothek auch die Pulsweiten des Steuersignals gezielt kontrollieren. Fürs Erste werden wir aber einfach nur den Stellwinkel an die Einheit übertragen. Dazu verwenden wir den Befehl `myServo.write`(Winkel), wobei der Winkel ein `int`-Wert zwischen 0 und 180 ist.

Im Beispiel haben wir den Servo an Pin 9 angeschlossen. Dies ist der Sketch zum Testen des Servos:

```
1   #include <Servo.h>
2   #include <LiquidCrystal.h>
3
4   LiquidCrystal lcd(12, 11, 5, 4, 3, 2);
5
6   int Poti=0;
7   int Servo_Pin=9;
8   Servo myServo;
9
10
11  void setup() {
12  // Servo Steuerpin an D9
13  myServo.attach(Servo_Pin);
14
15  lcd.begin(16, 2);
16  }
17
18  void loop()
19  {
20  lcd.setCursor(0,0);
21  // Analogwert in Gradzahl von 0 bis 180
22  // umrechnen
23  int grad=analogRead(Poti)/1024.*180;
24
25  lcd.print("Poti: "+String(grad)+"      ");
26  myServo.write(grad);
27  }
```

In Zeile 23 rechnen wir den Analogwert mit dem Wertebereich 0 bis 1024 in einen Winkel um, der im Bereich 0 bis 180 liegt. Das funktioniert nach dem Dreisatz-Prinzip. Wenn du alles richtig angeschlossen hast, kannst du mit dem Poti die Achse des Servos verstellen. Die Bewegung folgt genau deinen Drehbewegungen mit dem Knopf oder dem Schraubendreher.

7.11 Wir bauen ein Thermometer: Skala und Zeiger für die Temperaturanzeige

Nun haben wir alles beisammen und können das Thermometer bauen. An neuer Hardware ist dazu fast nichts mehr nötig. Nur eine Skala und einen Zeiger für die Anzeige brauchen wir natürlich noch. Du kannst die Anzeige aus Holz fertigen, aber für einen ersten Test genügt auch Karton (Bild 7.12). Du schneidest hierfür ein großes Rechteck (Skala) und einen schmalen Streifen (Zeiger) aus, dessen Länge in etwa der Höhe des Rechtecks entspricht. Den Streifen kannst du noch etwas mit der Schere anspitzen und dann mit etwas Klebestreifen auf das Kunststoff-Drehkreuz kleben, das mit dem Servo mitgeliefert wurde. Dieses lässt sich mit einer kleinen Schraube auf der Achse fixieren.

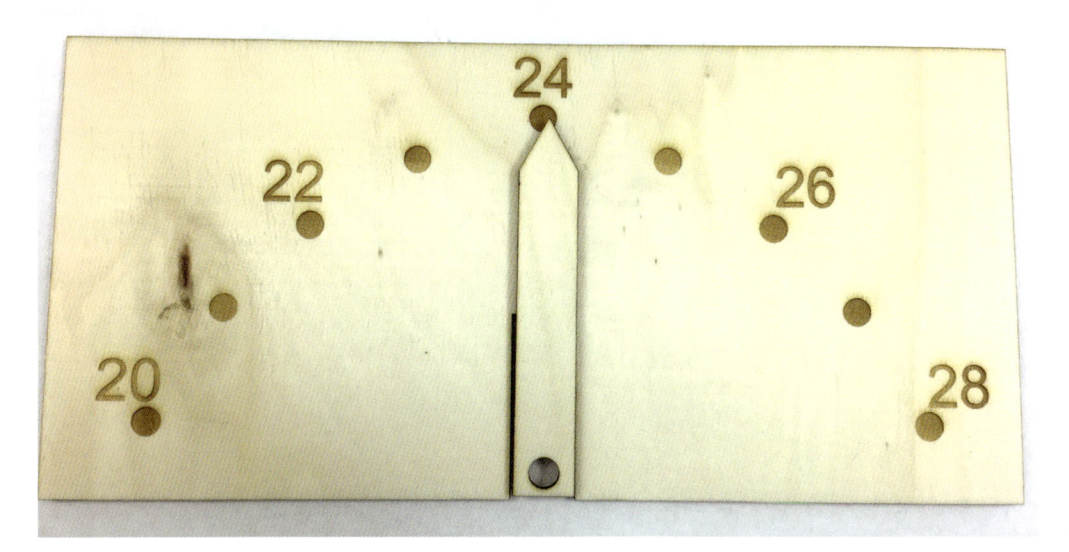

Bild 7.12 Zeiger und Skalenhintergrund aus Holz

Um die Skala zu befestigen, schneidest du in der Mitte der langen Seite eine bogenförmiges kleines Stück heraus, sodass es sich auf das Gehäuse des Servos hinter der Achse aufstecken lässt. Bei Bedarf kannst du die Skala mit etwas Klebestreifen von hinten befestigen.

Nun müssen wir eine Skala einzeichnen. Dabei hilft uns das LCD-Display und der Test-Sketch:

1. Stelle das Poti so ein, dass die LCD-Anzeige 90 Grad anzeigt. Der Zeiger sollte nun in der Mitte der Skala senkrecht nach oben zeigen.
2. Stelle das Poti auf 0 und markiere die Zeigerstellung mit einem Filzschreiber durch einen Punkt.

3. Wiederhole diese Markierung alle 20 Grad. Dazu stellst du das Poti nacheinander auf 20, 40, 60 usw. und markierst jeweils die Zeigerstellung.

Du solltest nun 10 Punkte auf der Skala haben, die einen Halbkreis markieren.

■ 7.12 Das Thermometer ist fertig: Berechnung der Temperaturskala

Den nächsten Schritt können wir nun schnell erledigen. Aus Abschnitt 7.3 weißt du noch, wie Temperatur und Luftfeuchtigkeit mit dem DHT11 ausgelesen werden. Alles, was wir tun müssen, ist, die Temperatur in einen Winkel umzurechnen und den Zeiger der Anzeige auf diesen Winkel zu steuern. Wenn du willst, kannst du die Temperaturen dann noch in der Skala eintragen (Bild 7.13).

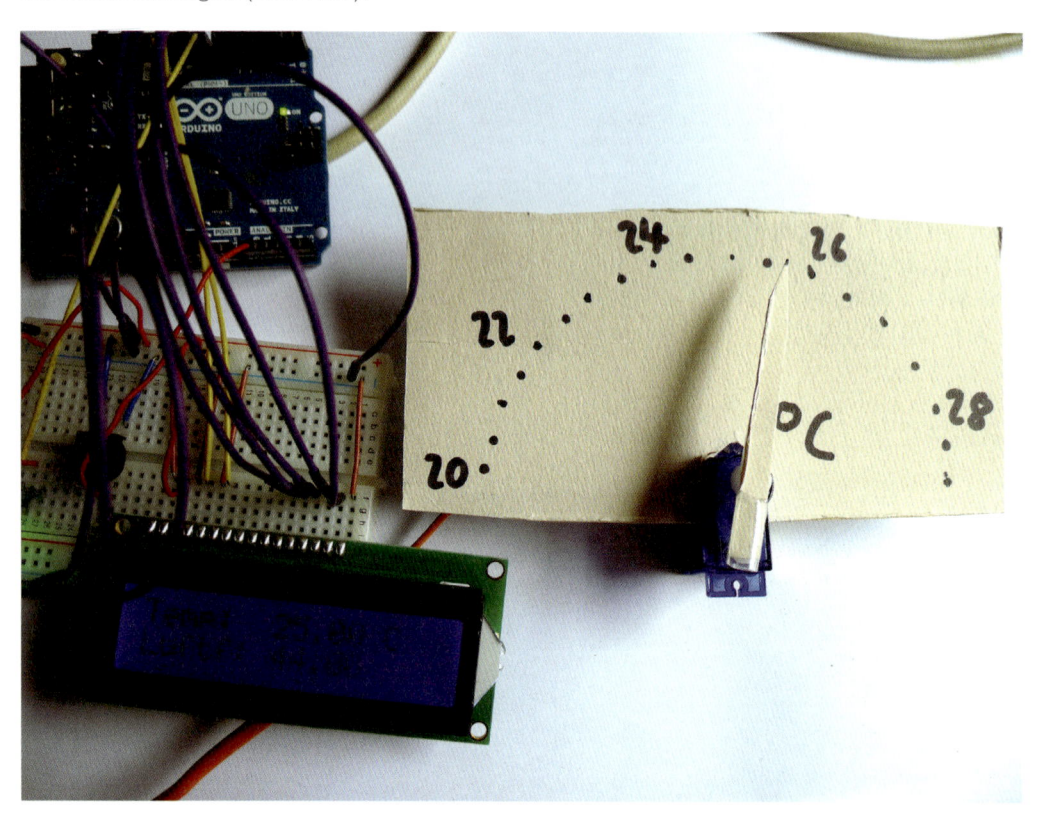

Bild 7.13 So könnte deine Temperaturskala aussehen (hier aus Pappe).

Doch wie rechnet man den Temperaturbereich für die Anzeige aus? Das geht ganz ähnlich wie bei den Poti-Einstellungen. Im Folgenden erhältst du erst einmal den kompletten Sketch zur Ansicht. In Abschnitt 7.14 gehen wir dann alle neuen Elemente im Einzelnen durch.

```
1   // Analoge Temperaturanzeige für die Wetterstation
2   #include <LiquidCrystal.h>
3   #include <DHT.h>
4   #include <Servo.h>
5   LiquidCrystal lcd(12, 11, 5, 4, 3, 2);
6   dht DHT;
7   Servo myServo;
8   int DHT11_PIN =8;
9   int Servo_Pin=9;
10  int Init_Delay = 1000;
11  int Poti=0;
12  int chk;
13  // Hilfsfunktion, um das Display zu löschen
14  void clean_lcd() {
15  lcd.setCursor(0, 0);
16  lcd.print("                ");
17  lcd.setCursor(0, 1);
18  lcd.print("                ");
19  }
20  void setup() {
21  Serial.begin(9600);
22  Serial.println("DHT TEST PROGRAM ");
23  Serial.print("LIBRARY VERSION: ");
24  Serial.println(DHT_LIB_VERSION);
25  Serial.println();
26  // Servo an Pin anbinden
27  myServo.attach(Servo_Pin);
28  lcd.begin(16, 2);
29  chk = DHT.read11(DHT11_PIN);
30  lcd.setCursor(0, 1);
31  switch (chk)
32  {
33  case DHTLIB_OK:
34  lcd.print("Status: OK");
35  break;
36  case DHTLIB_ERROR_CHECKSUM:
37  lcd.print("Status: Checksum error");
38  break;
39  case DHTLIB_ERROR_TIMEOUT:
40  lcd.print("Status: Time out error");
41  break;
42  default:
43  lcd.print("Status: unbekannter Fehler");
44  break;
45  }
46  delay(Init_Delay);
47  }
48  void loop()
49  {
50  // Daten für den DHT11-Sensor lesen
51  chk = DHT.read11(DHT11_PIN);
52  clean_lcd();
```

```
53  lcd.setCursor(0,0);
54  lcd.print("Type: DHT11");
55  float Temp=DHT.temperature;
56  clean_lcd();
57  lcd.setCursor(0,0);
58  lcd.print("Temp: "+String(Temp)+" C");
59  lcd.setCursor(0,1);
60  lcd.print("Luftf: "+String(DHT.humidity));
61  // Temperatur umrechnen in Winkel zwischen 0 und 180 Grad
62  // Untergrenze 20 Grad Celsius entspricht 0 Winkelgrad
63  und Obergrenze 30 Grad Celsius entspricht 180 Winkelgrad
64  // Werte könne bei Bedarf angepasst werden
65  int Untergrenze=20;
66  int Obergrenze=30;
67  int Servo_Winkel= 180*(1-(Temp-Untergrenze)/(Obergrenze-
68  Untergrenze));
69  if (Servo_Winkel<0) Servo_Winkel=0;
70  if (Servo_Winkel>180) Servo_Winkel=180;
71  myServo.write(Servo_Winkel);
72  delay(1000);
73  // Ausgabe der Daten über die serielle Schnittstelle
74  Serial.print("relative Luftfeuchtigkeit (%): ");
75  Serial.print(DHT.humidity, 1);
76  Serial.print(",\tTemperatur (C)");
77  Serial.println(DHT.temperature, 1);
78  }
```

■ 7.13 Der Variablentyp float: Umrechnung der Temperatur in Winkelwerte

Zunächst einmal legen wir die Objekte für die Ansteuerung von Servo, DHT11 und LCD-Display an und definieren die Pinbelegung sowie andere Parameter (Zeilen 5 bis 13 des Codes in Abschnitt 7.13). Was dann kommt, kennst du schon aus Abschnitt 7.4. In Zeile 27 wird der Servo dem Pin zugeordnet.

Die erste Neuigkeit taucht in Zeile 55 auf: float ist ein Variablentyp, den wir bislang noch nicht verwendet haben. Während int für ganze Zahlen vorgesehen ist, kannst du in einer float-Variablen Zahlen mit beliebig vielen Nachkommastellen speichern. Dieser Datentyp ist besser geeignet, um Messwerte aller Art aufzunehmen, da es sich hierbei meist um reelle Zahlen handelt, die jeden beliebigen Zwischenwert zwischen zwei ganzzahligen Werten annehmen können.

7.13 Der Variablentyp float: Umrechnung der Temperatur in Winkelwerte

> Die Bezeichnung float liegt darin begründet, dass man die Methode, mit der die reelle Zahlen im Speicher dargestellt werden, als Fließkomma-Darstellung (auf Englisch: *floating point*) bezeichnet.

In den Zeilen 61 bis 70 rechnen wir die Temperatur in einen Winkel zwischen 0 und 180 Grad um. Mit den Unter- und Obergrenzen kannst du etwas experimentieren. Wenn du zum Beispiel einen Fön (vgl. Abschnitt 7.7) verwendest, um die Temperaturmessung zu testen, kannst du die Obergrenze auch auf 50 Grad oder höher setzen.

Wie funktioniert diese Umrechnung? Es ist wieder eine Version der linearen Umrechnung, welche du schon aus dem Poti-Beispiel kennst. Setzt du in Zeile 67 für Temp den Wert der Untergrenze ein, dann ist das Ergebnis für Servo_Winkel gerade 180. Umgekehrt ergibt sich bei Temp=Obergrenze für Servo_Winkel der Wert 0. Die Zwischenwerte von Temp werden gleichmäßig auf den Bereich von 0 bis 180 verteilt. Du kannst einige Werte einsetzen und es ausprobieren, dann wirst du schnell verstehen, wie der Hase läuft. So etwas nennt man auch lineare Abbildung. Sie kommt häufig bei der Konstruktion von Messgeräten vor.

Bild 7.14 Der Aufbau mit Digital- und Analoganzeige in der Übersicht

Übrigens: Je nachdem, in welcher Richtung du den Servo einbaust, kann es sein, dass die Drehrichtung bei dir umgekehrt ist wie in unserem Beispiel. In diesem Falle musst du in Zeile 67 den Ausdruck 1-(Temp-Untergrenze)/(Obergrenze-Untergrenze) durch (Temp-Untergrenze)/(Obergrenze-Untergrenze) ersetzen, also das 1- löschen. Dadurch läuft der Ausdruck von 0 nach 1 anstatt von 1 nach 0. Der Zeiger bewegt sich dann spiegelbildlich.

Die Zeilen 69 und 70 dienen dazu, Ausreißer aus unserem Wertebereich zu eliminieren. Denn die Temperatur kann auch außerhalb des Intervalls „Untergrenze bis Obergrenze" liegen. Dann würde unsere Formel Werte kleiner 0 oder größer als 180 Grad liefern, was wir mit den beiden if-Abfragen verhindern.

Schließlich wird der Winkelwert in Zeile 71 an den Servo übertragen.

Damit ist unser Projekt zur Mini-Wetterstation beendet.

> Das Konzept der Analoganzeige kannst du für beliebige andere Messungen nutzen. Du könntest zum Beispiel ein Spannungs- oder Widerstandsmessgerät oder auch einen Belichtungsmesser (mit dem LDR der Ampelsteuerung aus Kapitel 5) aufbauen. Deiner Fantasie sind hier keine Grenzen gesetzt …

8 Eine temperaturgeregelte Lüftersteuerung

Während in Kapitel 6 und 7 das Messen und Anzeigen im Vordergrund stand, wenden wir uns in diesem Kapitel einer weiteren Kernkompetenz des Mikrocontrollers zu, welche ihm sogar zu seinem Namen verholfen hat: der Steuerung. Steuer- und Regelkreise sind in der Technik allgegenwärtig. Wir sind im Alltag ständig von ihnen umgeben. Ein Beispiel ist die Zentralheizung, welche mithilfe eines Thermostats die eingestellte Raumtemperatur automatisch hält. Im Auto sorgt ein Regelkreis für eine konstante Verbrennung des Kraftstoffs im Motor, bei elektrischen Geräten gibt es Stromregler, Spannungsregler usw.

Im Projekt dieses Kapitels wollen wir mit dem Arduino einen Lüftungsventilator ansteuern, um damit eine Temperaturregelung aufzubauen. Dass elektronische Geräte gekühlt werden müssen, ist hinlänglich bekannt. Je mehr Leistung umgesetzt wird, desto wärmer werden die Baugruppen und Bauteile. Die feinen Halbleiterstrukturen können durch zu viel Hitze zerstört werden. Daher hat jeder PC mehrere Lüfter eingebaut, die eine zu große Erwärmung der Bauteile verhindern sollen.

Wir möchten im Folgenden einen Lüfter bauen, der sich bei Überschreiten einer kritischen Temperatur automatisch einschaltet. Diesen kannst du dann auch als Kühleinheit für andere Projekte verwenden, bei denen leistungsstarke Bauteile zum Einsatz kommen.

Bild 8.1 Wir bauen eine temperaturgeregelte Lüftersteuerung.

8.1 Jetzt kommt Bewegung ins Spiel: ein Gleichstrommotor als Lüfter

Nachdem wir in Kapitel 7 bereits den Servo kennengelernt haben, widmen wir uns in diesem Projekt einem weiteren Elektromotortyp: dem Gleichstrom-Motor oder DC-Motor (Bild 8.2). Als anderes, wichtiges Bauteil wirst du den Transistor kennenlernen.

Bild 8.2 Kleiner DC-Motor

Für unser Projekt benötigen wir außerdem einen kleinen Lüfter, den du im Elektronikladen kaufen kannst (Bild 8.3). Stattdessen kannst du auch einen „nackten" Gleichstrommotor (wie in Bild 8.2 dargestellt) verwenden und die Rotorblätter selbst bauen. Ventilatorblätter gibt es im Modellbau-Shop kaufen. Außerdem hast du die Möglichkeit, dir die Rotorblätter einfach selbst mit einem 3D-Drucker auszudrucken.

Achte in jedem Fall darauf, dass der Lüfter oder Motor auf 5 V-Betriebsspannung ausgelegt ist und möglichst nicht mehr als 250 mA Strom zieht. Falls er doch mehr Strom benötigt, dann versorge den Arduino nicht über den USB-Port eines Rechners mit Strom, sondern verwende ein externes Netzteil.

Folgende Bauteile benötigst du für das Projekt:

- einen Widerstand (270 Ohm)
- eine Diode 1N4001
- einen Transistor PN2222
- einen DC-Motor oder Minilüfter (5V)
- einen TMP36-Temperatursensor[1] für die Temperaturmessung

---

1 http://www.flikto.de/products/temperature-sensor-tmp36

Bild 8.3 Mini-Lüfter

8.2 Ein Ventil für elektrischen Strom: der Transistor

Kommen wir nun zur Motorsteuerung. Um den Stromfluss durch den Motor von den digitalen Ausgängen des Arduino zu trennen, kommt ein Transistor zum Einsatz. Ein Transistor ist wie ein Ventil für elektrischen Strom. Er hat drei Anschlüsse. Einer davon, die sogenannte Basis **(B)**, steuert den Strom, der durch die beiden anderen Anschlüsse durchgeleitet wird, welche man Kollektor **(C)** und Emitter **(E)** nennt. Grob gesagt lässt die Kollektor-Emitter-Strecke umso mehr Strom durch, je größer die Spannung an der Basis ist.

Was ist der Sinn des Ganzen? An der Basis genügt ein winzig kleiner Strom, um einen großen Effekt zu erzielen. Du kannst also mit kleinen Steuerströmen viel größere Leistungen kontrollieren. Man spricht in diesem Falle von einem Verstärker. Genau dafür wurden die ersten Transistoren auch eingesetzt. Daher kommt der heute noch gängige Begriff des Transistor-Radios. Transistoren kommen jedoch nicht nur zum Einsatz, um ein schwaches Signal zu verstärken. Man verwendet sie auch sehr häufig als elektronische Schalter.

Abhängig vom Pegel an der Basis lässt sich der Transistor an- und ausschalten. So repräsentiert man elektronisch die 0- und 1-Zustände eines Bits. Dies ist die Grundlage der gesamten Digitaltechnik. Eine moderne CPU vereinigt mehr als eine Milliarde Transistoren auf einem Chip, der so klein wie ein Fingernagel ist.

Bild 8.4 Ein PN2222-Transistor

In unserem Projekt werden wir den PN2222-Transistor verwenden – einen günstigen Allzwecktransistor, der in einem sogenannten TO-92-Gehäuse sitzt. Die drei Anschlussbeinchen passen perfekt ins Breadboard. Auf diese Weise kann der Arduino über die Steuerausgänge Geräte mit hoher Leistung ansteuern, ohne dass die Ausgänge selbst nennenswert belastet werden. Denn der DC-Motor verbraucht etwas mehr Strom als die LEDs oder das LCD-Display, welche in den vorangegangenen Kapiteln zum Einsatz kamen. Über eine Transistorstufe kannst du im Prinzip beliebig starke Motoren ansteuern. Natürlich reicht dann aber die Stromversorgung über die USB-Schnittstelle irgendwann nicht mehr aus.

In Bild 8.5 ist der Schaltplan der temperaturgesteuerten Lüftersteuerung an zu sehen.

Der digitale Pin 13 wird über einen 220 Ohm-Vorwiderstand an die Basis des Transistors gelegt. Steht der Ausganggspegel auf LOW, dann ist der Transistor geschlossen und der Motor steht. Sobald der Arduino den Pegel von Pin 13 auf HIGH anhebt, schaltet der Transistor durch. Er verhält sich jetzt wie eine leitende Verbindung und der Motor beginnt zu drehen. Beim PN2222-Transistor ist immer das mittlere Anschlussbeinchen die Basis. Zeigt die runde Seite des Gehäuses von dir weg, dann ist der Emitter **(E)** links und der Kollektor **(C)** rechts.

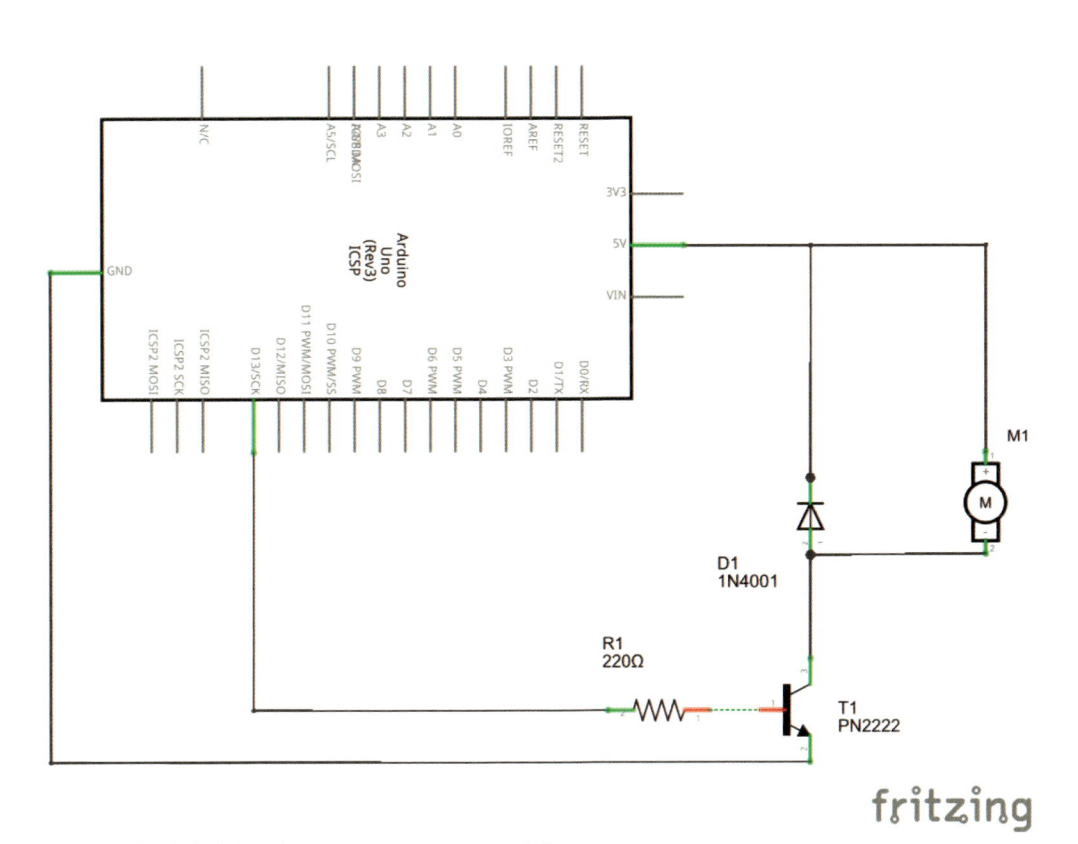

Bild 8.5 Der Schaltplan der temperaturgesteuerten Lüftersteuerung

■ 8.3 Spannungsspitzen vermeiden: eine Diode zum Schutz des Arduino

Im nächsten Schritt werden wir eine Diode einbauen, um den Arduino zu schützen. Ein Gleichstrommotor wandelt nämlich nicht nur elektrische Energie in Bewegung um, sondern funktioniert genauso gut umgekehrt, also als Generator. Wenn die Welle des Motors bewegt wird, dann entsteht an den Anschlüssen eine Spannung. Schaltet man die Versorgungsspannung bei laufendem Motor plötzlich aus, dann läuft der Motor noch etwas nach. Dadurch entstehen Spannungsspitzen, die der Betriebsspannung entgegengesetzt sind. Diese Spannungsspitzen vertragen sich nicht gut mit den empfindlichen Schaltkreisen des Mikrocontrollers.

Daher überbrücken wir den Motor in dieser Richtung mit einer Diode. Die Diode lässt den Strom nur in einer Richtung durch. Für die positive Spannung in Laufrichtung des Motors ist die Diode in Sperrichtung geschaltet, sie stört also nicht. Negative Spannungsspitzen beim Abschalten werden aber kurzgeschlossen.

In Bild 8.6 siehst du den Aufbau der Motorsteuerung auf dem Breadboard.

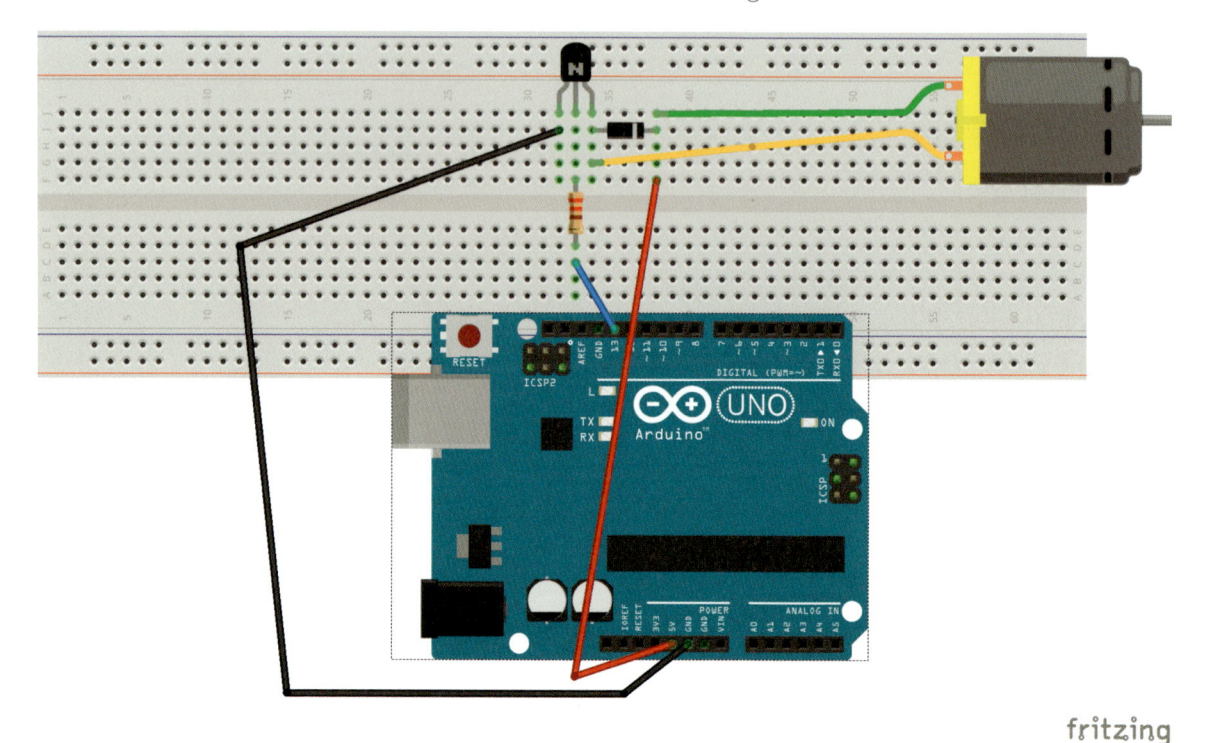

Bild 8.6 Aufbau der Motorsteuerung

Folgender Test-Sketch schaltet den Motor alle 10 Sekunden kurz ab:

```
1   // Motoransteuerung Testsketch
2   int Motor=13;
3
4   void setup() {
5   pinMode(Motor,OUTPUT);
6   digitalWrite(Motor,LOW);
7
8   }
9
10  void loop() {
11
12  digitalWrite(Motor,HIGH);
13
14  delay(10000);
15
16  digitalWrite(Motor,LOW);
17  delay(3000);
```

Bild 8.7 zeigt den Aufbau der Motorsteuerung auf einem kleinen Breadboard, mit DC-Motorsteuerung, Transistor und Diode.

Bild 8.7 Die DC-Motorsteuerung mit Transistor und Diode

Wenn dein Test-Sketch ergeben hat, dass der Motor bzw. Ventilator läuft, kannst du dich im nächsten Schritt der Temperaturmessung widmen.

■ 8.4 Temperaturmessung mit dem TMP36-Sensor

In Kapitel 7 haben wir für die Temperaturmessung den DHT11-Sensor verwendet. Wenn du das Projekt nachgebaut hast, dann weißt du, dass dieser Sensor die Temperatur nur in 1-Grad-Schritten ausliest. Der DHT11 wurde speziell für die Erfassung von Lufttemperaturen konzipiert, so wie sie in Wetterstationen zum Einsatz kommt. Um jedoch die Temperatur eines elektrischen Bauteils zu messen, stellen wir etwas andere Anforderungen. Der Sensor sollte direkten Kontakt mit dem Bauteil haben können, um dessen Temperatur möglichst genau zu messen. Außerdem sollte er eine genauere Messung als die in ganzen Gradschritten liefern.

Daher entscheiden wir uns für den TMP36-Temperatursensor[2]. Äußerlich sieht er dem Transistor täuschend ähnlich, denn auch er steckt in einem Standardgehäuse für Halbleiter-Bauelemente.

An die beiden äußeren Anschlüsse kommt eine Spannung zwischen 3 und 5 Volt. Dabei ist GND rechts, wenn die Rundung des Gehäuses von dir weg zeigt. Der mittlere Anschluss dient zum Auslesen der Temperatur. Bei einer Temperatur von 0 Grad liegen genau 0.5 V an. Pro Grad Temperaturdifferenz ändert sich die Spannung am mittleren Pin um 10 mV.

Ausgehend von der Ausgangsspannung V in Volt erhältst du den Wert der Temperatur T in °C mit folgender Formel: $T = (V - 0.5) * 100$

Wir verbinden den TMP36-Temperatursensor mit der 5 V-Versorgungsspannung und legen den mittleren Pin an den analogen Eingang 0. Damit lässt sich die Temperatur bestimmen, die wir mit folgendem Sketch an den seriellen Monitor schicken:

```
1   // TMP36 auslesen
2   int TMP36 = 0;
3   void setup()
4   {
5   Serial.begin(9600);
6   }
7   void loop()
8   {
9   int Sensor = analogRead(TMP36);
10  float V = Sensor * 5.0/1024.;
11  //Spannung am Sensor berechnen
12
13  float Temp = (V - 0.5) * 100 ;
```

---

2 *http://www.flikto.de/products/temperature-sensor-tmp36*

```
14  // Temperatur aus Spannung berechnen
15
16  Serial.print(Temp); Serial.println(" Grad C");
17
18  delay(500);
19  }
```

■ 8.5 Alles geregelt dank Arduino: Temperaturregelung und Lüfterschaltung verbinden

Nun müssen wir nur noch die Temperaturregelung und das Schalten des Lüfters per Software miteinander verbinden. Hast du eine Idee, wie das gemacht werden kann? Du schaltest den Ventilator per if-Abfrage ein, sobald eine bestimmte Grenztemperatur überschritten wird. In gleicher Weise schaltest du ihn wieder ab, sobald die Temperatur unter einen vorgegebenen Schwellenwert sinkt und folglich die Bauteile wieder vor dem Hitzetod sicher sind.

Du solltest dabei immer eine Ausschalttemperatur wählen, die ein paar Grad unter der Einschalttemperatur liegt. Diesen Abstand zwischen den Schaltpunkten nennt man Hysterese. Dadurch wird sichergestellt, dass der Ventilator genug Zeit zum Anlaufen hat und um einen stabilen Luftstrom aufzubauen.

Wenn Aus- und Einschaltwert gleich wären, würden in diesem Temperaturbereich durch Messfluktuationen ständig Schaltvorgänge ausgelöst werden. Das würde die Bauteile zu stark belasten und der ganze Regelvorgang würde dadurch schlechter funktionieren. Deswegen ist eine solche Hysterese immer Standard, wenn bei einer elektronischen Regelung ein bestimmter Schwellenwert einer Messgröße benutzt wird, um etwas ein- und auszuschalten.

Dies ist der Code für die Regelung:

```
1   // Lüftersteuerung mit TMP36-Sensor
2   int TMP36 = 1; // Analoger Input-Pin für die
3   // Temperaturmessung
4   int Vent=13; // Output-Pin für den Ventilator
5
6   float EinTemp=60.0; // Einschalttemperatur
7   float AusTemp=45.0; // Ausschalttemperatur
8
9   void setup()
10  {
11  Serial.begin(9600);
12  pinMode(Vent,OUTPUT);
```

```
13
14   digitalWrite(Vent,LOW); // Ventilator aus
15
16   }
17   void loop()
18   {
19   int Sensor = analogRead(TMP36);
20
21   float V = Sensor * 5.0/1024.;
22   float Temp = (V - 0.5) * 100 ;
23
24   // Regelungsabfrage:
25   if (Temp&gt;=EinTemp) digitalWrite(Vent,HIGH);
26   if (Temp&lt;=AusTemp) digitalWrite(Vent,LOW);
27
28   Serial.print(Temp); Serial.println(" Grad C");
29   Serial.println(Sensor);
30
31   delay(500);
32   }
```

Die Ein- und Ausschaltpunkte werden mit den Variablen EinTemp und AusTemp definiert.

Um die Temperatur eines Bauteils zu überwachen, lötest du den Temperatursensor am besten an drei Drähte an und befestigst das Gehäuse des TMP36 mit etwas Wärmeleitpaste mit dem zu überwachenden Bauteil. Den Ventilator kannst du mit Klebstoff oder Schrauben so fixieren, dass der Luftstrom über das zu kühlende Bauteil streicht. Als Erweiterung wäre es natürlich denkbar, das LCD-Display einzubauen und als Temperaturanzeige zu verwenden. Dieses könnte bei einer Geräte-Konstruktion außen am Gehäuse angebracht werden.

Eine Anmerkung noch: Wenn ein stärkerer Motor über die Stromversorgung des Arduino läuft, kann es passieren, dass bei laufendem Motor elektromagnetische Störungen an den analogen Eingängen auftreten. Das erkennst du daran, dass der angezeigte Temperaturwert einige Grad nach oben springt, sobald der Motor anläuft. Dies kann ein Problem werden, wenn die Schwankungen in derselben Größenordnung sind wie der Abstand zwischen Ein- und Ausschaltpunkt. Hier hilft es, die gemeinsamen GND-Kontakte von Motor und Sensor möglichst kurz zu halten, damit Störungen weniger gut einstreuen können. Gänzlich abschalten lässt sich der Effekt leider nicht, und wenn er zu stark wird, hilft nur eine externe Motorsteuerung, zum Beispiel über ein Arduino-Shield.

> Deinen Ideen für weitere Anwendungen sind wie immer keine Grenzen gesetzt. Wenn du ein Terrarium oder Gewächshaus besitzt, könntest du den DHT11 (oder den DHT22) als Temperatur- und Feuchtigkeitssensor und einen Ventilator zur Klimaregulierung einsetzen. Damit könntest du dann zusätzlich zur Temperatur auch die Luftfeuchtigkeit im Terrarium überwachen und regeln.

Bild 8.8 Die fertige Lüftersteuerung

9 Exkurs: Internet der Dinge (IoT) mit dem Particle Photon

In diesem Kapitel werden wir uns mit dem Particle Photon beschäftigen, einem kleinen Mikrocontroller-Board, das mit einem eingebauten WiFi-Interface ausgeliefert wird. Der Photon kann daher sehr einfach auf das Internet zugreifen, ohne dass du dafür zusätzlichen Schaltungsaufwand betreiben musst. Du brauchst nur in der Nähe eines WLAN-Zugangs zu sein und der Photon wird sich daraufhin automatisch mit der Cloud (= einem Server im Internet) verbinden.

Auf diese Weise kannst du deine Mikrocontroller-Projekte sehr schnell und ohne großen Aufwand mit dem Internet vernetzen. Der Photon (und übrigens auch die anderen Mikrocontroller der Firma Particle) sind quasi dein Schlüssel zum Aufbau eines Internets der Dinge (*Englisch:* Internet of Things, kurz IoT). Und das beste daran: der Photon ist in der Programmierung Arduino-kompatibel! Da du spätestens nach der Lektüre dieses Buches fit für den Arduino sein wirst, kannst du den Photon also sofort einsetzen und sogar deine Arduino-Sketches zum Teil wiederverwenden.

Du wirst in diesem Kapitel lernen, den Photon einzurichten und Schaltungen und Programme dafür zu entwickeln. Wir wollen dich schnell auf Kurs bringen, damit du dich aufs Wesentliche konzentrieren kannst - nämlich die Realisierung deiner Projektideen mit dem Photon.

Wahrscheinlich schwirren dir schon viele spannende Projektideen im Kopf herum, die du mit dem Photon in die Tat umsetzen willst. Du könntest zum Beispiel deine Arduino-Wetterstation aus Kapitel 7 als Grundlage nehmen, und mit dem Photon eine Lösung entwickeln, welche dir die Messdaten zu Temperatur, Luftdruck und Luftfeuchtigkeit auf deinem Smartphone anzeigt. Auf diese Weise kannst du sehr schön vergleichen, wo die Unterschiede in der Herangehensweise beim Arduino und Photon liegen, und welche Vor- und Nachteile die cloudbasierte Lösung des Photon gegenüber der Offline-Variante des Arduino hat.

Eine spannende Sache ist auch die Tinker-App von Particle. Dabei handelt es sich um eine Smartphone-App, mit der du deine Photon-Board vom Handy aus kontrollieren kannst. Damit lassen sich coole Fernsteuerungen realisieren. Du kannst entweder die vorgegebenen Kontrollmöglichkeiten nutzen oder sogar komplett eigene Smartphone-Apps entwickeln, die maßgeschneidert mit deinem Photon-Projekt zusammenarbeiten. Wie wäre es zum Beispiel mit einem ferngesteuerten Roboter, den du durch die Gegend fahren lassen kannst? Du könntest deinen Photon auch mit allerlei Sensoren ausstatten und die Daten auf deinem Smartphone sammeln. Deinen Möglichkeiten sind keine Grenzen gesetzt ...

■ 9.1 Particle Photon & Co.: Mikrocontroller von Particle.io

Vielleicht ist dir der kleine WiFi-Controller Particle Photon schon unter dem Namen Spark Photon untergekommen. Das von Zach Supalla gegründete Technologie-Startup Spark.io hat sich im Mai 2015 in Particle.io umbenannt, da bereits zu viele Firmen und Projekte den Namen Spark tragen. In manchen Shops findest du auch heute noch die veraltete Bezeichnung Spark Photon. Davon brauchst du dich jedoch nicht verwirren lassen – es handelt sich um exakt dasselbe Gerät.

Das erste Board aus dem Hause Particle war der Spark Core, der das Konzept des Photon bereits vorweggenommen hat: ein Arduino-kompatibles Entwicklerboard mit integrierter WLAN-Konnektivität. Anschließend kam dann der Photon auf den Markt.

Der jüngere Bruder des Photon ist der Electron. Dieser ist ebenfalls über den Arduino-kompatiblen Sketch-Code programmierbar, aber im Gegensatz zum Photon setzt er nicht auf WiFi, sondern auf Mobilfunk-Technologie. Der Electron verbindet sich über das Handynetz mit dem Internet und bietet damit die maximale Ortsunabhängigkeit.

In diesem Buch wollen wir uns jedoch auf den Photon beschränken. Solltest du für dein Projekt ein anderes Board benötigen, dann ist der Umstieg aber sehr leicht möglich. Denn die eigentliche Idee hinter den Controller-Boards von Particle ist es, die technischen Zugangshürden immer weiter herabzusetzen, sodass wir alle an der Entwicklung des Internets der Dinge aktiv mitwirken und unsere IoT-Projekte in die Community tragen können. Im Vergleich zu anderen Systemen ist die Einrichtung und Entwicklung der Particle-Boards ziemlich leicht, so dass Prototypen schnell und mit vergleichsweise wenig Aufwand realisiert werden können und sich Ideen rasch in die Praxis umsetzen lassen. Du musst kein Elektronik-Genie sein und auch nicht Informatik studiert haben, um deine eigenen Schaltungen und Projekte mit dem Photon zu entwickeln. Wenn du unseren Einstiegstipps Schritt für Schritt folgst, wirst du bald selbst in der Lage sein, das wachsende Internet der Dinge aktiv mitzugestalten.

■ 9.2 Déjà-vu für Arduino-Kenner: Die Parallelen zwischen Arduino und Particle Photon

Du hast in den vorangegangenen Kapiteln bereits einiges über die Arduino-Programmierung gelernt. Mit diesem Wissen hast du auch beim Photon gute Karten. Die Programmierung der beiden Mikrocontroller ist sehr ähnlich. Auf den ersten Blick wirst du einem Sketch gar nicht ansehen können, ob er für den Arduino oder den Photon geschrieben wurde, da die verwendete Programmiersprache die gleiche ist, nämlich eine Variante der Sprache C. Egal ob es sich um den grundsätzlichen Aufbau mit setup-Block und loop-Block oder um die Ansprache der digitalen Pins zum Einlesen und Auslesen handelt: all das ist beim Arduino und beim Photon identisch.

Die Entwicklungsumgebung unterscheidet sich allerdings schon ein wenig. Ganz im Sinne der Idee, welche hinter den Particle-Produkten steckt, ist nämlich auch die Programmentwicklung cloudbasiert[1]. Der Editor läuft im Webbrowser und kommuniziert über WLAN mit dem Photon. Für uns Maker bedeutet dies maximale Freiheit, denn so findest du an jedem Rechner der Welt, der über eine Internetverbindung verfügt, deine gewohnte Arbeitsumgebung, um an deinen Projekten zu feilen. Du kannst deine Sketches auch dann übertragen, wenn der Photon am anderen Ende der Welt seinen Dienst verrichtet.

Der Photon kann auch sehr einfach Daten online auslesen oder in der Cloud abspeichern. Spannend ist auch die Möglichkeit, ihn über ein Smartphone anzusteuern. Deshalb ist der Photon bei Entwicklungen im Bereich des Internets der Dinge und damit verbundenen Rapid Prototyping-Prozessen eines der bevorzugten Boards.

■ 9.3 Den Particle Photon einrichten und einen ersten Sketch übertragen

Wir werden den Particle Photon nun erst einmal anschließen und zum Leben erwecken. Wie du bereits weißt, ist dieser Mikrocontroller konsequent nach dem Prinzip der Vernetzung und der cloudbasierten Datenspeicherung ausgelegt. Dementsprechend ist auch die Ersteinrichtung ein wenig anders, als du es vielleicht vom Arduino oder anderen Plattformen her kennst. Die Entwicklungsumgebung läuft über eine App im Browser. Du musst also nichts herunterladen und installieren, sondern kannst sofort von jedem Rechner aus loslegen.

---

1 An dieser Stelle sollte jedoch nicht unerwähnt bleiben, dass inzwischen auch eine cloudbasierte Arduino-IDE (Arduino Create) existiert.

9.3.1 Ohne Particle-Account und Strom geht nichts

Bevor es losgehen kann, musst du dich jedoch zunächst einmal bei Particle als Nutzer registrieren. Das ist nötig, damit du später deinen persönlichen Arbeitsbereich für die Entwicklung auf der Plattform nutzen kannst. Außerdem kannst du so beliebig viele Particle-Devices mit deinem Account verbinden.

Das Particle-Konzept sieht vor, dass jedes Gerät mit einem bestimmten Nutzeraccount verbunden ist. Auf diese Weise kannst du von jedem beliebigen WLAN aus auf den Photon zugreifen und Sketches übertragen, da immer die richtige Entwicklungsumgebung auf der Particle-Plattform zugeordnet wird.

Um dich anzumelden, gehst du auf *https://www.particle.io* und wählst oben rechts das Dashboard aus. Nun kannst du dich mit deinen Anmeldedaten einloggen oder einen neuen Account anlegen. Dazu genügt die Angabe einer E-Mail-Adresse. Sobald dies erledigt ist, findest du dich im Dashboard der Entwicklungsumgebung wieder, die zunächst einmal natürlich noch ziemlich leer aussieht, da du noch keiner Projekte begonnen hast.

Nachdem die Anmeldeformalitäten erledigt sind, kommen wir nun zum spannenden Teil. Natürlich muss dein Photon zunächst mal an den Strom angeschlossen werden. Schließe den Photon dazu über den Micro-USB-Stecker an einen Rechner oder ein USB-Netzteil an. Nun sollte die LED auf dem Board blinken. Bei einem neuen Controller blinkt die LED in der Farbe Blau. Dies ist der sogenannte „Listening-Mode". Der Photon wartet jetzt darauf, dass du die Anmeldedaten für die WLAN-Verbindung überträgst.

9.3.2 Ein Multifarbentalent: die Bedeutung der LED-Farben beim Particle Photon

Blinkt das Photon in der Farbe Grün, dann hat er bereits eine WiFi-Konfiguration übermittelt bekommen und versucht nun, sich dort anzumelden. Wenn das blaue Blinken über längere Zeit anhält, gibt es ein Problem mit der Anmeldung an deinem WLAN. Nachdem du dich davon überzeugt hast, dass das Problem nicht am lokalen WLAN selbst liegt, kannst du ganz normal mit der Übertragung der neuen Anmeldekonfiguration weitermachen.

Blinkt der Photon schnell in der Farbe Cyan (das ist eine Art Blaugrün), dann hat er sich erfolgreich mit dem Internet verbunden und sucht nun nach der Particle-Cloud. Hat er diese gefunden, wird das schnelle Blinken zu einem langsamen An- und Abschwellen der LED in Cyan. Dies ist der Normalzustand. Nun kannst du deine Programme online entwickeln und Sketches übertragen.

Die Bedeutung der Farben und Blink-Codes findest du hier noch einmal im Überblick: *https://docs.particle.io/guide/getting-started/modes/photon*

9.3.3 Anmeldung per Smartphone: die Particle-App

Die einfachste Art, deinen Photon mit der Cloud zu verbinden, ist die Particle-App, die es für iOS und Android in den jeweiligen Stores gibt (Bild 9.1). Nachdem du dich mit deinem Particle-Account angemeldet hast, erkennt die App automatisch den Photon, falls sich dieser in Reichweite befindet. Der Vorgang läuft nun so ab, dass sich dein Smartphone mit dem WiFi des Photon verbindet, damit du die Anmeldedaten für dein WiFi dort eintragen kannst. Außerdem kannst du dem Controller einen speziellen Namen verpassen, damit du ihn stets wiedererkennen kannst. Sobald dies geschehen ist, wird die Verbindung getrennt und der Photon versucht, sich in deinem Netzwerk anzumelden. Sobald der Vorgang erfolgreich abgeschlossen ist, siehst du den aktiven Photon in der App sowie eine Statusanzeige, die nun grün leuchten sollte. Dein Photon ist jetzt online!

Bild 9.1 Die Particle-App

Solltest Du Probleme haben, dich mit Particle zu verbinden, kann die Ursache dein WLAN sein. In Deutschland gibt es bis zu 13 WLAN-Kanäle. Allerdings ist dieses Frequenzspektrum weltweit nicht einheitlich geregelt, wodurch sich Unterschiede bei der Nutzung der

Frequenzbereiche ergeben können. Hinzu kommen außerdem unterschiedliche Sendeleistungen, was auch zu unterschiedlichen Reichweiten führt. In den USA stehen weniger Kanäle zur Verfügung als in Deutschland. Da der Photon aus den USA kommt, kann es sein, dass der Photon euren WLAN-Rout nicht findet, wenn ihr einen Kanal größer 11 nutzt. Nutzt in diesem Fall einfach einen Kanal unter 12, dann solltet ihr euch problemlos mit dem Photon verbinden können.

Wenn du nun in der App auf deinen Photon tippst, gelangst du in den Steuermodus. Hier kannst du die Ausgänge des Controlles per Smartphone ein- und ausschalten. Damit lassen sich sehr gut Fernsteuerungen realisieren. Auch zum Testen einer Schaltung ist dieser Modus wichtig, denn du musst keine einzige Zeile Code eingeben, um zu überprüfen, ob die Beschaltung der digitalen Ausgänge funktioniert.Wenn du das einmal ausprobieren möchtest, dann tippe einfach auf den Ausgang *D7* und wähle im Popup `digitalWrite` aus.

> **TIPP:** Der Pin *D7* ist bereits auf dem Board mit einer blauen LED verbunden. Wenn du nun auf dem Smartphone den Ausgang *D7* antippst, kannst du damit die blaue LED auf dem Photon ein- und ausschalten. Diese Fernsteuerungsapp heißt Tinker und ist sehr mächtig.

9.3.4 Den ersten Sketch übertragen

Für uns wird es nun an der Zeit, den ersten Sketch zu übertragen. Dies geht am bequemsten vom PC oder Laptop aus. Dazu musst du dich wieder bei Particle anmelden. Rufe die Seite *https://www.particle.io* auf. Nach erfolgreicher Anmeldung gelangst du zum Dashboard. Hier wird eine Liste der Controller angezeigt, die gerade online und mit der Cloud verbunden sind (ganz ähnlich wie in der Smartphone-App). Klicke links unten auf das Symbol < >, um zur Entwicklungsumgebung zu kommen (Bild 9.2).

Der Builder erinnert dich vielleicht an die Arduino-IDE. Die Ähnlichkeit ist tatsächlich sehr groß, insbesondere was den Code angeht. In der Sidebar findest du unter *Example Apps* einige vordefinierte Beispiele. Wähle *Blink an LED* und dann *Use this Example* aus. Dadurch wird eine Kopie des Beispiels in deinem persönlichen Verzeichnis unter *My Apps* angelegt. Hier kannst du den Code nun nach Belieben verändern und testen.

Du kannst den Beispielsketch gleich übertragen, indem du links oben im Dashboard der Entwicklungsumgebung auf das Blitzsymbol *Flash* klickst (Bild 9.2). Unten in der Statuszeile kannst du dann das Ergebnis ablesen. Da du noch nichts am Code verändert hast, sollte nach der Übertragung die Statusmeldung „Flash successful!" erscheinen und die blaue LED an *D7* blinken, die wir vorhin schon kennengelernt haben.

Bild 9.2 Die Entwicklungsumgebung des Particle Photon

Um sicherzugehen, dass wir auch genau diesen Sketch übertragen, wollen wir nun etwas ändern. Aktuell geht die LED eine Sekunde lang an und wird danach ebenfalls eine Sekunde lang dunkel geschaltet. Im Code wird diese Zeitdauer in den Zeilen 60 und 67 eingestellt. Der Befehl `delay()` sorgt dafür, dass der Sketch fortlaufend ausgeführt wird – und zwar so viele Millisekunden wie die Zahl in Klammern angibt. Die Zahlen kannst du nach Belieben ändern. Stelle ruhig extreme Werte ein, damit du nach der Übertragung ganz sicher sein kannst, dass es genau dein Sketch ist, der im Photon seinen Dienst verrichtet.

Die ersten Schritte sind nun geschafft. Du kannst dich jetzt ein wenig mit den anderen Beispielcodes im Particle Builder beschäftigen und natürlich erste Schaltungen aufbauen. Viel Spaß dabei!

10 Eine Pflanzenbewässerungsanlage: Kombination von Arduino und Particle Photon

In einer Welt aus Asphalt und Stein, in der vor allem künstliche Materialien vorherrschen, ist es schön, ein kleines Stück Natur in den eigenen vier Wänden zu haben. Doch jeder Zimmerpflanzenbesitzer kennt das unangenehme Gefühl, das einen beschleicht, wenn man mal wieder das Gießen vergessen hat. Es dauert dann meist nicht lange bis unsere grünen Freunde die Blätter hängen lassen.

Wäre es da nicht sinnvoll, wenn du eine digitale und voll automatisierte Pflanzenbewässerung dein Eigen nennen könntest? Und könnte man eine solche Bewässerungsanlage nicht einfach mit dem Arduino realisieren? Ja, das kann man. Wie das funktioniert, wirst du in diesem Kapitel erfahren.

Bild 10.1 Wir bauen eine Pflanzenbewässerungsanlage.

10.1 Benötigte Bauteile

Nach einiger Ebay-Recherche (Stichwort „Soil Moisture Sensor Arduino") haben wir das perfekte Tool für die Realisierung einer Pflanzenbewässerung gefunden – und zwar einen Sensor, welcher die Bodenfeuchtigkeit detektiert. Dabei handelt es sich um eine Metallplatte mit Silikonbeschichtung.

Darüber hinaus benötigst du folgende Bauteile für das Projekt:

- einen Arduino Uno
- einen Feuchtigkeitssensor
- einen Motor, den wir als Pumpe verwenden
- einen Schlauch
- ein Rückschlagventil (optional)

Für die Vernetzung mit dem Internet benötigst du optional:

- einen Particle Photon (siehe Kapitel 9)
- ein Handy, um den Particle Photon zu konfigurieren

Im ersten Schritt werden wir den Feuchtigkeitssensor sowie den Motor, den wir als Pumpe verwenden, mit dem Arduino verbinden. Sobald der Sensor eine niedrige Feuchtigkeit in der Blumenerde misst, soll diese über die Pumpe bewässert werden. Dieses Konstrukt ist autark, funktioniert jedoch nicht, wenn du z. B. im Urlaub bist und deine Pflanze von dort aus überwachen möchtest.

Deshalb werden wir den Arduino im zweiten Schritt mit dem Particle Photon verknüpfen, um die Sensordaten ins Internet zu übertragen. Dies funktioniert über eine serielle Schnittstelle. Dieses Konzept kannst du übrigens auch für alle anderen Projekte in diesem Buch nutzen. Auf diese Weise lässt sich eine Vielzahl von Projekten miteinander vernetzen.

10.2 Aufbau und Programmierung der Pflanzenbewässerungsanlage

Für den Aufbau unserer Pflanzenbewässerungsanlage werden wir zunächst einmal den Arduino, ein Breadboard, den Feuchtigkeitssensor sowie die Wasserpumpe verbauen. Dazu schließen wir als Erstes den Feuchtigkeitssensor an unserem Arduino an, um über den Feuchtigkeitsgehalt im Boden informiert zu werden. Dazu benötigt der Sensor Erdung (GND) und Spannung (VCC). Um die nun Daten auf den Arduino zu übertragen, schließen wir den analogen Pin des Sensors an den Arduino an. In unserem Beispiel habe ich den analogen Pin *A0* gewählt. Hierüber wird der Arduino Messwerte bezüglich der Feuchtigkeit erhalten.

Der Sensor besitzt darüber hinaus auch einen digitalen Pin. Mit diesem kannst du den Sensor über den Arduino einschalten. Auf diese Weise muss der Sensor nicht im Dauerbetrieb sein, was seine Lebensdauer deutlich erhöht.

Nachdem der Pin *A0* als analoger Input-Pin deklariert wurde, können wir die gemessenen Werte über die Funktion `AnalogRead()` abrufen. Mit einer `if`-Abfrage entscheiden wir, bei welchen Messwerten wir die Pumpe einschalten möchten:

```
1   #define SensorPin A0
2   //#define ersetzt jedes Vorkommen von SensorPin durch A0.
3   //Dadurch muss bei Änderung des Pins nur A0 hier geändert werden
4
5   void setup() {
6     Serial.begin(9600);
7     pinMode(SensorPin, INPUT);
8   }
9
10  void loop() {
11    int sensorValue = analogRead(SensorPin); //Auslesen der Messwerte
12    Serial.print("Feuchtigkeit betraegt: ");
13    Serial.print(sensorValue);
14
15    if(sensorValue >= 1000){
16        Serial.println(" - Sensor steckt nicht im Boden oder ist nicht angeschlossen");
17    } else if(sensorValue < 1000 && sensorValue >= 600) {
18        Serial.println(" - Boden ist trocken");
19    } else if(sensorValue < 600 && sensorValue >= 370) {
20        Serial.println(" - Boden ist feucht");
21    } else if(sensorValue < 370) {
22        Serial.println(" - Boden ist nass");
23    }
24    delay(1000); //Wir wollen nur einmal pro Sekunde die Änderungen messen
25  }
26  }
```

Als Nächstes schließen wir die Pumpe an, welche zwei Kabel besitzt. Sobald Strom fließt, fängt die Pumpe an zu arbeiten. Man könnte den Kreis über einen der digitalen Pins schließen. In unserem Versuch hat die Spannung des Pins sich allerdings als nicht ausreichend erwiesen. Darum haben wir kurzerhand einen Transistor am Breadboard hinzugefügt. Über einen digitalen Pin am Arduino senden wir das Signal zur Basis des Transistors, welcher dann über seinen Emitter den Fluss zulässt. Da die Basis nur zwei Werte benötigt („pumpen" oder „nicht pumpen"), schließen wir sie über einen der digitalen Pins an den Arduino an und definieren den Pin als `Output Pin` im Setup. Setzt man nun den Pin auf `High`, schließt sich der Stromkreis und die Pumpe fängt an, die Pflanze zu bewässern.

Für das Aktivieren der Pumpe haben wir eine Funktion geschrieben, um Wiederholungen zu vermeiden und das Verständnis zu vereinfachen. Mit diesem einfachen Setup muss keine Pflanze in unserem Büro mehr verdursten:

```
#define WasserMotor 2

 void setup() {
  ...
  pinMode(WasserMotor, OUTPUT);
}

void loop() {
  ...
  if(sensorValue >= 1000){
      Serial.println(" - Sensor steckt nicht im Boden oder ist nicht angeschlossen");
      wasserPumpen(false); //beendet das Pumpen
  } else if(sensorValue < 1000 && sensorValue >= 600) {
      Serial.println(" - Boden ist trocken");
      wasserPumpen(true); //beginnt das Pumpen
  } else if(sensorValue < 600 && sensorValue >= 370) {
      Serial.println(" - Boden ist feucht");
      wasserPumpen(false);
  } else if(sensorValue < 370) {
      Serial.println(" - Boden ist nass");
      wasserPumpen(false);
  }
  delay(1000);
}

// wasserPumpen() nimmt einen boolean entgegen. Ist dieser 'true', beginnt die Pumpe zu pumpen, bei 'false' stoppt sie
void wasserPumpen(bool pumpen){
  if(pumpen){
    digitalWrite(WasserMotor, HIGH);
    Serial.println("Bewaessert");
  } else {
    digitalWrite(WasserMotor, LOW);
  }
}
```

10.3 Steuerung der Pflanzenbewässerung übers Internet

Wer seine Bewässerungsanlage aus der Ferne steuern möchte, kann den Arduino ans Internet anschließen. Da wir bei unserem Experiment einen nicht WLAN-fähigen Arduino verbaut haben, nehmen wir den Particle Photon zu Hilfe, um eine Internetverbindung aufzubauen. Die Kombination von Arduino und Particle Photon kann übrigens bei vielen Projekten hilfreich sein.

Nach der Einrichtung ist der Particle Photon mit dem heimischen WLAN verbunden. Beide Geräte haben eine serielle Schnittstelle (RX/TX), über welche sie miteinander kommunizieren können. RX und TX stehen für „Receiver" und „Transmitter Exchange". Als Erstes sorgen wir für eine Kommunikation der Geräte untereinander.

Der Arduino bietet die Funktion `serialEvent()`, welche im `loop()` ausgeführt wird (siehe folgender Code). Sobald serielle Daten im Puffer des Arduino gefunden werden, wird jedes Zeichen einem String hinzugefügt. Solange die Datenübertragung anhält, schreiben wir mit unserem Programm die ankommenden Zeichen in einen String, welcher vorher global deklariert wurde. Sobald mit dem Zeichen `'/n'` das Ende erreicht wurde (das Zeichen markiert einen Zeilenumbruch), setzen wir eine zweite globale Variable auf `true`. So können wir im `loop()` erkennen, ob eine neue abgeschlossene Nachricht auf uns wartet. Es ist gut, wenn man die Nachricht im Setup-Speicher allokiert, da dieser nicht dynamisch erweitert werden kann.

```
1   String message = "";
2   boolean messageComplete = false;
3
4   void setup(){
5     ...
6     message.reserve(200);
7   }
8
9   void loop(){
10    ...
11    if (messageComplete){
12      // die Nachricht message ist hier nun vollständig und kann bearbeitet werden
13      message = "";
14      messageComplete = false;
15    }
16  }
17
18  void serialEvent(){
19    while(Serial.available()){
20      char inChar = (char)Serial.read();
21      message += inChar;
22
23      if(inChar == '\n'){
24        messageComplete = true;
25      }
26    }
```

Nun kann der Arduino über den RX-Pin Nachrichten in Form von Zeichenketten (Strings) erhalten. Du kannst an dieser Stelle den Inhalt des Strings überprüfen und einen speziellen Inhalt (z. B eine Funktion) aufrufen. Wir übergeben unserem Arduino neue Werte für die Zustände, ab denen der Boden als trocken, feucht oder nass gilt. Das Versenden von Strings funktioniert über den TX-Pin, indem du `Serial.print()` benutzt. Größere Arduinos besitzen mehrere serielle Anschlüsse (`Serial1`, `Serial2` etc.).

Die zweite Komponente ist der Particle Photon. Die Programmierung weist viele Parallelen zur Arduino-Programmierung auf (siehe Kapitel 9). Neu im folgenden Code sind die Funktionen `Particle.variable()` und `Particle.function()`. Beide Funktionen sorgen dafür, dass die Variable oder Funktion über die Particle-Cloud erreichbar sind. Mit dem Aufruf einer bestimmten URL im Browser ist der aktuelle Inhalt der Variable einzusehen. Der Inhalt der Variable ist auch über einen Aufruf der übergebenen Methode zu erreichen.

```
1   String messageRx = "initial";
2
3   void setup() {
4       Serial1.begin(9600);
5       messageRx.reserve(100);
6       Particle.variable("messageRx", messageRx);
7       //Der Inhalt der Variable ist verfügbar unter
    https://api.particle.io/v1/devices/DEVICE_ID/messageRx?access_token=TOKEN_ID
8       //Die Function sendData kann aufgerufen werden unter
    https://api.particle.io/v1/devices/DEVICE_ID/conditions
9       Particle.function("conditions",sendData); //
10  }
11
12  void loop() {
13      messageRx = Serial1.readStringUntil('\n');
14      delay(10000);
15  }
16
17  void sendData(String command){
18      Serial1.println(command);
19  }
```

Wer sich ein bisschen mit Web Development auskennt, kann so auf schnelle Weise den Variablen-Inhalt als Datenpaket (im JSON Format) an der URL entgegennehmen.

Der Zustand der Bodenfeuchtigkeit lässt sich dann nach Belieben auf der Website anzeigen. In drei weiteren Feldern sammeln wir neue Werte, welche bestimmen, ab wann der Boden als trocken, feucht oder nass gilt. Diese Werte versenden wir dann wie im vorangegangenen Beispiel über die Funktion in der Cloud, welche die Daten über den Photon an den Arduino weiterleitet.

Im Folgenden siehst du, wie der Script-Source Code auf der Website für eine solche Operation aussehen könnte:

```
1   //Diese Funktion ändert den Inhalt des Fensters mit der ID 'position' einmal pro Sekunde.
2   window.setInterval(function() {
3       //Die URL, an der wir die Variable vom Photon erhalten
4       requestURL = "https://api.spark.io/v1/devices/" + deviceID + "/" + getFunc + "/?access_token=" + accessToken;
5       $.getJSON(requestURL, function(json) {
6           //Tauscht den Inhalt des Elements mit der ID 'position' mit den Daten
    document.getElementById("poition").innerHTML = json.result;
7       });
8   }, 1000); //Ruft die Funktion alle 1000 Millisekunden auf
9
10      //Die Funktion holt sich alle Werte aus Feldern
11      function setValues() {
12          var newValue = "";
13          newValue += document.getElementById('nasswertId').value + ":";
```

```
14            newValue += document.getElementById('feuchtwertId').value + ":";
15            newValue += document.getElementById('trockenwertId').value+ ":";
16            sparkSetPos(newValue);
17        }
18
19        //Und letztendlich werden die Daten als POST an unsere Photon-Cloud-Funktion gesendet
20        function sparkSetPos(newValue) {
21          var requestURL = "https://api.spark.io/v1/devices/" + PHOTON_ID + "/" + FUNKTIONS_NAME + "/";
22          $.post( requestURL, { params: newValue, access_token: accessToken });
23        }
```

Zum Abschluss erhältst du noch den kompletten Code für die Online- und Offline-Lösung der Pflanzenbewässerungsanlage sowie den Code für die HTML-Internetseite zum Abrufen und Darstellen der gemessenen Werte.

Dies ist der Code für die Offline-Lösung:

```
1  //Arduino Offline
2   #define SensorPin A0
3   #define WasserMotor 2
4
5   void setup() {
6    Serial.begin(9600);
7    pinMode(SensorPin, INPUT);
8    pinMode(WasserMotor, OUTPUT);
9   }
10
11  void loop() {
12    int sensorValue = analogRead(SensorPin);
13    Serial.print("Feuchtigkeit betraegt");
14    Serial.print(sensorValue);
15
16    if(sensorValue >= 1000){
17        Serial.println(" - Sensor steckt nicht im Boden oder ist nicht angeschlossen");
18    } else if(sensorValue < 1000 && sensorValue >= 600) {
19        Serial.println(" - Boden ist trocken");
20        wasserPumpen(true);
21    } else if(sensorValue < 600 && sensorValue >= 370) {
22        Serial.println(" - Boden ist feucht");
23        wasserPumpen(false);
24    } else if(sensorValue < 370) {
25        Serial.println(" - Boden ist nass");
26        wasserPumpen(false);
27    }
28    delay(200);
29  }
30
31  void wasserPumpen(bool pumpen){
32    if(pumpen){
33      digitalWrite(WasserMotor, HIGH);
34      Serial.println("Bewaessert");
35    } else {
36      digitalWrite(WasserMotor, LOW);
37    }
38  }
```

```
39
40   void sendData(){
41
42   }
```

Dies ist der Code für die Online-Lösung:

```
1    //Arduino Online
2
3    #define SensorPin A0
4     #define WasserMotor 2
5
6     String message = "";
7     boolean messageComplete = false;
8
9    int zustandTrocken = 1000;
10   int zustandFeucht = 600;
11   int zustandWasser = 370;
12
13    void setup() {
14      Serial.begin(9600);
15      pinMode(SensorPin, INPUT);
16      pinMode(WasserMotor, OUTPUT);
17
18      message.reserve(200);
19    }
20
21   void loop() {
22     int sensorValue = analogRead(SensorPin);
23     Serial.print("Feuchtigkeit betraegt ");
24     Serial.print(sensorValue);
25
26     if(sensorValue >= zustandTrocken){
27         Serial.print(" - Sensor steckt nicht im Boden oder ist nicht angeschlossen \n");
28         wasserPumpen(false);
29     } else if(sensorValue < zustandTrocken && sensorValue >= zustandFeucht) {
30         Serial.print(" - Boden ist trocken");
31         wasserPumpen(true);
32     } else if(sensorValue < zustandFeucht && sensorValue >= zustandWasser) {
33         Serial.print(" - Boden ist feucht \n");
34         wasserPumpen(false);
35     } else if(sensorValue < zustandWasser) {
36         Serial.print(" - Boden ist nass \n");
37         wasserPumpen(false);
38     }
39     delay(1000);
40
41     if (messageComplete){
42       aendereZustaende(message);
43       message = "";
44       messageComplete = false;
45     }
46   }
47
48   void wasserPumpen(bool pumpen){
49     if(pumpen){
50       digitalWrite(WasserMotor, HIGH);
51       Serial.print(" --> Bewaessert \n");
```

```
52       } else {
53         digitalWrite(WasserMotor, LOW);
54       }
55  }
56
57  void aendereZustaende(String zustaende){
58      zustandWasser = splitString(zustaende, ':', 0).toInt();
59      zustandFeucht = splitString(zustaende, ':', 1).toInt();
60      zustandTrocken = splitString(zustaende, ':', 2).toInt();
61  }
62  String splitString(String s, char parser, int index) {
63      String rs="\0";
64      int parserIndex = index;
65      int parserCnt=0;
66      int rFromIndex=0, rToIndex=-1;
67      while (index >= parserCnt) {
68        rFromIndex = rToIndex+1;
69        rToIndex = s.indexOf(parser,rFromIndex);
70        if (index == parserCnt) {
71          if (rToIndex == 0 || rToIndex == -1) {
72            return "\0";
73          }
74          return s.substring(rFromIndex,rToIndex);
75        } else {
76          parserCnt++;
77        }
78      }
79      return rs;
80  }
81  void serialEvent(){
82      while(Serial.available()){
83        char inChar = (char)Serial.read();
84        message += inChar;
85
86        if(inChar == '\n'){
87          messageComplete = true;
88        }
89      }
90  }
```

Dies ist der Code für den Particle Photon:

```
1   //Particle  Photon
2   String messageRx = "initial";
3
4   void setup() {
5       Serial1.begin(9600);
6       messageRx.reserve(100);
7       Particle.variable("messageRx", messageRx);
8       Particle.function("conditions",setConditions);
9
10  }
11
12  void loop() {
13      receiveData();
14  }
15
16  void sendData(String command){
```

```
17        Serial1.println(command);
18  }
19
20  void receiveData(){
21      messageRx = Serial1.readStringUntil('\n');
22      delay(10000);
23  }
24
25  int setConditions(String conditions){
26      sendData(conditions);
27      return 0;
28  }
```

Dies ist der Code für die Website:

```
1   //Website
2   <!-- Token: 4902ae5d9a72ac085c6b20f4ccb1bdf325a4eb7f ;
3        ID: 250038001547353236343033            -->
4    <!DOCTYPE HTML>
5    <html>
6      <script src="http://ajax.googleapis.com/ajax/libs/jquery/1.3.2/jquery.min.js" type="text/javascript" charset="utf-8"></script>
7      <body>
8
9        <p>Konfiguration der Bewässerungsanlage</p>
10       <P>Ändere Werte: (Standardwerte: Wasser bis 370, Feucht bis 600, Trocken bis 1000)<br><br>
11       Wert für Wasser: <input type="text" name="nasswert" id="nasswertId"><br>
12       Wert für feucht: <input type="text" name="feuchtwert" id="feuchtwertId"><br>
13       Wert für trocken: <input type="text" name="trockenwert" id="trockenwertId"><br>
14       <input type="button" id="sendButton" value="Send new values" onclick="setValues()"><br>
15
16       <P>Derzeitiger Bodenzustand: <span id="curPos"></span><br>
17
18       <script type="text/javascript">
19         var deviceID    = "250038001547353236343033";
20         var accessToken = "4902ae5d9a72ac085c6b20f4ccb1bdf325a4eb7f";
21         var setFunc = "conditions";
22         var getFunc = "messageRx";
23
24         window.setInterval(function() {
25           requestURL = "https://api.spark.io/v1/devices/" + deviceID + "/" + getFunc + "/?access_token=" + accessToken;
26           $.getJSON(requestURL, function(json) {
27                  document.getElementById("curPos").innerHTML = json.result;
28                  });
29         }, 1000);
30
31         function setValues() {
32           var newValue = "";
33           newValue += document.getElementById('nasswertId').value + ":";
34           newValue += document.getElementById('feuchtwertId').value + ":";
35           newValue += document.getElementById('trockenwertId').value+ ":";
36           sparkSetPos(newValue);
37         }
38
39         function sparkSetPos(newValue) {
```

```
40            var requestURL = "https://api.spark.io/v1/devices/" +deviceID + "/" + setFunc + "/";
41            $.post( requestURL, { params: newValue, access_token: accessToken });
42         }
43      </script>
44   </body>
45 </html>
```

11 Der Piezoeffekt: Wie du mit dem Sound von 1880 deinen Arduino rockst

Im Jahre 1880 haben die Brüder Jacques und Pierre Curie[1] den Piezoeffekt[2] entdeckt. Mit dem Piezoeffekt bezeichnet man bestimmte Materialien, die auf eine Verformung mit einer elektrischen Spannung reagieren. Umgekehrt funktioniert der Effekt auch: Legt man eine Spannung an einen Piezo-Krisall an, dann verändert dieser die Form. Das geht so schnell, dass man damit auch Schallwellen erzeugen kann. Piezo-Elemente sind effektive, kleine Lautsprecher. 2010 erzielte der weltweite Markt für piezoelektrische Bauelemente einen Umsatz von rund 14,8 Milliarden US-Dollar. In diesem Kapitel wollen wir uns die Piezoelektrizität zunutze machen, um mit dem Arduino Sound zu erzeugen. Mal sehen, welche musikalischen Talente im Arduino bzw. in dir stecken. Bist du neugierig geworden? Dann lass uns loslegen ...

■ 11.1 Ohne Sound geht nichts: Tonerzeugung mit Piezo-Summer oder Lautsprecher

Für die Tonerzeugung mit dem Arduino benötigst du einen Lautsprecher. Hier tut es ein einfacher Piezo-Summer, welchen du direkt an einen Digital-Pin des Arduino anschließen kannst. Prinzipiell kannst du alle Schaltungen mit einem Piezo Summer am Ausgang betreiben. Für fortgeschrittenere Sound-Projekte, wie du sie in Kapitel 12 bis 14 kennenlernen wirst, ist es jedoch besser, gleich einen kleinen Lautsprecher mit einer Impedanz von 8 Ohm anzuschließen. In den noch folgenden Projekten zum Sythensizer (Kapitel 13) und zur Drum Machine (Kapitel 14) werden wir mit dem Arduino einen Endverstärker ansteuern, um die erzeugten Klänge auf vielfältige Weise wiederzugeben und weiterzuverarbeiten.

---

[1] Siehe *https://de.wikipedia.org/wiki/Jacques_Curie* sowie *https://de.wikipedia.org/wiki/Pierre_Curie*
[2] *https://de.wikipedia.org/wiki/Piezoelektrizit%C3%A4t*

In diesem Kapitel fangen wir aber erst einmal klein an und schließen nur einen Piezo-Summer oder Lautsprecher an GND und den digitalen Ausgang 7 an.

Bild 11.1 Piezo-Summer (links) und Kleinlautsprecher (Mitte und rechts)

Folgender Sketch enthält das Tonausgabe-Modul, welches wir bereits im Projekt zur Weltzeituhr (siehe Abschnitt 6.11) benutzt haben:

```
1   // Arduino-Audio-Projekte: Einfaches Tonsignal
2
3   // Definitionsblock
4   int BUZZER= 7;
5
6   void alarm(){
7   for(int i=0;i<3;i++){
8   tone(BUZZER,500);
9   delay(1000);
10  tone(BUZZER,700);
11  delay(1000);
12  noTone(BUZZER);}
13
14  }
15
16  void setup() {
17  // Pinmodes setzen
18  pinMode(BUZZER,OUTPUT);
19  }
20
21  void loop() {
22  alarm();
23  delay (5000);
24  }
```

Der Befehl tone erhält als Parameter die Pin-Nummer und die Frequenz des abzuspielenden Tons. Diesen Befehl können wir nutzen, um einfache Melodien abzuspielen.

> Töne und Schallwellen nichts anderes sind als Schwingungen der Luft. Die Frequenz gibt an, wie viele Schwingungen pro Sekunde stattfinden. Je höher die Frequenz, desto höher ist auch der wahrgenommene Ton. Gemessen wird die Frequenz in der Einheit Hertz (Hz), welche die Anzahl der Schwingungen pro Sekunde angibt.

11.2 Do Re Mi Fa So La Ti: eine Tonleiter spielen

Um die Töne einer Tonleiter zu spielen, brauchen wir eine Zuordnung der einzelnen Töne zu deren Frequenzen. Eine solche findet sich zum Beispiel auf der Arduino-Website:

```
1    Note    Frequenz
2    C       261 Hz
3    D       294 Hz
4    E       329 Hz
5    F       349 Hz
6    G       392 Hz
7    A       440 Hz
8    B       493 Hz
9    C       523 Hz
```

Diese Zuordnung von Tönen und Frequenzen übersetzen wir mit der Anweisung #define in eine Folge von Konstanten. Das vorangestellte # steht für eine Compiler-Anweisung. Das heißt, hierauf folgt kein Befehl, der in Maschinencode für den Arduino übersetzt wird, sondern eine Anweisung, die der Compiler noch vor dem eigentlichen Übersetzungsvorgang ausführt.

Die #define-Anweisung nimmt dabei eine Ersetzung vor. Du kannst also beliebige Zeichenketten abkürzen und ihnen einen einprägsamen Namen geben, den du im späteren Code verwenden kannst. Damit unterscheidet sich diese Definition von einer Variablen: Diese würde nämlich zur Programmlaufzeit im Arduino-Speicher angelegt und ist daher während des Programmablaufs veränderbar. Die Compiler-Anweisung #define führt nicht dazu, dass eine Variable angelegt wird, sondern alles was hinter der Compiler-Anweisung steht, wird vor dem eigentlichen Übersetzungsvorgang im Code ausgewechselt. Das ist in vielen Fällen durchaus sinnvoll, da der Speicherplatz im Arduino etwas knapper bemessen ist.

Wir hinterlegen also die Abkürzungen für die Töne und Frequenzen einer C-Dur Tonleiter:

```
1   #define c1 261
2   #define d1 294
3   #define e1 329
4   #define f1 349
5   #define g1 392
6   #define a1 440
7   #define b1 493
8   #define c2 523
9   #define P 0
```

Wir haben noch ein Symbol P für „Pause" hinzugefügt. Du kannst nun auf die Frequenzwerte zugreifen, indem du die Notennamen einfach so verwendest wie sie in den Anweisungen stehen.

■ 11.3 Auf das Timing kommt es an: die Tondauer festlegen

Bevor eine Melodie erklingen kann, müssen wir nun noch die Dauer der einzelnen Noten festgelegen. Für unsere erste Lösung werden wir ein Array für die Notennamen und ein weiteres Array für die Längen der Noten und die Pausen in Millisekunden verwenden. So kannst du einen kurzen Jingle oder ein Melodiefragment definieren.

Dies ist ein Beispiel, das du vielleicht schon mal gehört hast:

```
1   int melodie[]={e1,a1,P,a1,g1,a1,e1,P,a1,c2,P,b1,a1};
2   int dauer[]
3   ={300,200,300,300,300,300,200,400,300,200,300,300,400};
```

Das weitere Vorgehen dürfte nun klar sein. Mit einer for-Schleife holen wir die Tonhöhe sowie Haltedauer nacheinander ab und füttern damit den tone-Befehl. Dies kannst du sinnvoll in eine eigene Funktion packen:

```
4   void spiele_Melodie(){
5   for(int i=0; i<sizeof(melodie)/2;i++){
6
7   if (melodie[i]!=P) tone(BUZZER, melodie[i]);
8   delay(dauer[i]);
9   noTone(BUZZER);}
10  }
```

Die Laufweite der for-Schleife wird durch eine neue Funktion namens sizeof definiert. Sie gibt zurück, wie viele Bytes eine Variable im Speicher belegt. Dies zu wissen, ist oft sehr nützlich. Ansonsten müsstest du jedes Mal, wenn Töne in der Melodie hinzukommen oder entfernt werden, auch die Abfrage in der for-Schleife entsprechend abändern. Dies geschieht nun automatisch, denn die Einträge des Arrays melodie bestehen ja aus int-Variablen und eine solche belegt gerade 2 Bytes.

Der Ausdruck sizeof(melodie)/2 gibt die Anzahl der Elemente des Arrays an (in diesem Beispiel also die Anzahl der Töne). Die if-Abfrage sorgt dafür, dass bei einer Pause auch tatsächlich kein Ton ausgegeben wird. Der Gedanke, dass bei einer Tonfrequenz von 0 Hz folglich auch kein Ton zu hören ist, ist zwar logisch, trifft aber in der Praxis nicht zu, da der Lautsprecher trotzdem ein knackendes Geräusch von sich gibt. Deshalb brauchen wir in dieser Stelle die Abfrage.

11.4 Melodiegenerator und Lautstärkeregler

Führen wir nun alle Codeelemente aus Abschnitt 11.2 und Abschnitt 11.3 zusammen, erhalten wir unseren ersten kleinen Melodiegenerator:

```
1   // Arduino-Audio-Projekte: Kleine Melodie abspielen
2
3   // Frequenzen der C-Dur-Tonleiter
4   #define c1 261
5   #define d1 294
6   #define e1 329
7   #define f1 349
8   #define g1 392
9   #define a1 440
10  #define b1 493
11  #define C2 523
12  #define P 0
13
14  int BUZZER= 7;
15
16  int melodie[]={e1,a1,P,a1,g1,a1,e1,P,a1,C2,P,b1,a1};
17  int dauer[]
18  ={300,200,300,300,300,300,200,400,300,200,300,300,400};
19
20  void spiele_Melodie(){
21  for(int i=0; i<sizeof(melodie)/2;i++){
22
23  if (melodie[i]!=P) tone(BUZZER, melodie[i]);
24  delay(dauer[i]);
25  noTone(BUZZER);}
26  }
27
28  void setup() {
29  // Pinmodes setzen
30  pinMode(BUZZER,OUTPUT);
31
32  }
```

```
33
34  void loop() {
35    spiele_Melodie();
36    delay (5000);
37  }
38
```

Als Nächstes kannst du nun noch einen Lautstärkeregler einbauen. Das hierzu nötige Bauteil kennst du schon – und zwar ist es das Potenziometer. Am besten geeignet ist ein 1 kOhm-Poti, zur Not tut es aber auch die 10 kOhm-Variante. Dann ist zwar der sinnvolle Einstellbereich auf eine Zehnteldrehung eingeschränkt, doch mit genügend Fingerspitzengefühl lässt sich auch damit die Lautstärke vernünftig regeln. Das Poti wird einfach in den Lautsprecherkreis eingehängt, wobei du einen der äußeren Anschlüsse sowie den mittleren Anschluss verwenden musst (Bild 11.2 und Bild 11.3).

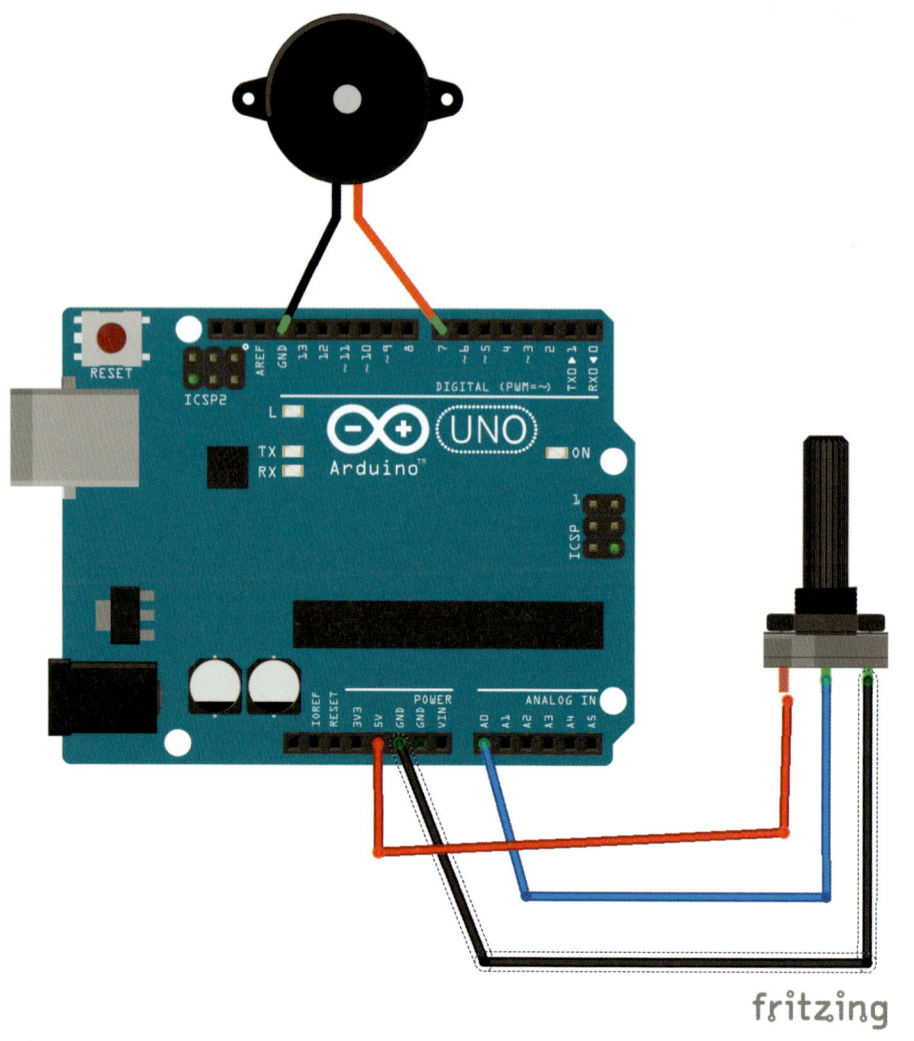

Bild 11.2 Anschlussplan für den Lautsprecher und das Poti

Bild 11.3 Anschluss von Lautsprecher und Poti

■ 11.5 Rechnen mit Tönen: ein Pitch-Regler kontrolliert die Tonhöhe

Das Potentiometer kann als einstellbares Element noch viele andere spannende Funktionen in der elektronischen Musikerzeugung übernehmen. Ein Beispiel wollen wir uns nun genauer ansehen: Wie wäre es, wenn du mit dem Poti die Tonhöhe der Melodie kontrollieren könntest und sie zwischen tiefem Bass oder hohem Piepsen hin- und herschieben könntest?

Dank einer Eigenheit der Tonhöhenwahrnehmung können wir dies relativ leicht realisieren. Dazu müssen wir aber erst einmal ein wenig in die Theorie eintauchen. Das menschliche Gehör empfindet ein Intervall zwischen zwei Tönen nicht etwa dann als gleich, wenn der Abstand zwischen den Frequenzen gleich ist. Stattdessen muss das Verhältnis der beiden Frequenzen gleich sein.

Ein Beispiel soll dies verdeutlichen. Nehmen wir das Intervall *c1-g1* (der Musiker sagt dazu Quinte). Aus der Übersicht in Abschnitt 11.2 wissen wir, dass die entsprechenden Frequenzen *f_c1* = 261 Hz und *f_g1* = 392 Hz sind. Der Abstand dazwischen ist also 131 Hz.

Wenn das Intervall eine Oktave höher erklingen soll, dann ist der neue Grundton C2 und liegt bei f_c2 = 523 Hz. Liegt nun *f_g2* bei 523 + 131 = 654 Hz? Nein, das wäre nur der Fall, wenn die Abstände der Frequenzen die Intervalle bestimmen würden. Stattdessen müssen wir uns das Verhältnis anschauen: *f_g1/f_c1* = 392/261 = 1,5

Deshalb liegt die Frequenz für *g2* bei *f_g2* = 784 Hz, denn es muss wieder gelten: *f_g2/f_c2* = 1,5

Der Sinn dieser ganzen Rechnerei ist die Erkenntnis, dass wir eine Tonfolge komplett in ihrer Tonhöhe hoch- oder runterschieben können, ohne dass sich die musikalische Melodie ändert, indem wir jede einzelne Tonfrequenz mit demselben konstanten Faktor multiplizieren. Musiker nennen das Transponieren.

Damit haben wir die Lösung für den Arduino parat. Wir legen ein Poti an den Analogeingang, fragen dort einen veränderbaren Wert ab und multiplizieren beim Abspielen alle Frequenzen damit. Wir haben nun erfolgreich einen Pitch-Regler gebaut.

■ 11.6 Auf und ab: eine Melodie in allen Tonarten erklingen lassen

Mit folgendem Sketch kannst du eine Melodie in allen Tonarten erklingen lassen:

```
1   // Arduino-Audio-Projekte: Kleine Melodie abspielen mit
2   Pitch-Regler
3
4   // Frequenzen der C-Dur-Tonleiter
5   #define c1 261
6   #define d1 294
7   #define e1 329
8   #define f1 349
9   #define g1 392
10  #define a1 440
11  #define b1 493
12  #define c2 523
13  #define P 0
14
15  int BUZZER= 7;
16  int Poti=0;
17
18  int melodie[]={e1,a1,P,a1,g1,a1,e1,P,a1,c2,P,b1,a1};
```

```
19  int dauer[]
20  ={300,200,300,300,300,300,200,400,300,200,300,300,400};
21
22  void spiele_Melodie(float Pitch){
23  for(int i=0; i<sizeof(melodie)/2;i++){
24
25  if (melodie[i]!=P) tone(BUZZER,
26  Pitch*float(melodie[i]));
27  delay(dauer[i]);
28  noTone(BUZZER);}
29  }
30
31
32  void setup() {
33  // Pinmodes setzen
34  pinMode(BUZZER,OUTPUT);
35
36  }
37
38  void loop() {
39  float Pitch=analogRead(Poti)/256.;
40  spiele_Melodie(Pitch);
41  delay (5000);
42  }
```

Um eine Melodie in allen Tonarten erklingen zu lassen, musst du der Funktion spiele_Melodie den Parameter Pitch mitgeben. Darin steht der Faktor, mit dem alle Töne beim Abspielen multipliziert werden. Um ihn zu erhalten, wird der Analog-Pin 0 ausgelesen. Aufgrund der Division durch 256 erhalten wir Werte zwischen 0 und 4 (der A/D-Wandler liefert ja Werte bis 1023). Das heißt, gegenüber der vorigen Version können wir den Ton bis zu 4 Oktaven höher einstellen. Nach unten sind irgendwann physikalische Grenzen gesetzt, da Töne unterhalb einer bestimmten Schwingungsanzahl nicht mehr wirklich wahrgenommen werden können. Aber experimentiere ruhig ein wenig mit den Einstellungen und gucke, was passiert, wenn du andere Zahlen einsetzt.

> **HINWEIS:** In Zeile 26 ist eine kleine Änderung hinzugekommen: Wir müssen den Frequenzwert in eine float-Zahl umwandeln, um sicherzustellen, dass die Berechnung richtig ausgeführt wird.

12 Echt stark! Eine Verstärkerschaltung mit Transistor für den Arduino

Verstärker finden nicht nur in der Musikwiedergabe ihre Anwendung. Auch die meisten elektrischen Messgeräte haben einen Vorverstärker, der das zu messende Signal verstärkt und es dabei möglichst wenig beeinflussen soll. Alle Radios und Funkgeräte müssen das Antennensignal zunächst vorverstärken, um es weiterzuverarbeiten. Da diese Geräte meistens einen Lautsprecher haben, wird für den Lautsprecher gleich noch ein Verstärker verwendet.

Wie du siehst, ist diese Schaltung allgegenwärtig. Deshalb wollen wir in diesem Kapitel eine Verstärkerschaltung bauen. Den hier realisierten Mini-Audioverstärker kannst du für die noch folgenden Sound-Projekte in diesem Buch (Kapitel 13 und 14) sowie deine eigenen Projektideen nutzen.

■ 12.1 Wir bauen einen Mini-Audioverstärker

Verstärker sind dazu da, ein schwaches Signal in ein starkes umzuwandeln. So weit, so gut, das sagt ja auch schon der Name. Aber was bedeutet das genau? Dazu erinnern wir uns noch mal an das, was wir in Kapitel 8 gelernt haben. Bei der dort entwickelten Schaltung zur Motoransteuerung hast du bereits ein wichtiges Halbleiter-Bauelement kennengelernt: den Transistor. Wir haben ihn in Kapitel 8 als Schalter benutzt. Mit einem kleinen Strom an der Basis haben wir einen größeren Motorstrom durch die Kollektor-Emitter-Strecke des Transistors ein- oder ausgeschaltet. Bild 12.1 zeigt einen typischen Transistor und sein Schaltzeichen.

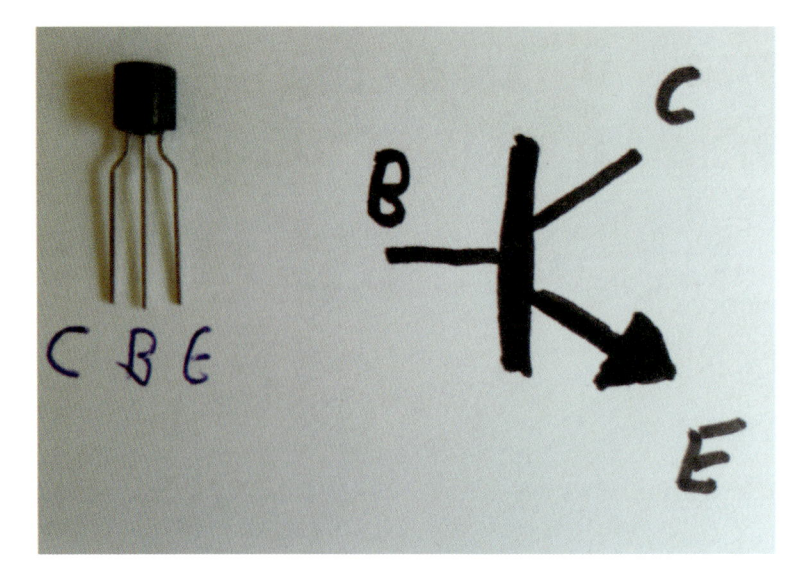

Bild 12.1 Transistor und Schaltzeichen

Genau das gleiche Prinzip nutzen wir auch beim Verstärker, aber statt des binären Schaltens (das heißt, dass wir den Transistor entweder komplett gesperrt oder komplett durchlässig betreiben) arbeiten wir im Zwischenbereich. Wir stellen den Transistor also über eine konstante Vorspannung so ein, dass er sozusagen gerade halb offen ist. In der Fachsprache sagt man: Wir stellen den Arbeitspunkt ein.

Bild 12.2 zeigt den Schaltplan für unseren Mini-Audioverstärker.

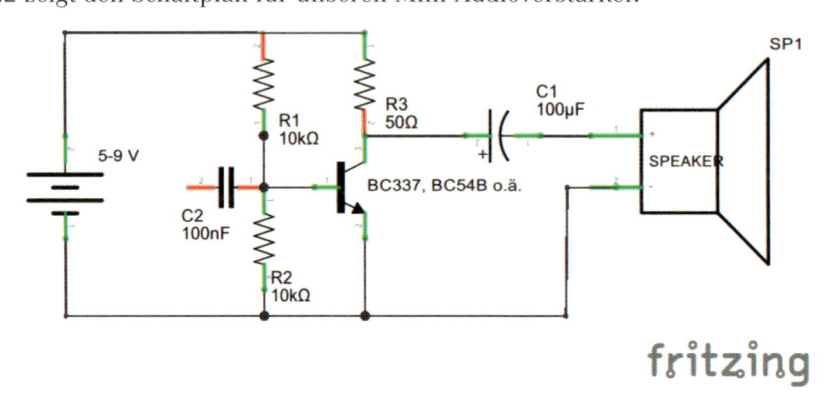

Bild 12.2 Schaltplan für den Mini-Audioverstärker

Folgende Teile benötigen für unser Projekt:
- einen NPN-Kleinsignal-Transistor (BC 337, BC 548 oder ähnlich)
- zwei Widerstände (10 kOhm)
- einen Widerstand (50 Ohm)

- einen Kondensator (100 nF)
- einen Elektrolyt-Kondensator (100 µF)
- einen Lautsprecher (8 Ohm)
- eine Spannungsversorgung (5 V bis 9 V; Arduino oder Batterie)

Wie du siehst, ist ein Bauteil dabei, das wir bislang noch nicht verwendet haben: der Kondensator. Zum Kondensator wirst du im Folgenden noch mehr erfahren.

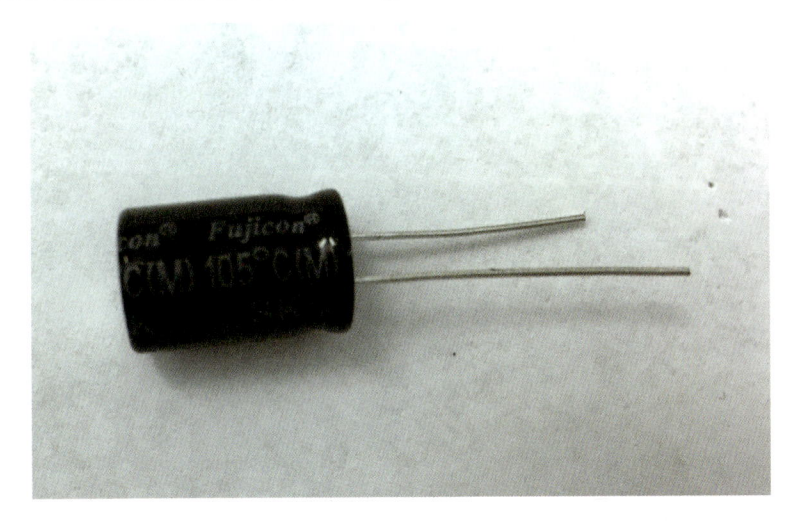

Bild 12.3 Ein Elektrolyt-Kondensator

12.2 Das Grundprinzip der Verstärkung: So funktioniert der Transistor

Wir schauen uns erst einmal an, wie die Schaltung grundsätzlich funktioniert. Das Eingangssignal ist ein schwaches Audiosignal, also ein Wechselstrom, der mit einer bestimmten Frequenz um die Nulllinie herum oszilliert. Dieses Signal wird zwischen *C2* und dem Minuspol angelegt. Dies ist demnach der Eingang des Verstärkers.

Die Widerstände *R1* und *R2* bilden einen Spannungsteiler. Sie sind gleich groß, deshalb liegt die Basis des Transistors auf halber Betriebsspannung. Das ist wichtig für die Funktion der Schaltung. Wir wollen möglichst keine Extremzustände des Transistors, das heißt, wir wollen keinen komplett leitenden (also Basis auf Plus) oder komplett geschlossenen (also Basis auf Masse) Transistor. Vielmehr soll der Transistor mit seiner Durchlässigkeit den kleinen Schwankungen des Basisstroms folgen, die wir über den Eingang einkoppeln, nur eben mit größerem Hub, also mit einem Verstärkungseffekt.

Daher legen wir die Basis auf die halbe Betriebsspannung. Damit ist der Transistor sozusagen halb offen. Wenn nun ein kleiner Basisstrom über den Eingangskondensator eingekoppelt wird, dann schwankt die Basisspannung ein wenig um diesen Referenzwert herum. Dadurch wird die Transistorstrecke im gleichen Maße durchlässiger, das heißt, sie folgt den Schwankungen der Basisspannung.

Jetzt stell dir vor, das Eingangssignal, das ja eine kleine Wechselspannung ist, würde nun etwas ansteigen. Dann wird die Basisspannung positiver, der Transistor öffnet sich weiter und mehr Strom fließt durch die Kollektor-Emitter-Strecke. Diese bildet aber mit *R3* einen Spannungsteiler. Die Spannung am Ausgang sinkt, wenn der Transistor stärker durchschaltet, weil dann sein effektiver Widerstand kleiner wird. Daher wirkt die Schaltung invertierend: Ein ansteigendes Signal an der Basis (man sagt auch eine positive Flanke) führt dazu, dass das Ausgangssignal abfällt. Es ist also ein invertierender Verstärker. Für ein Audiosignal ist das kein Problem. Die Wellenform kehrt sich damit zwar komplett um, aber das Ohr hört diesen Unterschied nicht.

Damit haben wir nun das Grundprinzip der Verstärkung erklärt.

12.3 Stromspeicher und Wechselstrom-Ventil: So funktioniert der Kondensator

Und wozu sind diese Kondensatoren jetzt gut? In Bild 12.4 siehst du die typischen Bauformen dieses Schaltelements.

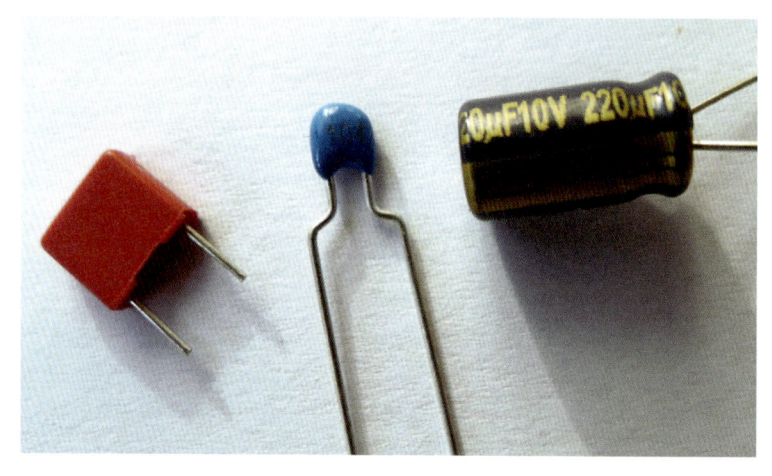

Bild 12.4 Bauformen von Kondensatoren

12.3 Stromspeicher und Wechselstrom-Ventil: So funktioniert der Kondensator

Das Eingangssignal für den Verstärker liegt zwischen dem Kondensator *C2* und der Masse, also dem Minuspol der Batterie. Es ist ein Wechselstromsignal, das sich schnell ändert. Der Kondensator ist ein Bauteil, das immer dann vorkommt, wenn es um Wechselstrom und schnell veränderliche Signale geht.

Das Schaltzeichen des Kondensators sieht ein wenig so aus wie das der Batterie. Das hat auch seinen Grund. Im Inneren besteht ein Kondensator aus zwei leitenden Metallflächen, die voneinander isoliert sind. Eigentlich unterbricht der Kondensator damit den Stromkreis – und so ist es tatsächlich auch. Wenn du in einen einfachen Stromkreis aus Batterie, Widerstand und LED einen Kondensator einbauen würdest, dann würde die LED ausgehen – allerdings nicht sofort, denn auf den Platten können Ladungen verschoben werden und dadurch kann eine Ladung im Kondensator gespeichert werden.

Der Kondensator wirkt also wie ein kleiner Akku. Am Anfang ist er leer. Sobald die Spannung eingeschaltet wird, fließt ein Strom hindurch. Die LED leuchtet und dabei lädt sich der Kondensator auf. Die LED wird dann immer dunkler und erlischt irgendwann. Nun ist der Kondensator vollständig aufgeladen und unterbricht den Stromkreis (Bild 12.5).

Der Kondensator kann auf die gleiche Weise wieder entladen werden. Ziehe dazu die Batterie ab und ersetze sie durch eine Drahtbrücke. Wenn du jetzt den Kondensator herausziehst und umgekehrt wieder einbaust, dann siehst du genau dasselbe kurze Aufleuchten der LED, diesmal aber ganz ohne angeschlossene Stromversorgung, denn nun wurde die im Kondensator gespeicherte Energie wieder entladen (Bild 12.5).

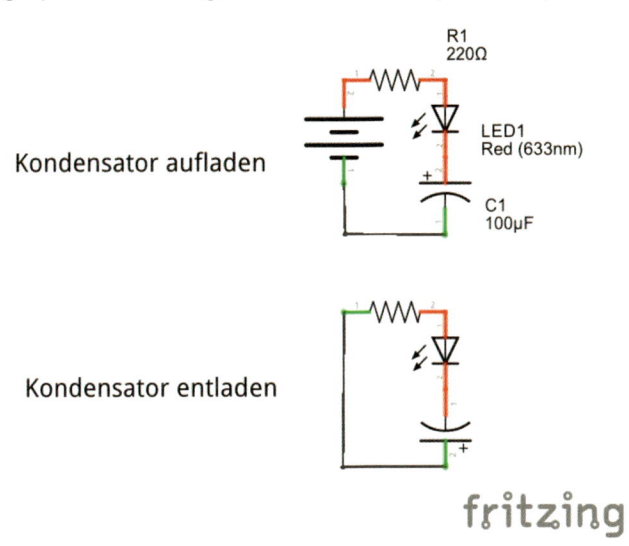

Bild 12.5 Kondensator auf- und entladen

Wie lange der Vorgang des Aufladens dauert, liegt zum einen am fließenden Strom und zum anderen an der Kapazität des Kondensators (das ist die Größe, mit der das Bauelement gekennzeichnet wird). Mit den Werten aus der Beispielschaltung R = 220 Ω und

C = 100 µF dauert das Aufleuchten weniger als eine Sekunde, ist aber noch deutlich erkennbar. Gemessen wird die Kapazität in der Einheit Farad. In der Praxis kommen meist sehr kleine Werte vor. Man hat es fast ausschließlich mit pF- oder µF-Angaben zu tun.

Der Kondensator sperrt sich also für Gleichstrom, nachdem er aufgeladen wurde. Ganz anders sieht es aus, wenn der Kondensator im Wechselstromkreis verwendet wird. Durch die wechselnde Stromrichtung wird er ständig aufgeladen und wieder entladen. Dadurch hat er vielfältige Effekte auf das Signal. Man kann durch den geschickten Einsatz von Kondensatoren ein verrauschtes Signal glätten, es in der Zeit verschieben, bestimmte Frequenzen herausfiltern und vieles mehr. Dies sind aber anspruchsvollere Aufgaben, denen wir uns erst einmal nicht widmen wollen.

■ 12.4 Der Kondensator schützt die Ein- und Ausgänge

In unserer Verstärkerschaltung dienen die Kondensatoren am Ein- und Ausgang dazu, die Audiosignale von der Gleichspannung zu entkoppeln. An der Transistorbasis liegen im Ruhezustand 2.5 V an. Diese würden natürlich auch an die Signalquelle gegeben werden, sobald du einen Stecker am Eingang anschließt. Doch wie du bereits gelernt hast, sperrt der Kondensator Gleichstrom und lässt Wechselstrom durch. Deshalb verwenden wir am Eingang den 100 nF-Kondensator, um die Signalquelle nicht mit der Gleichspannung zu belasten. Am Ausgang ist es genau das Gleiche: Ein Gleichspannungsanteil im Signal würde die Membran des Lautsprechers konstant auslenken. Dies führt zu Verzerrungen und belastet den Lautsprecher nur unnötig. Der Kondensator *C2* schafft Abhilfe. Er sperrt den Gleichspannungsanteil, lässt aber das Audiosignal passieren.

Nun weisst du über die Funktionsweise von Kondensatoren Bescheid. Sie werden dir in deiner Maker- Karriere sicherlich noch öfters begegnen. Technisch gesehen gibt es verschiedene Bauformen, zum Beispiel Keramik-Kondensatoren oder Elektrolyt-Kondensatoren. Größere Kapazitäten, etwa ab 10 µF aufwärts, werden fast immer als Elektrolyt-Kondensator ausgeführt (siehe Bild 12.6 rechts). Bei diesen Typen musst du unbedingt die Polung beachten. Die Minus-Seite ist auf dem Gehäuse immer deutlich markiert.

Bild 12.6 zeigt den kompletten Aufbau unseres Verstärkers. Statt des Battery-Packs kannst du natürlich auch die Spannungsversorgung des Arduino nutzen. In Bild 12.6 ist der Eingang mit einem Adapter für Mono-Klinkenstecker verbunden. Dies ist eine einfache Möglichkeit, um einen externen Line-Ausgang anzuschließen, wenn du die Schaltung damit testen möchtest.

Bild 12.6 Der aufgebaute Verstärker (hier mit einem Adapter für Mono-Klinkenstecker)

Der Batteriestrom fließt übrigens die ganze Zeit durch die Basisspannungsteiler *R1* und *R2*, auch wenn kein Signal am Eingang liegt. Deshalb versuchen wir, diese Widerstände möglichst groß zu wählen. Dann fließt weniger Strom, sodass die Batterie nicht zu sehr belastet wird. Trotzdem solltest du die Spannungsversorgung immer dann trennen, wenn der Verstärker nicht benutzt wird, denn sonst zieht er die Batterie langsam leer.

> Den kleinen Verstärker kannst du für künftige Arduino-Projekte aufheben. Immer wenn es um Musikerzeugung geht, wird er dir gute Dienste leisten. Wenn du Lust hast, kannst du das Projekt auch auf eine kleine Lochrasterplatine auflöten. Dann besitzt du ein festes Verstärkermodul, das du nach Belieben in anderen Projekten nutzen kannst. Denke daran, in diesem Falle einen Ein/Aus-Schalter zwischen Batteriefach und Verstärker zu setzen, damit die Batterien nicht ständig leer gezogen werden.

Für einen Lautstärkeregler kannst du den Widerstand *R3* durch ein 100 Ohm-Potenziometer ersetzen.

So, geschafft! In diesem Kapitel hast du nicht so viel mit dem Arduino selbst gemacht, dafür aber wertvolle Grundlagen der analogen Schaltungstechnik erlernt. Diese sind sehr wichtig für die Ein- und Ausgabekanäle wie Sensoren, Motoren oder eben Verstärkerschaltungen. Solltest du dich noch tiefer in die analoge Schaltungstechnik einarbeiten wollen, findest du im Internet dank der gut vernetzten Maker-Community viele Informationen und Projekte für jeden erdenklichen Schwierigkeitsgrad.

13 Ein Sythesizer aus Arduino und Digital-Analog-Wandler

In Kapitel 11 hast du einen Sketch zur Tonerzeugung mit dem Arduino und einem Piezo-Summer kennengelernt. Vielleicht hast du im Anschluss gleich ein wenig weiterexperimentiert und deine eigenen Sound-Projekte verwirklicht. Hast du dir dabei gewünscht, auch andere Klangfarben[1] als diesen im Grunde nicht sehr aufregenden Piepton zu erzeugen? Mit den Bordmitteln des Arduino ist das leider nicht möglich, aber natürlich können wir da trotzdem Abhilfe schaffen – und zwar dadurch, dass wir die elektronische Klangerzeugung komplett selbst in die Hand nehmen. In diesem Kapitel werden wir aus dem Arduino und einem D/A-Wandler unseren eigenen Synthesizer bauen. Bist du gespannt? Dann lass uns loslegen ...

▉ 13.1 Von Zahlen zu Spannungen: der Digital-Analog-Wandler

Die Schaltung, die wir für den Sythesizer benötigen, heißt Digital-Analog-Wandler (D/A-Wandler)[2] oder manchmal auch Digital-Analog-Umsetzer (DAU). Sie dient dazu, das digitale Audio-Format, das im Speicher des Arduino liegt, in ein elektrisches Signal umzuwandeln, welches einen Verstärker ansteuern kann, und schließlich in Form von Schall auf einem Lautsprecher wiedergegeben wird.

Die umgekehrte Funktion hast du bereits in den vorangegangenen Kapiteln kennengelernt. Der Arduino Uno verfügt mit seinen sechs Analogeingängen über einen Analog-Digital-Wandler, mit dem du eine analoge Spannung am Eingang in eine Zahl zwischen 0

---

[1] *https://de.wikipedia.org/wiki/Klangfarbe*
[2] *https://de.wikipedia.org/w/index.php?title=Digital-Analog-Umsetzer&redirect=no*

und 1024 umwandeln kannst. Nun wollen wir eine Zahl in einen Spannungswert umwandeln.

Die Wellenform, die den Klang beschreibt, ist zunächst einmal nur eine Reihe von Zahlen. Sie wird als Byte-Array im Speicher des Arduino abgelegt. Das heißt, in diesem Array steht für jeden Zeitpunkt eine Zahl, die beschreibt, wie stark die Membran des Lautsprechers ausgelenkt sein muss. Im loop-Block werden dann die einzelnen Werte im genauen Timing an den Digital-Analog-Wandler geschickt. Dieser wandelt die digitalen Werte in eine Ausgangsspannung um, die wir an den Eingang eines Verstärkers schicken.

■ 13.2 Sag es mit 1 und 0: die Binärdarstellung mit dem Arduino

Kommen wir nun wieder zum Herzstück der Schaltung, dem D/A-Wandler. Um einen digitalen Wert umzuwandeln, nutzen wir die digitalen Pins 0 bis 7. Damit haben wir 8 Bit zur Verfügung und können den Wertebereich von 0 bis 255 verwenden. Das heißt, 0 entspricht einer Ausgangsspannung von 0 V (Masse) und 255 entspricht +5 V.

Die Binärdarstellung von Zahlen ist dir sicherlich ein Begriff, denn schließlich basiert die ganze Digitaltechnik darauf. Das System funktioniert wie folgt: Jeder digitale Pin steht für eine Zweierpotenz. Man kann jede Zahl zwischen 0 und 255 als Summe von Zweierpotenzen darstellen. Beispielsweise ist $51 = 32 + 16 + 2 + 1 = 2^4 + 2^3 + 2^1 + 2^0$. Im Dualsystem schreiben wir dann 11011 und meinen damit: $1 * 2^4 + 1 * 2^3 + 0 * 2^2 + 1 * 2^2 + 1 * 2^0$

Um diese Zahl darstellen zu können, liegen die Pins 0, 1, 3 und 4 auf HIGH. Die anderen Pins liegen auf LOW.

Die Binärdarstellung ist mit dem Arduino sehr leicht umzusetzen, denn intern speichert der Mikrocontroller alle ganzen Zahlen ohnehin als Dualzahlen ab. Deshalb stellt der Arduino einen komfortablen Weg zur Verfügung, um die digitalen Pins mit einer Dualzahl zu belegen.

13.3 Mit PORTD die digitalen Pins kontrollieren

Vielleicht hast du erwartet, dass wir den Befehl `digitalWrite` in einer for-Schleife achtmal hintereinander auszuführen und die einzelnen Binärstellen dann übertragen. Das könnte man so machen, aber es geht einfacher! Mit der Systemvariablen `PORTD` schicken wir die Zahl auf einen Schlag an die digitalen Ausgänge. Mit `PORTD` hast du Zugriff auf alle digitalen Ports des Arduino, denn die Zahl, die in dieser Variablen abgespeichert ist, gibt die Pinbelegung der Ports als Binärwert wieder.

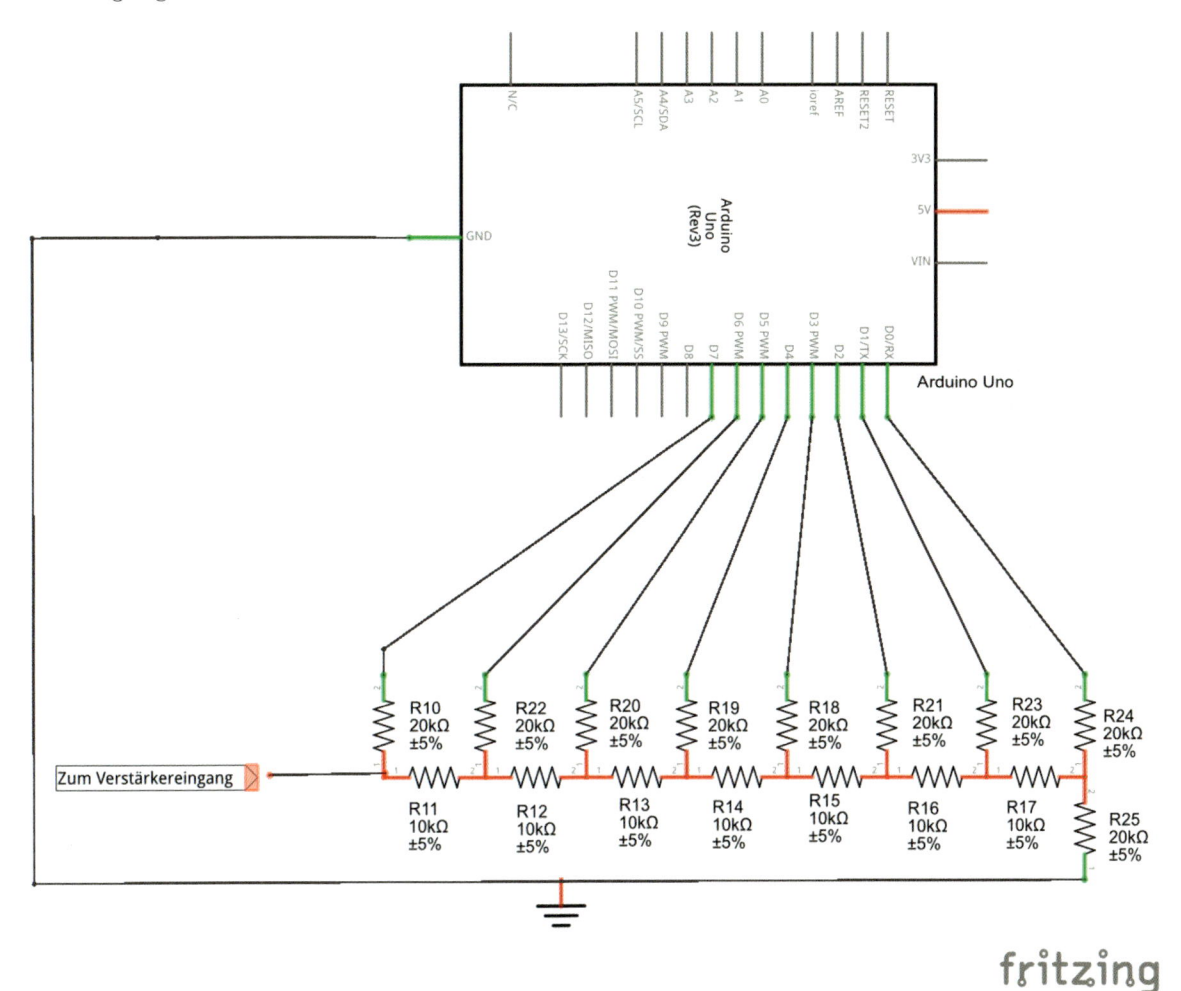

Bild 13.1 So sieht die Widerstandsleiter (oder Widerstandskaskade) im Schaltplan aus.

Diese müssen wir nun in eine Ausgangsspannung umwandeln. Das erledigt die sogenannte Widerstandsleiter. Im Schaltplan findest du ein Netzwerk von 16 Widerständen, die alle entweder 10 kOhm oder 20 kOhm groß sind. Das ist das Herzstück des D/A-Wandlers. Die Widerstände sind so verschaltet, dass die Ausgangsspannung umso stärker auf die Spannung an einem Digital-Pin reagiert, je höher der Stellenwert dieses Pins im Binärsystem ist (sprich: welche Zweierpotenz ihm zugeordnet ist).

Stell dir am Ausgang (also da wo „zum Verstärker" steht) einfach einen weiteren Widerstand von 20 k gegen Masse vor. Er symbolisiert den Verstärker oder allgemein irgendeinen Verbraucher. Wenn du nun zum Beispiel Pin 7 von LOW auf HIGH schaltest, springt die Ausgangsspannung direkt von 0 V auf 2.5 V. Schaltest du stattdessen Pin 1, teilt sich die Spannung über die komplette Widerstandsreihe von *R11* bis *R17* und dem Verbraucher auf, sodass eine viel kleinere Spannung am Ausgang entsteht.

So wird auf natürliche Weise die an den Pins anliegende Binärzahl in einen Spannungswert umgewandelt. Alle Pins, die auf HIGH liegen, legen an entsprechender Stelle +5 V in die Widerstandsreihe. Je niedriger der Stellenwert des Bits ist, desto mehr Widerstände sind zu überbrücken, und desto niedriger wird die Spannungsänderung am Ausgang sein.

Sobald du die Widerstandsleiter angeschlossen hast, kannst du mit einem Multimeter die Ausgangsspannung messen und verschiedene Werte über PORTD an die Pins senden. So kannst du die Funktion des D/A-Wandlers schrittweise untersuchen und nachvollziehen.

Mit folgendem Testsketch wird die Ausgangsspannung alle drei Sekunden um ca. 0.2 V steigen (du kannst das leicht mit einem Messgerät überprüfen):

```
// Test des D/A-Wandlers mit Multimeter
void setup(){
for (int i=0;i<8;i++){
pinMode(i,OUTPUT);
}
}
void loop(){
for(int i=0; i<26 ;i++)
{ PORTD=i*10;
delay(3000);
}
}
```

Damit hätten wir den Hardware-Teil bereits erledigt. Bild 13.2 zeigt den Aufbau der Schaltung für den Sythesizer. In Bild 13.3 siehst du die Widerstandsreihe auf einem Breadboard und Bild 13.4 zeigt, wie die Module ineinandergreifen, und wie der Ausgang des D/A-Wandlers den Verstärkerbaustein aus Kapitel 12 füttert.

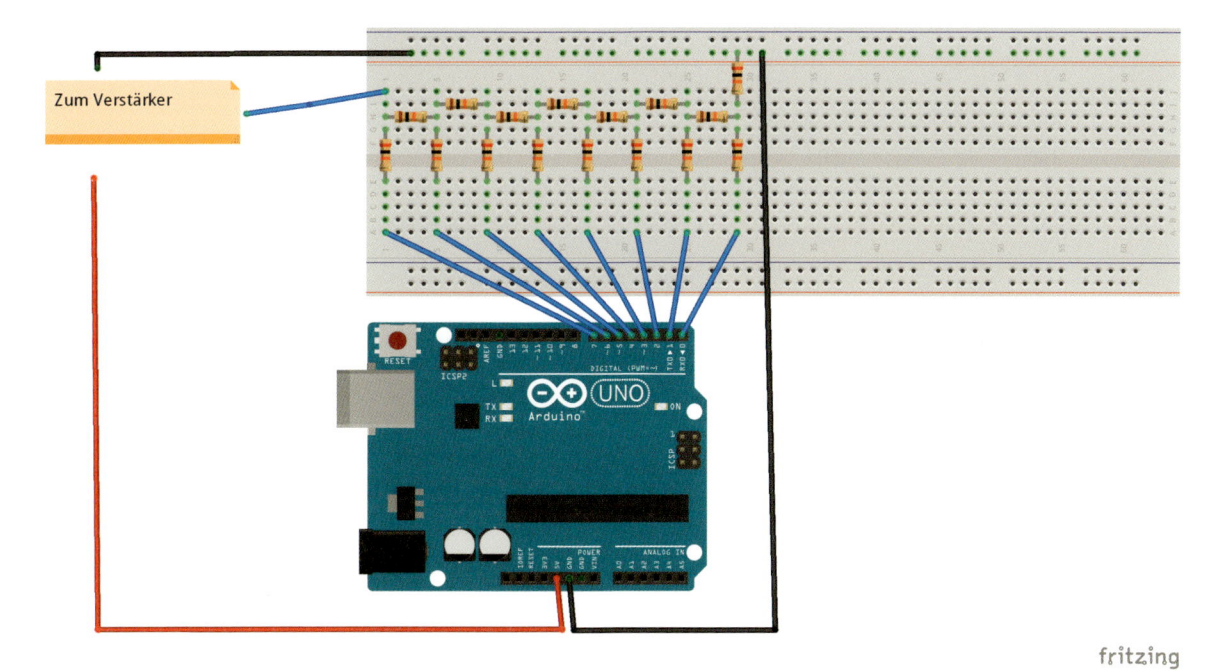

Bild 13.2 Die Widerstandsleiter und die Zuleitung zum Verstärker auf dem Breadboard

Bild 13.3 D/A-Wandler mit Widerstandskaskade

Bild 13.4 Der fertig aufgebaute Synthesizer

13.4 Auf die Klangfarbe kommt es an: Sinus-, Rechteck- und Dreieckschwingung

Nun kommen wir zum eigentlichen Sketch. Bei der Programmierung geht es jetzt darum, die Wellenform zu definieren, die zum Lautsprecher geschickt wird. Für das Gehör äußert sich das in der Klangfarbe, die der Ton als Höreindruck hinterlässt.

Der reinste Ton wird durch eine Sinuswelle erzeugt. Sie ist durch einen sanft geschwungenen, runden Verlauf gekennzeichnet. Die Sinuskurve ist gleichzeitig die Grundform aller Schwingungen, das heißt, du kannst jede beliebige periodische Kurve durch Überlagerung von Sinuskurven beschreiben. Je stärker die abgespielte Wellenform von dieser Sinusform abweicht, desto schärfer und stechender wird der Klang. Das liegt daran, dass dadurch zusätzliche Wellen in höheren Frequenzen hinzukommen. Man spricht dann von Obertönen oder Oberwellen.

13.4 Auf die Klangfarbe kommt es an: Sinus-, Rechteck- und Dreieckschwingung

Jeder Ton hat eine Grundschwingung und eine Reihe von Obertönen. Die Grundschwingung ist eine Sinuskurve und gibt an, welchen Ton wir da überhaupt hören, also die Tonhöhe oder Frequenz. Das hohe C auf der Geige klingt jedoch anders als das auf der Blockflöte, obwohl es dieselbe Tonhöhe hat. Das liegt an den unterschiedlichen Oberwellen, die in diesen beiden Instrumenten erzeugt werden. Die Flöte klingt weicher und runder, die Geige hat mehr Schärfe im Klang, da sie hat ein reicheres Obertonspektrum besitzt.

Für unseren Arduino-Synthesizer schauen wir uns drei Kurvenformen an, die in der Elektronik immer wieder vorkommen: die Sinus-, die Rechteck- und die Dreieckschwingung (Bild 13.5).

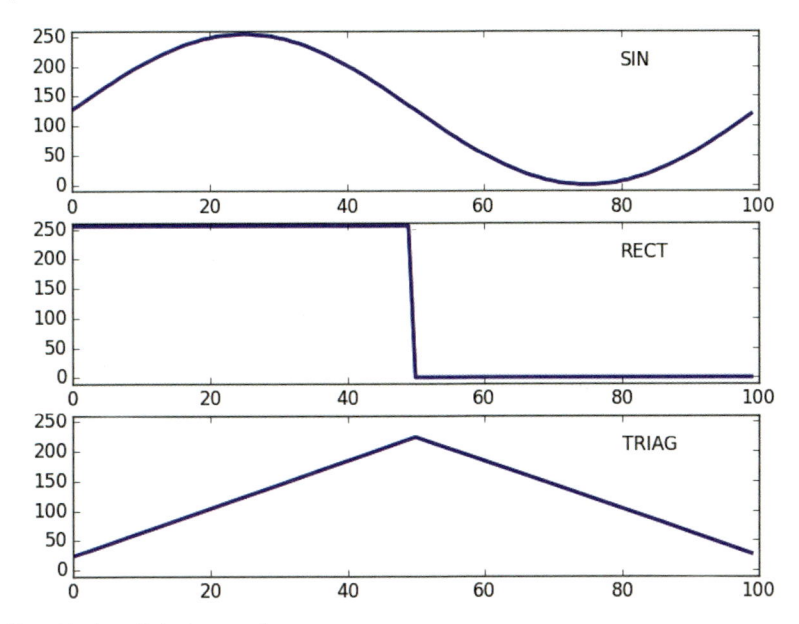

Bild 13.5 Verschiedene Schwingungsformen

Die Rechteckschwingung besteht aus einem schnellen periodischen Ein- und Ausschalten des Signals. Dies ist übrigens der Klang, den der tone-Befehl aus Kapitel 11 erzeugt. Die Rechteckschwingung hat sehr viele Oberwellen und klingt daher scharf und stechend.

Die Dreieckschwingung ist ein Zwischending aus Rechteck- und Sinusschwingung. Bei ihr steigt das Signal linear mit der Zeit an, schwillt dann wieder ab usw. Die Dreieckschwingung hat mehr Oberwellen als eine sinusförmige Schwingung, aber weniger als die Rechteckschwingung. Den Sketch zur Übertragung der Wellenformen an den Arduino findest du in Abschnitt 13.5.

In den Zeilen 11 bis 19 speichern wir die drei Grundformen in drei Arrays mit jeweils 100 Werten ab. Diese müssen nun via PORTD mit dem richtigen Timing an den D/A-Wandler geschickt werden. Das erledigen die Zeilen 27 bis 30.

Das Delay in Zeile 30 enthält einen neuen Befehl: `delayMicroseconds`. Du kannst nämlich ein Delay nicht nur in Millisekunden, sondern auch in tausendstel Millisekunden oder Mikrosekunden angeben. Für die sehr zeitkritische Anwendung einer direkten Tonerzeugung mit dem Arduino ist das wichtig. Dieses Delay gibt die Zeit zwischen zwei Sample-Werten an, die an den Verstärker gehen. Je größer das Delay, desto länger dauert es, bis die Wellenform komplett abgespielt wird. Das heißt, du hast dann eine kleinere Frequenz und damit einen tieferen Ton. Experimentiere ruhig erst einmal mit festen Werten zwischen 5 und 50 für das Delay.

■ 13.5 Der Arduino gibt den Takt vor: Änderung der Wellenform

Um die Wellenform zu ändern, musst du in Zeile 29 des folgenden Codes den Variablennamen ändern und den Sketch neu an den Arduino abschicken. Ersetze also `sine[t]` in Zeile 29 durch `rect[t]` oder `triag[t]` und übertrage den Sketch neu. Das mag etwas umständlich erscheinen. Warum bauen wir nicht einfach einen Taster ein und lassen damit den Arduino das Umschalten übernehmen? Das könnte man in der Tat machen, aber dann stößt man auf folgende Schwierigkeit: Mit der Tonerzeugung über den Sketch haben wir die Taktfrequenz des Arduino von 16 MHz bis ans Limit ausgereizt. Diese Taktfrequenz gibt vor, wie schnell die Programmbefehle vom Mikrocontroller zur Laufzeit bearbeitet werden.

Jeder zusätzliche Befehl verlängert die Delay-Zeit zwischen zwei Samples und dies ist im Ausgabeton sofort deutlich hörbar. Eine zusätzliche `if`-Abfrage würde so viel Zeit kosten, dass die Tonerzeugungsschleife zusammenbricht. Du kannst es ruhig einmal ausprobieren, um zu sehen, was passiert, wenn du zusätzliche Abfragen in den Sketch einbaust. Natürlich ist es trotzdem möglich, solche Abfragen zu verwirklichen, ohne dass die Tonerzeugung dadurch gestört wird. Dann müssten wir aber mit einem ganz anderen Konzept arbeiten – und zwar mit sogenannten Interrupts. Da es sich hierbei um ein anspruchsvolleres Konzept handelt, werden wir in diesem Buch jedoch nicht darauf eingehen.

```
1  //Sine, Rect and Ramp output with stored array
2  //based on a sketch by Amanda Ghassaei
3  //http://www.instructables.com/id/Arduino-Audio-Output/
4  /*
5   * This program is free software; you can redistribute it and/or modify
6   * it under the terms of the GNU General Public License as published by
7   * the Free Software Foundation; either version 3 of the License, or
8   * (at your option) any later version.
```

```
 9  *
10  */
11  byte sine[] = {127, 134, 142, 150, 158, 166, 173, 181, 188, 195, 201, 2
12  213, 207, 201, 195, 188, 181, 173, 166, 158, 150, 142, 134, 127, 119, 1
13  40, 46, 52, 58, 65, 72, 80, 87, 95, 103, 111, 119};
14  byte rect[] =
15  {255,255,255,255,255,255,255,255,255,255,255,255,255,255,255,255,25
16  0,0,0,0,0,0,0,0,0,0,0,0,0,0,0,0,0,0,0,0,0,0,0,0,0,0,0,0,0,0,0,0};
17  byte triag[]= {23 ,27 ,31 ,35 ,39 ,43 ,47 ,51 ,55 ,59 ,63 ,67 ,71 ,75 ,
18  ,191 ,195 ,199 ,203 ,207 ,211 ,215 ,219 ,223 ,219 ,215 ,211 ,207 ,203 ,
19  ,91 ,87 ,83 ,79 ,75 ,71 ,67 ,63 ,59 ,55 ,51 ,47 ,43 ,39 ,35 ,31 ,27};
20  int del=30; // Delayfaktor
21  void setup(){
22  for (int i=0;i<8;i++){
23  pinMode(i,OUTPUT);
24  }
25  }
26  void loop(){
27  del=10+analogRead(0)/100;
28  for (int t=0;t<100;t++){//increment »t«
29  PORTD = sine[t];//Setze hier sine[t],rect[t] oder triag[t] ein
30  delayMicroseconds(del);
31  }
32  }
```

13.6 Jetzt wird Sound draus: Änderung der Tonhöhe

Der Arduino tönt nun in der von uns gewählten Wellenform. Die Tonhöhe gibst du über die Variable del ein, die in Zeile 27 des Codes in Abschnitt 13.5 definiert wird. Je kleiner der Wert, desto höher der Ton. Doch bislang spielt die Schaltung nur einen Dauerton. Interessanter wäre natürlich, wenn wir die Tonhöhe beeinflussen könnten. Da liegt es doch nahe, den Wert des Delay an ein Poti zu koppeln, das wir über einen analogen Pin auslesen. Das ist für dich kein Hexenwerk mehr, denn das haben wir schon öfters gemacht. Das Poti enthält die beiden äußeren Anschlüsse zwischen +5 V und Masse und der mittlere Abgriff wird mit dem Analog-Input *A0* verbunden. In Zeile 27 des Codes in Abschnitt 13.5 fragen wir den dort eingestellten Wert ab und berechnen daraus einen Wert für die Variable del, die das Mikrosekunden-Delay trägt. Auch hier kannst du wie immer an den Parametern herumspielen, um die Schaltung so klingen zu lassen, wie du es dir wünschst.

Bild 13.6 Das Poti und der Lautsprecher sind angeschlossen.

Mit dem Projekt zur Tonerzeugung in Kapitel 11 haben wir ein weites Feld eröffnet. Es gibt zahlreiche Möglichkeiten, dieses Projekt zu erweitern oder abzuändern. In diesem Kapitel haben wir dir eine der vielen Möglichkeiten vorgestellt. Wir haben dir gezeigt, dass der Bau eines Synthesizers mit Arduino-D/A-Wandler gar nicht so schwer ist und jede Menge Spaß bringt. Damit bist du nun bestens für die Realisierung deiner eigenen Sound-Projekte mit dem Arduino gerüstet …

14 Eine Arduino-Drum Machine

Dieses Kapitel bildet den Abschluss unserer Sound-Projektreihe. Blicken wir kurz zurück auf die letzten Kapitel: Wir haben Schritt für Schritt die Sound-Fähigkeiten des Arduino entdeckt und ausgebaut. Begonnen hat es in Kapitel 11 mit einem Sketch, der eine simple, kleine Melodie über den eingebauten tone-Befehl abspielt. In Kapitel 12 haben wir eine Analogschaltung, einen kleinen Verstärker, gebaut, der ein schwaches Audiosignal aufnehmen und hörbar auf einem Lautsprecher wiedergeben kann. In Kapitel 13 haben wir schließlich die Klangerzeugung im Inneren des Arduino selbst übernommen und unseren Sound per Digital-Analog-Wandler hörbar gemacht. In diesem Kapitel wollen wir noch einen Schritt weitergehen und uns eine Arduino-Drum Machine bauen.

■ 14.1 So wird der Arduino zur Drum Machine

Elektronik funktioniert zum Glück oft nach dem Bausteinprinzip. Eine einmal entwickelte Baugruppe kann an einer ganz anderen Stelle wiederverwendet werden. Jedes Modul erledigt eine bestimmte Teilaufgabe und besitzt einen Ein- sowie Ausgang. Über sogenannte Jumperkabel kann man verschiedene Module zusammenstecken, also den Ausgang des einen mit dem Eingang des anderen verbinden. So kannst du verschiedene Module wie in einem Baukasten immer wieder neu zusammenschalten und musst nicht jedes Mal das Rad neu erfinden.

Für Audio-Projekte haben wir aus den vorangegangenen Kapiteln bereits zwei sehr wichtige Module in der Trickkiste:

- Audio-Verstärkermodul (Kapitel 12)
- Digital-Analog-Wandler-Modul (Kapitel 13)

Du erinnerst dich vielleicht noch an die Widerstandsbrückenschaltung, die mit PORTD eine Reihe von 8-bit-Zahlen in analoge Spannungswerte verwandelt hat (Abschnitt 13.3). Wir haben sie benutzt, um drei verschiedene Wellenformen (Sinus-, Dreieck- und Rechteckwellen) hörbar zu machen.

Damit haben wir nur im Ansatz angekratzt, wozu solch ein D/A-Wandler fähig ist. Denn das Spannende ist ja gerade, dass dieser Baustein nicht nur periodische Wellenformen in Analogsignale umwandeln und wiedergeben kann, sondern jede beliebige Zahlenfolge und damit auch jede beliebige unregelmäßige Wellenform. Wir können also einen Sampler bauen und kurze, gesampelte Audio-Schnipsel abspielen. Eine Drum Machine (oder auch Drum-Computer genannt) macht nichts anderes. In diesen Geräten sind die Einzelgeräusche aller Sounds eines Schlagzeugs als digitalisierte Audiodaten gespeichert. Als Nutzer kannst du aus diesen Drum Sounds einzelne Takte zusammenstellen, die dann über einen Timer von der Maschine abgespielt werden.

Der Aufbau der Drum Machine ähnelt dem aus dem Synthesizer-Projekt (Kapitel 13). Die Neuerungen werden also vor allem im Sketch liegen. Dies ist wieder ein Beispiel dafür, wie vielseitig die Hardware nutzbar ist – und das allein durch Änderungen auf der Softwareseite.

Als kleine hardwareseitige Neuerung schließen wir vier LEDs an, die nachher anzeigen, welcher Sample gerade abgespielt wird (Bild 14.1). Das sieht nicht nur gut aus, sondern wird bei den großen Drum Machines genauso gemacht. Damit sind in dieser Schaltung nun 12 von 14 digitalen Pins belegt (8 für den D/A-Wandler und 4 für die LEDs). Wir sind also durchaus schon soweit, den Arduino bis an die Grenzen auszureizen. Außerdem benutzen wir den analogen Pin 1, um über ein Poti das Tempo einzustellen, mit welchem die Drum Loops abgespielt werden.

Bild 14.1 Die Kontroll-LEDs an der Drum Machine zeigen das aktuelle Sample an.

Bild 14.2 zeigt den kompletten Aufbau der Drum Machine.

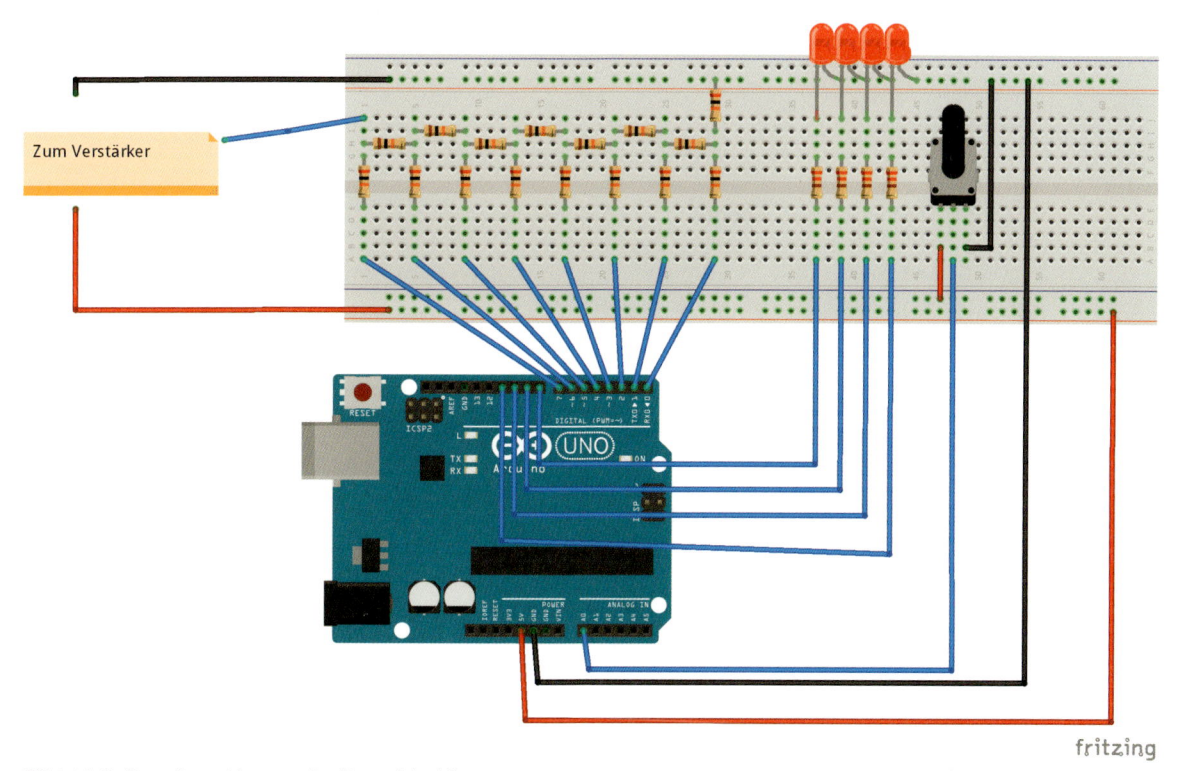

Bild 14.2 Breadboard-Layout der Drum-Machine

Dies ist die Stückliste für unser Projekt:
- vier Widerstände (220 Ohm)
- vier LEDs (rot, grün oder gelb)
- ein Potentiometer (10 kOhm)
- ein Lautsprecher (8 Ohm)
- ein Verstärkermodul (siehe Kapitel 12)
- ein D/A-Wandler-Modul (siehe Kapitel 13)

Die digitalen Pins 0 bis 7 speisen den D/A-Wandler. Dessen Ausgang geht an den Verstärker. An den Pins 8 bis 11 hängen die Kontrolldioden (jeweils über einen 220 Ohm-Vorwiderstand).

Der Aufbau ähnelt wie gesagt stark dem des Synthesizers aus Kapitel 13. Sieh dort noch einmal nach, wenn du Näheres über die Funktion der Hardware erfahren möchtest. Der große Unterschied liegt im Sketch, welchen du im Folgenden kennenlernen wirst.

Bild 14.3 So sieht der komplette Aufbau der Drum Machine aus.

14.2 Retro-Drum Sound mit 8 bit: Samples für die Drum Machine

Um die Drum Machine zu programmieren, brauchen wir Samples mit Schlagzeug-Sounds. Profi-Geräte haben hochwertige Samples, die von einem echten Schlagzeug abgenommen wurden und nicht von diesem zu unterscheiden sind. Das kriegen wir mit dem Arduino so natürlich nicht hin, denn dafür ist der Speicher zu klein, doch unser Sketch wird einen netten 8 bit-Drum-Sound produzieren, der ein bisschen retro ist und an alte Computerspiele erinnert. Außerdem kannst du anhand unseres Sketches wunderbar das Programmierprinzip erlernen, denn die großen Sampler und Drum Machines funktionieren letztlich auch nicht anders.

Die Hauptschwierigkeit besteht darin, die Audio-Samples für den Arduino herunterzubrechen, denn normale Aufnahmen für Samples haben eine 16 bit- oder gar 24 bit-Auflösung bei Studioqualität und werden mit einer Samplerate von 44 kHz abgetastet. Das bedeutet, dass pro Sekunde ca. 45 000 Werte gelesen werden (44 * 1024). Das ist für den Arduino viel zu groß. Statt einer 16 bit- steht uns nur 8 bit-Auflösung zur Verfügung und auch bei Sampleraten größer 8 kHz kommt der Arduino-Controller mit dem Timing an seine Grenzen.

Wir müssen ein gegebenes Audio-Sample also erst für den Arduino umrechnen. Dafür gibt es einige Tools, aber der Vorgang ist nicht ganz so einfach und würde den Rahmen dieses Buches sprengen. Zum Glück gibt es Maker, die das bereits erledigt haben. Daher greife ich an dieser Stelle auf die Samples aus einem ähnlichen Projekt von Sebastian Tomczak *(http://little-scale.blogspot.de/2008/04/arduino-drum-machine.html)* zurück.

Wir lesen die Samples nun Wert für Wert aus den Daten-Arrays aus und schicken das Ganze via `PORTD` an den Wandler. Das Zeit-Delay zwischen zwei Sample-Werten holen wir vom analogen Input-Port 0 ab, denn daran hängt das Poti.

Die drei Sample-Sounds heißen `kick`, `snare`, `hat` und `crash`, was jedem Schlagzeuger bekannt vorkommen dürfte. Die Funktion `playBeat(bytes)` bekommt eine Sample-Nummer von 0 bis 4 übergeben und spielt die entsprechende Sample-Datei ab. Das wird über eine `switch-case`-Konstruktion gelöst. Der Sample-Code 0 steht für Pause und die Werte 1 bis 4 spielen die jeweiligen Audiodateien ab. Außerdem sorgt die Funktion dafür, dass die zugehörige LED während des Abspielens leuchtet.

Die Abspielfunktionen `playKick()`, `playSnare()`, `playHat()` und `playCrash()` übernehmen das Abspielen der Sound-Samples und berücksichtigen das mit dem Poti eingestellte Delay.

Soweit ist also alles klar. Jetzt müssen wir der Drum Machine nur noch mitteilen, was sie spielen soll. Diese Abspiellisten werden Patterns genannt und sie sind in einzelne Takte unterteilt. Jeder Takt ist wiederum in Beats unterteilt. Im Pattern steht die Information, welcher Drum Sound zum Zeitpunkt des Beats abgespielt werden soll. Du meinst, dass das nach einem typischen Anwendungsfall für ein Array klingt? Genauso ist es. Allerdings gibt es in unserem Falle eine kleine, aber feine Neuerung: Wir gestalten das Drum Pattern als zweidimensionales Array.

■ 14.3 Mehrdimensionale Arrays für die Programmierung der Drum Machine

Bislang haben wir ein Array als eine Liste von Variablen verwendet, die über einen Index ansprechbar ist (etwa, wenn bei `playBeat` die Sound-Samples in einer `for`-Schleife Wert für Wert ausgelesen werden). In manchen Fällen ist es jedoch sinnvoll, Daten nach mehr als einem Index anzuordnen. Nimm zum Beispiel eine Tabelle: Hier kann man nach dem Wert in der dritten Zeile und der fünften Spalte fragen. Wir brauchen also zwei Parameter, um einen Wert in der Tabelle eindeutig festzulegen. Die Tabelle ist demnach zweidimensional. Um den Ort eines Flugzeugs eindeutig anzugeben, sind sogar drei Werte nötig: der Längengrad, der Breitengrad sowie die Höhe über dem Meeresspiegel.

Glücklicherweise bietet der Compiler uns die Möglichkeit, Arrays nach mehreren Indizes aufzubauen. Diese heißen dann mehrdimensionale Arrays. Jede Grafikdatei ist zum Beispiel als zweidimensionales Array angelegt. Um einen Pixel anzusprechen, musst du die x- und die y-Position übergeben. Eine Besonderheit der mehrdimensionalen Arrays ist, dass du die Dimensionen bei der Definition explizit angeben musst, damit der Compiler entsprechend Speicherplatz reservieren kann.

Mit einer ganz typischen Anwendung werden wir dir zeigen, wie das funktioniert. Wir definieren eine Tabelle mit drei Zeilen und vier Spalten und schreiben irgendwelche Werte hinein. Um die Elemente anzusprechen, werden die Indizes einfach hintereinander in eckigen Klammern angegeben:

```
int Tabelle[3][4]; // Tabelle mit 3 Zeilen und 4 Spalten

Tabelle[0][0]=10; // Zuweisung eines Wertes
```

Nun wollen wir die Tabelle übersichtlich ausdrucken. Jede Zeile soll auch auf dem Display eine Zeile einnehmen. Nehmen wir an, wir haben eine Funktion print, die Daten auf einem Display ausgibt. Dazu verwenden wir zwei geschachtelte for-Schleifen. Nachdem die innere for-Schleife die Inhalte einer Zeile ausgedruckt hat, wird durch print("\n") ein Zeilenvorschub erzwungen, bevor die nächste Zeile gedruckt wird:

```
1  // Tabelle ausdrucken
2
3  for (int zeile=0; zeile<=3; zeile++){
4
5    for(int spalte=0; spalte <=4; spalte++) print(Tabelle[zeile][spalte]);
6
7    print"\n"); // Zeilenumbruch
8  }
```

Genauso organisieren wir auch die Pattern-Liste für die Drum Machine. Dies geschieht über die Definition der Variablen bars (Englisch für „Takte"). Ein Takt ist ein Array von 16 int-Werten. Die komplette Playlist ist eine Liste von bars, also eine Liste aus Listen – und das ist nichts anderes, als ein zweidimensionales Array. Diese Strukturierung hat den Vorteil, dass du jeden Takt einzeln ansprechen und abspielen kannst. Du könntest zum Beispiel eine Funktion playBar(int barNr) entwickeln, die gezielt einen der Takte aus der Liste abspielt. Das wäre nicht möglich, wenn das Drum-Pattern nur als eindimensionales Array gespeichert wäre.

Dies ist der komplette Sketch für unsere Drum Machine:

```
1   // Arduino-Drum Machine
2   // basierend auf dem Code von Sebastian Tomczak (April 2008)
3   // http://little-scale.blogspot.de/2008/04/arduino-drum-machine.html
4
5   int delayTime = 100;
6   int const barLength = 16;
7   int const barNr=6;
8
9   int LED1=8;
10  int LED2=9;
11  int LED3=10;
12  int LED4=11;
13
14  // Die Drum-Sequenz:
15
16  byte bars[barNr][barLength] = {
17  {1, 0, 1, 1, 1, 0, 1, 0, 1, 2, 2, 4, 1, 0, 1, 0},
18  {2, 0, 1, 1, 1, 0, 2, 2, 1, 2, 2, 4, 1, 0, 1, 0},
19  {1, 0, 1, 1, 1, 3, 2, 2, 1, 3, 1, 4, 1, 0, 1, 0},
20  {2, 0, 1, 1, 1, 3, 2, 3, 1, 2, 4, 3, 1, 0, 1, 0},
21  {1, 0, 1, 2, 1, 0, 4, 4, 2, 2, 3, 3, 1, 0, 1, 0},
22  {2, 0, 1, 1, 1, 2, 4, 4, 4, 3, 3, 3, 2, 2, 2, 0}
23  };
24
25
26
27  // Sampledaten
28
29  byte kick[] =
30  {127, 80, 42, 5, 165, 242, 241, 233, 128, 73, 48, 22, 127, 69, 55, 113, 151, 183, 209,
    217, 223, 228, 233, 215, 161, 117, 91, 76, 65, 49, 37, 31, 31, 48, 83, 120, 146, 166,
    183, 198, 206, 210, 209, 199, 178, 145, 111, 88, 78, 73, 69, 67, 72, 80, 88, 97, 109,
    124, 137, 150, 163, 171, 174, 172, 168, 160, 144, 125, 114, 110, 108, 104, 104, 106, 109,
    110, 112, 117, 124, 129, 135, 142, 145, 145, 143, 140, 137, 132, 128, 125, 122, 119, 118,
    119, 119, 119, 118, 118, 120, 124, 126, 129, 132, 135, 137, 137, 135, 132, 131, 130, 129,
    128, 126, 126, 124, 123, 121, 120, 120, 122, 123, 124, 126, 128, 129, 130, 130, 131, 131,
    131, 130, 130, 130, 129, 129, 128, 126, 125, 125, 124, 124, 124, 124, 125, 125, 126, 128,
    128, 128, 129, 129, 129, 129, 129, 128, 128, 128, 128, 126, 126, 126, 126, 126, 126, 126,
    126, 126, 128, 127, 126, 128, 128, 128, 128, 128, 128, 128, 128, 126, 126, 126, 126, 126,
    126, 126, 126, 128, 128, 128, 128, 128, 128, 128, 128, 128, 128, 128, 128, 128, 126, 126,
    126, 126, 126, 126, 126, 126, 126, 126, 128, 128, 128, 128, 128, 128, 128, 128, 128, 128,
    128, 128, 128, 126, 126, 126, 126, 126, 126, 126, 126, 126, 126, 126, 126, 128, 128,
    128, 128, 128, 128, 128, 128, 128, 126, 126, 126, 126, 126, 126, 126, 126, 126,
    126};
31  byte snare[] =
32  {127, 215, 65, 212, 56, 102, 135, 122, 51, 201, 220, 46, 175, 80, 152, 95, 123, 116, 184,
    155, 59, 122, 100, 161, 143, 173, 101, 155, 97, 73, 112, 98, 176, 96, 140, 77, 134, 109,
    132, 149, 112, 149, 97, 161, 98, 151, 98, 155, 149, 112, 157, 103, 133, 106, 167, 97,
    166, 108, 129, 124, 136, 146, 124, 136, 129, 150, 94, 130, 105, 141, 146, 128, 129, 99,
    150, 121, 141, 99, 142, 116, 131, 114, 118, 143, 127, 143, 115, 144, 120, 137, 109, 129,
    131, 139, 129, 113, 144, 119, 145, 117, 135, 129, 134, 136, 124, 130, 130, 139, 121, 136,
    121, 132, 128, 127, 126, 122, 130, 126, 138, 120, 136, 122, 131, 123, 130, 128, 127, 128,
    118, 132, 125, 131, 122, 131, 125, 131, 122, 126, 128, 126, 129, 121, 129, 123, 132, 129,
    127, 131, 123, 128, 125, 130, 123, 131, 123, 128, 131, 129, 128, 126, 125, 124, 131, 121,
    124, 129, 130, 126, 124, 126, 127, 130, 125, 126, 128, 126, 128, 126, 126, 126, 126, 125,
    128, 126, 126, 126, 126, 126, 126, 125, 128, 126, 126, 126, 126, 126, 126, 126, 126, 128,
```

```
33     128, 126, 128, 126, 127, 126, 128, 125, 127, 128, 128, 126, 126, 128, 126, 126, 128, 128,
       128, 128, 128, 126, 128, 126, 126, 128, 128, 126, 126, 128, 128, 126, 126, 127, 126, 128,
       126, 126, 128, 128, 128, 126, 126, 126, 128, 128, 126, 126, 126, 128, 128, 126, 128, 128,
       126, 126};
34     byte hat[] =
35     {127, 128, 225, 217, 99, 38, 61, 153, 152, 144, 133, 73, 122, 144, 65, 188, 87, 170, 164,
       111, 122, 151, 114, 88, 174, 77, 140, 92, 122, 141, 156, 124, 121, 123, 126, 133, 132,
       139, 119, 120, 127, 141, 130, 122, 129, 127, 132, 121, 139, 118, 130, 131, 129, 132, 130,
       134, 126, 128, 130, 126, 122, 132, 129, 127, 131, 126, 128, 127, 126, 125, 127, 125, 128,
       125, 128, 128, 127, 127, 126, 127, 128, 128, 128, 127, 127, 127, 127, 127, 128, 127, 127,
       126, 127, 127, 128, 127, 128, 126, 127, 128, 127, 127, 127, 127, 127, 127, 127, 127, 127,
       127, 127, 127, 127, 127, 127, 127, 127, 128, 127, 127, 127, 127, 127, 127, 127, 127, 127,
       127, 127, 127, 127, 127, 127, 127, 127, 127, 127, 127, 127, 127, 128, 128, 126, 126,
       128, 127, 126, 127, 126, 127, 127, 126, 127, 127, 127, 127, 127, 127, 127, 126, 127, 127,
       127, 126, 127, 127, 127, 127, 127, 127, 127, 127, 127, 127, 126, 126, 126, 127, 127, 127,
       126, 127, 127, 127, 126, 127, 127, 127, 127, 127, 127, 127, 126, 126, 126, 126,
       126, 126, 126, 127, 127, 126, 127, 127, 126, 127, 127, 126, 126, 126, 126, 126, 126,
       126, 127, 127, 126, 127, 127, 127, 127, 126, 126, 127, 127, 126, 127, 127, 127, 127,
       127, 127, 127, 126, 126, 127, 127, 127, 127, 127, 127, 127, 126, 127, 127, 127, 127, 127,
       127, 127, 127};
36     byte crash[] =
37     {17, 128, 25, 217, 9, 138, 61, 133, 52, 144, 33, 73, 122, 144, 65, 188, 187, 170, 14,
       111, 222, 151, 114, 88, 174, 7, 14, 92, 12, 141, 156, 12, 121, 1, 26, 13, 132, 139, 19,
       120, 17, 1, 130, 12, 129, 27, 13, 121, 139, 11, 30, 131, 12, 132, 10, 134, 126, 28, 130,
       12, 122, 132, 129, 127, 131, 126, 128, 127, 126, 12, 27, 125, 128, 125, 18, 128, 27, 127,
       126, 127, 128, 128, 128, 127, 127, 127, 127, 127, 12, 127, 127, 16, 127, 127, 12, 27,
       128, 126, 127, 228, 127, 127, 127, 227, 127, 127, 27, 17, 127, 127, 127, 127, 127, 12,
       127, 127, 27, 128, 127, 12, 127, 127, 17, 127, 127, 127, 127, 12, 127, 127, 127, 127,
       127, 27, 127, 127, 127, 127, 127, 127, 127, 128, 128, 126, 126, 128, 127, 126, 127, 126,
       127, 127, 126, 127, 126, 127, 127, 127, 127, 127, 126, 127, 127, 127, 126, 127, 127, 127,
       127, 127, 127, 127, 127, 127, 127, 126, 126, 126, 127, 127, 127, 126, 127, 127, 127, 126,
       127, 127, 126, 127, 127, 127, 127, 127, 126, 126, 126, 126, 126, 126, 126, 127, 127,
       126, 127, 126, 126, 127, 126, 127, 127, 126, 126, 126, 126, 126, 126, 127, 127, 126, 127,
       127, 127, 127, 126, 126, 127, 127, 127, 126, 127, 126, 127, 127, 127, 127, 127, 126, 126,
       127, 127, 126, 127, 127, 127, 127, 126, 127, 127, 127, 127, 127, 127, 127, 127};
38
39     void setup() {
40
41       // Pins 0 bis 11 auf Output
42
43       for (int k=0; k<12;k++) pinMode(k,OUTPUT);
44
45     }
46
47     void loop() {
48     for (int i=0; i<barNr;i++)
49        for(int j = 0; j < barLength; j ++)
50          playBeat(bars[i][j]);
51      }
52
53
54     // Playback Functions
55
56     void playBeat(byte beat) {
57       switch(beat){
58       case 0:
59         for(int i = 0; i < 256; i ++)
60           delayMicroseconds(analogRead(0) + 1);
```

```
61      break;
62
63
64    case 1:
65      digitalWrite(LED1,HIGH);
66      playKick();
67      digitalWrite(LED1,LOW);
68      break;
69
70
71    case 2:
72      digitalWrite(LED2,HIGH);
73      playSnare();
74      digitalWrite(LED2,LOW);
75      break;
76
77
78    case 3:
79      digitalWrite(LED3,HIGH);
80      playHat();
81      digitalWrite(LED3,LOW);
82      break;
83
84
85    case 4:
86      digitalWrite(LED4,HIGH);
87      playCrash();
88      digitalWrite(LED4,LOW);
89      break;
90  }
91  }
92
93  void playKick() {
94    for(int i = 0; i < 256; i ++) {
95      PORTD = kick[i];
96      delayMicroseconds(analogRead(0) + 1);
97    }
98    PORTD = 127;
99  }
100
101
102 void playSnare() {
103   for(int i = 0; i < 256; i ++) {
104     PORTD = snare[i];
105     delayMicroseconds(analogRead(0) + 1);
106   }
107   PORTD = 127;
108 }
109
110
111 void playHat() {
112   for(int i = 0; i < 256; i ++) {
113     PORTD = hat[i];
114     delayMicroseconds(analogRead(0) + 1);
115   }
116   PORTD = 127;
117 }
118
```

```
119  void playCrash() {
120    for(int i = 0; i < 256; i ++) {
121      PORTD = crash[i];
122      delayMicroseconds(analogRead(0) + 1);
123    }
124    PORTD = 127;
125  }
```

Gehen wir den Sketch einmal gemeinsam durch:

- In den Zeilen 6 und 7 werden die Grenzen des bars-Arrays festgelegt. Das Schlüsselwort int const steht für einen konstanten Integer-Wert. Er kann zur Laufzeit des Sketches nicht mehr verändert werden.
- In Zeile 16 beginnt die Definition des Drum-Patterns als zweidimensionales Array. Du kannst beliebig viele Bars hinzufügen. Danach musst du nur die Konstante barNr in Zeile 7 anpassen. Die Zahlen in der Liste geben die zu spielenden Samples an (0: Stille, 1: Kick, 2: Snare, 3: Hat, 4: Crash).
- In den Zeilen 30 bis 37 werden die Audiodaten für die Sound-Samples definiert.
- Die Funktion setup() in Zeile 39 setzt alle nötigen digitalen Pins auf Output. Im loop-Block haben wir die aus dem Tabellen-Beispiel bekannten geschachtelten for-Schleifen, die dafür sorgen, dass die Takte nacheinander abgespielt werden.
- In den Zeilen 56 bis 91 steht die zentrale PlayBeat-Funktion, die über eine Case-Abfrage das Abspielen der Einzelsamples regelt.
- Schließlich findest du ab Zeile 93 die Funktionen, welche die einzelnen Samples abspielen. Sie arbeiten analog zum Code aus dem Synthesizer-Projekt (Kapitel 13).

15 Ein autonom fahrendes Roboterauto

Roboter, die intelligent und autonom agieren, begegnen uns immer öfters im Alltag. Selbstfahrende Containertransporter im Hafen, autonom einparkende Pkw, dem Postboten folgende Paketautos oder Service-Roboter in Krankenhaus und Altenpflege sind nur ein paar Beispiele.

Hast du schon immer davon geträumt, einmal selbst einen Roboter zu erschaffen? Dann wird dein Traum nun wahr, denn in diesem Kapitel werden wir ein autonom fahrendes Roboterauto bauen und programmieren. Dieses Arduino-Projekt bietet dir die Möglichkeit, auf spielerische Weise Erfahrungen in der fortgeschrittenen Programmierung von Mikrocontrollern zu sammeln und dein Wissen zur Mess-, Steuer- und Regelungstechnik zu erweitern. Mit Spielroboter-Projekten wie diesem kannst du komplexe Steuer- und Regeltechnik live erleben und sehen, wie sich Programmierfehler auswirken. Wir haben uns für einen Fahrroboter entschieden, da dieser besonders einfach zu steuern ist und hervorragende Möglichkeiten für Erweiterungen bietet.

■ 15.1 Empfohlene Starthilfe: ein Roboter-Bausatz

Einen Roboter von Grund auf neu zu entwerfen, ist harte Arbeit und du benötigst einiges an Erfahrung und Komponenten: Chassis, Motoren, Motoransteuerung, Räder, Material zum Befestigen der Elektronik und – nicht zu vergessen! – die passenden Mikrocontroller. Es gibt sehr viel zu beachten und Stolpersteine sind vorprogrammiert. Einstiegsschwierigkeiten und -fehler können ein solches Projekt schnell in die Länge ziehen, sodass Spaß und Motivation rasch schwinden. Was man auch nicht vergessen darf: Würde man alle Roboterteile einzeln kaufen, müsste man ein kleines Vermögen investieren.

Für deinen ersten Roboter empfehlen wir dir deshalb, auf einen Bausatz zurückzugreifen. Roboter-Bausätze sind inzwischen für wenig Geld erhältlich und bieten dir einen super

Mehrwert: die Erfolgsgarantie! Da wir unser Roboter-Projekt mit einem Arduino realisieren wollen, haben wir nach einem Bausatz inklusive aller notwendigen Teile (das heißt: Arduino, Motortreiber und Sensor Shields) gesucht.

Grundsätzlich werden folgende Typen von Roboter-Bausätzen angeboten:

- Roboter-Autos mit drei Rädern
- Roboter-Autos mit vier Rädern
- Fahrzeuge mit Kettenantrieb
- selbst-balancierende Segways mit zwei Rädern

Um eine geeignete Ausgangsplattform für weitere Projekte zu haben, empfehlen wir dir eine Variante mit vier Rädern.

Im Elektronikhandel gibt es eine Menge fertiger Roboter-Bausätze für den Arduino. Es hängt ein wenig von deinen persönlichen Anforderungen und natürlich auch von deinem Budget ab, für welchen Bausatz du dich entscheidest. Du solltest auf jeden Fall einen Bausatz wählen, der alle benötigten Teile und idealerweise auch eine Bauanleitung enthält.

Dies sind einige wichtige Features, auf die du bei der Auswahl achten solltest:

- **Verfolgung einer schwarzen Linie:** Um dies zu realisieren, sollte im Bausatz ein optischer Sensor enthalten sein.
- **Hindernisse umfahren:** Um dies zu realisieren, muss der Bausatz ein Modul zur Entfernungsmessung beinhalten (entweder einen Ultraschallsensor oder einen Laser-Entfernungsmesser).
- **Fernsteuerung über Infrarot und Bluetooth:** Mit einer Fernsteuerung kannst du den Roboter unabhängig von der Programmierung selbst steuern.

> Um einen Anbieter für einen solchen Bausatz zu finden, kannst du im Internet nach dem Begriff „Multifunction Bluetooth Controlled Robot Smart Car Kits For Arduino" suchen. Banggood.com bietet zum Beispiel einen solchen Bausatz an: *http://www.banggood.com/Multifunction-Bluetooth-Controlled-Robot-Smart-Car-Kits-For-Arduino-p-906628.html?p=P8041310423142015011T.*

15.2 Zusammenbau des Roboter-Bausatzes

Du hast deinen Bausatz bestellt und hältst nun ungeduldig dein Paket in den Händen? Sehr gut, dann kann es losgehen! Wenn deinem Bausatz eine Anleitung beiliegt, dann kannst du diese natürlich für den Aufbau nutzen. Jedoch zeigt die Erfahrung, dass dies gerade bei den günstigen Bausätzen aus dem fernen Osten oft nicht der Fall ist. Der erwartungsvolle Roboterbauer erhält nur eine Tüte elektronischer Bauteile und fühlt sich erst einmal ein wenig damit alleine gelassen. Aber keine Sorge! Unsere Ausführungen werden dir helfen, deinen Bausatz erfolgreich zusammenzusetzen.

Folgendes Werkzeug benötigst du für den Zusammenbau:

- einen sehr kleinen Kreuzschraubendreher
- einen kleinen Kreuzschraubendreher
- einen Seitenschneider
- einen Satz Innensechskantschlüssel (Imbus)
- eine Heißklebepistole

Außerdem benötigst du noch folgendes Zubehör:

- ein USB-Kabel (50 cm)
- einen Dupont-Verbinder
- 15 Distanzhalter zum Schrauben (6 × 35 mm, 3 × 20 mm, 6 × 6 mm)
- einen Satz Schrauben und Muttern in gängigen Größen

15.2.1 Schritt 1: Einbau von Chassis und Motoren

Ein Bausatz beinhaltet alle Komponenten, welche zum Bau einer kleinen Hochleistungsroboter-Plattform nötig sind. Jede Seite des Fahrwerks hat zwei Antriebsräder, die jeweils mit einem Getriebemotor verbunden sind. Der Hauptteil besteht aus zwei geschnittenen Acrylplatten und hat Bohrungen, um die Einzelteile darauf zu befestigen. Sie dienen als Befestigung für die Motoren und als Basis für verschiedene elektronische Bauteile wie ein Mikrocontroller-Board, Sensoren etc.

Folgende Teile benötigst du für Schritt 1:

- vier Motoren
- vier Räder
- vier Motorbefestigungen
- zwei Acrylplatten (100 × 213 × 5 mm)
- sechs Distanzhalter (35 mm) und Muttern

Arbeitsschritte (siehe Bild 15.1)

1. Als Erstes entfernst du die Folien von den beiden Grundplatten.
2. Im zweiten Schritt nimmst du die Motoren und verschraubst diese mit den vier Aluminiumteilen.
3. Dann verschraubst du die Aluminiumteile mit der transparenten Grundplatte. Die roten Enden der Motoren müssen dabei nach außen zeigen.

Bild 15.1 Die transparente Grundplatte mit den vier Motoren

15.2.2 Schritt 2: Installation des Motortreibers

Um einen Motor anzusteuern, brauchst du einen Motortreiber. Der Motortreiber ist im Prinzip eine Schaltung, welche den Strom entweder in die eine oder andere Richtung durch den Motor schickt. Mit der sogenannten H-Brücke ist es dem Motor möglich, vorwärts oder rückwärts zu laufen. Viele Motortreiber gibt es als fertig aufgebaute Platinen. In unserem Kit ist ein L298N-Motortreiber enthalten.

Folgende Teile benötigst du für Schritt 2:

- der L298N-Motortreiber (rote Platine)
- eine 18650-Batteriehalterung
- die gelbe Grundplatte
- vier Distanzhalter (6 mm) und Muttern

Arbeitsschritte (siehe Bild 15.2)

1. Verschraube den Motor-Treiber auf der Unterseite der gelben Grundplatte.
2. Führe die acht Dupont-Verbindungen nach oben.
3. Beim Verbinden der Kabel musst du die Halterung mit dem Finger festhalten. Ansonsten kann es passieren, dass sich diese löst.

4. Verbinde nun den Motortreiber mit der Batterie.
5. Abschließend verbindest du die Motoren mit dem Motortreiber.

Bild 15.2 Anschluss des Motortreibers

15.2.3 Schritt 3: Einbau des Arduino und des Batteriegehäuses

Bei der Befestigung des Arduino hatten wir die meisten Probleme bei unserem Bausatz. Wie sich herausstellte, fehlten die Bohrungen auf der gelben Grundplatte. Wir fanden schließlich zwei passende Bohrungen. Für die dritte Bohrung haben wir einfach einen Distanzhalter umgekehrt verwendet.

Unser Bausatz arbeitet mit zwei 18650-Batterien. Um diese zu laden, liegt dem Kit ein Ladegerät bei, welches jedoch nur mit einem Adapter (nordamerikanischer Stecker) betrieben werden kann.

Folgende Teile benötigst du für Schritt 3:
- einen Arduino UNO 328
- ein Arduino-Sensor Board (5 Volt)
- zwei 18650-Batterien
- ein 18650-Ladegerät
- drei Distanzhalter (6 mm) und Muttern

Arbeitsschritte (siehe Bild 15.3)

1. Fixiere das Batteriegehäuse hinten auf der gelben Acrylplatte (= die Seite mit weniger Bohrungen).
2. Fixiere nun den Arduino. (In Schritt 5 in Abschnitt 15.2.5 beschreiben wir eine optimierte Methode.)
3. Abschließend bringst du das Sensor Shield auf dem Arduino an.

Bild 15.3 Zum Schluss wird das Arduino-Board auf der Grundplatte angebracht.

15.2.4 Schritt 4: Vorbereitung des Ultraschall-Sensors

Im Ultraschall-Näherungsschalter kommt ein spezieller Schallwandler zum Einsatz, der ein wahlweises Senden und Empfangen der Schallwellen zulässt. Der Wandler sendet eine bestimmte Anzahl von Schallwellen aus, die vom zu erfassenden Objekt reflektiert werden. Nach dem Aussenden der Pulse wird der Ultraschall-Sensor auf Empfangsbetrieb umgeschaltet. Die Zeit bis zum Eintreffen eines möglichen Echos ist proportional zum Abstand des Objekts vom Näherungsschalter.

Folgende Teile benötigst du für Schritt 4:

- ein Ultraschall-Modul
- eine Halterung für das Ultraschall-Modul
- vier kleine Schrauben

Arbeitsschritte

1. Kürze das mitgelieferte Servokreuz auf ungefähr die Länge, welche in Bild 15.4 (oben) dargestellt ist.
2. Schraube nun das Drehkreuz auf die Bodenplatte. Es ist wichtig, dass die Halterung innen nach oben zeigen muss.
3. Befestige nun den Servo in der Schale und verschraube ihn (siehe Bild 15.5).
4. Als Nächstes befestigst du den Ultraschall Sensor am Servo-Kopf. Das funktioniert sehr gut mit Heißkleber.
5. Abschließend befestigst du den Servofuß auf der gelben Grundplatte (= Seite mit den vielen Bohrungen).

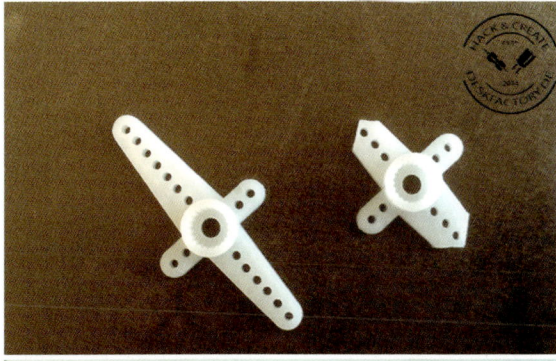

Bild 15.4 Modellbau-Servo mit Drehkreuz

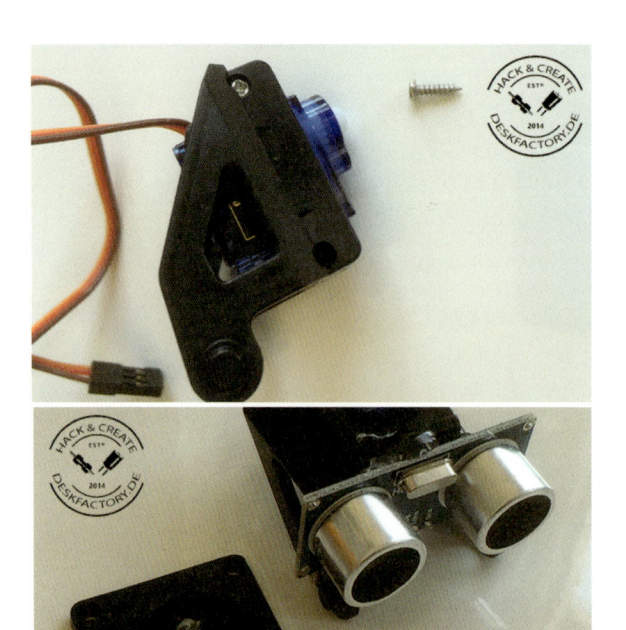

Bild 15.5 Ultraschallsensor für die Abstandsmessung

15.2.5 Schritt 5: Einbau des Arduino Uno und des Sensor Shields

Erst mit dem Arduino Uno wird der Roboter-Bausatz so richtig spannend, denn mit ihm können wir unserem kleinen Gefährten neue Funktionen beibringen und ihn zum Beispiel Hindernisse umfahren lassen.

> **HINWEIS:** Leider hat der mitgelieferte Arduino in unserem Bausatz nicht funktioniert und wir mussten einen eigenen Arduino verbauen. Wir haben allerdings gehört, dass einige Arduinos aus China sich zunächst nicht in Betrieb nehmen lassen, sich durch ein Update aber wieder richten lassen. Solltest du also Anlaufschwierigkeiten mit dem in deinem Kit enthaltenen Arduino haben, dann wirf nicht gleich die Flinte ins Korn …

Beim Basteln haben wir gemerkt, dass es zwei Möglichkeiten gibt, den Arduino zu befestigen: längs (wie in Schritt 3 in Abschnitt 15.2.3 beschrieben) oder quer (wie in Bild 15.6 zu sehen). Da sich bei der längsseitigen Anbindung die Kabel sehr schwer ein- und ausstecken lassen, empfehlen wir die querseitige Variante.

Folgende Teile benötigst du für Schritt 5:
- einen Arduino Uno
- drei Distanzhalter (6 mm) und Muttern

Bild 15.6 Auf der Unterseite der gelben Grundplatte findet das Batteriefach seinen Platz.

Arbeitsschritte

1. Verschraube die Distanzhalter auf der Oberseite der gelben Grundplatte.
2. Isoliere den vorderen Distanzhalter mit Tesafilm.
3. Fixiere den Arduino mit zwei Schrauben.
4. Stecke das Sensor Shield auf den Arduino.
5. Verbinde die Dupont-Verbindungen mit dem Motor Shield (siehe Bild 15.7).

Bild 15.7 Die Verdrahtung des Arduino-Sensor Shields

Du benötigst folgende Verkabelung:

- ENA (lila) = Port 11 / V
- IN1 (grau) = Port 6 / S
- IN2 (weiß) = Port 9 / S
- IN3 (schwarz) = Port 11 / S
- IN4 (braun) = Port 10 / S
- ENB (rot) = Port 8 / V
- GND (orange) = nicht verbunden
- + 5 V (gelb) = nicht verbunden

15.2.6 Schritt 6: Einbau des Ultraschall-Sensors

Zur Orientierung im Raum nutzen wir den Ultraschall-Sensor sowie einen mit dem Roboter-Bausatz ausgelieferten Servo-Motor. Mit dem Servo-Motor können wir den Ultraschall-Sensor in verschiedenen Richtungen „scannen" lassen. Die gewonnen Informationen werden wir im Folgenden nutzen, um zu entscheiden, in welche Richtung sich der Roboter bewegen wird.

Folgende Teile benötigst du für Schritt 6:

- vorgefertigten Ultraschall-Sensor
- vier Dupont-Verbindungen

Arbeitsschritte

Stecke die Dupont-Verbindung auf den Sensor-Kopf.

Verbinde Sensor und Servo-Motor so wie in Bild 15.8 dargestellt mit dem Sensor Shield.

Bild 15.8 Der Roboter ist fertig und bereit zum Einsatz.

Du benötigst folgende Kabelfarben:

- Sensor VCC (grün) = Port 3 / V
- Sensor Trig (blau) = Port 2 / S
- Sensor Echo (lila) = Port 3 / S
- Sensor GND (grau) = Port 3 / G
- Servo GND (braun) = Port 5 / G
- Servo VCC (rot) = Port 5 / V
- Servo Signal (orange) = Port 5 / S

15.3 Programmierung des Roboterautos

Geschafft! Dein Roboter ist nun fertig aufgebaut und einsatzbereit. Es wird Zeit, sich dem wichtigsten Teil deines Roboters zuzuwenden: dem Gehirn. Durch die Programmierung erweckst du den Roboter zum Leben. Um ein bestimmtes Verhalten zu implementieren, müssen wir einen entsprechenden Sketch auf den Arduino übertragen. An dieser Stelle gibt es viele verschiedene Möglichkeiten der Umsetzung, je nachdem, was genau du mit dem Roboter machen willst, und wie er auf seine Umwelt reagieren soll. Allen Ansätzen gemeinsam ist, dass wir mit dem Sketch den Input der Sensoren einlesen, diese Daten verarbeiten und der Roboter durch Befehle an die Servos und Motoren darauf reagiert.

Hinderniserkennung

Im Folgenden möchten wir den Roboter dazu bringen, selbstständig ein Hindernis zu umfahren. Diesen Prozess kann man in folgende Phasen aufteilen:

(1) Vorwärtsfahren und geradeaus den Abstand zum nächsten Hindernis scannen

(2) Sobald der Abstand den Minimalwert erreicht hat: Stoppen und Zurücksetzen

(3) Eine Ultraschall-Entfernungsmessung nach links und rechts vornehmen

(4) In die Richtung mit dem weiter entfernten Hindernis drehen

Danach geht das Ganze wieder von vorne los.

Was müssen wir bei der Programmierung beachten? Zunächst einmal übertragen wir die grundlegenden Bewegungsfunktionen an den Roboter. Das sind die Funktionen FahrtVorwaerts() und FahrtRueckwaerts() für die einfache Fahrt sowie turnL() und turnR() zum Drehen nach links oder rechts. Als Parameter übergeben wir die Zeit in Sekunden, die der entsprechende Bewegungsvorgang andauern soll, bis die nächste Bewegung folgt, oder bis die Funktion stopp() aufgerufen wird.

```
1   void FahrtVorwaerts (int a)      // Setup für die Vorwärts-Fahrt voraus
2       {
3           digitalWrite (pinRB, LOW);
4           digitalWrite (pinRF, HIGH);
5           digitalWrite (pinLB, LOW);
6           digitalWrite (pinLF, HIGH);
7           delay (a * 100);
8       }
```

Dazu bedarf es keiner weiteren Erklärung. Die Funktionen übertragen einfach die passenden Pegel auf die digitalen Pins, an welche die jeweiligen Motoren angeschlossen sind. Wenn du bei der Verkabelung des Roboters von unserer Bauanleitung abgewichen bist, musst du natürlich darauf achten, das veränderte Layout zu berücksichtigen.

Entfernungsmessung

Für die Entfernungsmessung entwickeln wir drei Funktionen: MessungVorne(), MessungRechts() und MessungLinks(). Ihre Aufgabe ist es, den Servo mit dem Ultraschall-Sensor auszurichten und dann eine Entfernungsmessung mit dem Sensor zu veranlassen. Dies übernimmt die Funktion UltraMessung(), die einen Integer-Wert zurückgibt.

Schauen wir uns diese Funktion einmal genauer an:

```
int UltraMessung() {
    // Einen Impuls auslösen
    digitalWrite(Trigger, LOW);
    delayMicroseconds(2);
    digitalWrite(Trigger, HIGH);
    delayMicroseconds(5);
    digitalWrite(Trigger, LOW);

    // Messen, wann der reflektierte Impuls zurückkommt
    int Laufzeit = pulseIn(Echo, HIGH);
    // Pro Meter benötigt der Schall in Luft ca. 2,9 ms
    // pulseIn misst Mikrosekunden, also 2,9 µs pro Millimeter
    // Weg geht hin und zurück, also mal 2
    int Entfernung = (double) Laufzeit / (2.9 * 2.0);
tln(" mm");
    delay(100);
    return Entfernung;

}
```

Der Impuls wird ausgelöst, indem fünf Mikrosekunden lang ein HIGH-Signal auf den Trigger gegeben wird. Dadurch wird ein Rechteck-Puls vom Ultraschallgeber abgestrahlt. Wir legen uns nun mit folgender Zeile auf die Lauer:

```
int Laufzeit = pulseIn(Echo, HIGH);
```

Die Funktion int pulseIn(PIN, value) ist neu. Sie lässt den Arduino auf ein Signal an einem bestimmten Pin warten. In unserem Falle lauscht der Arduino auf eine HIGH-Flanke am Pin-Echo, was nichts anderes bedeutet, als dass das Echo unseres Ultraschallpulses dort registriert wurde. Die Funktion gibt die Zeit zurück, die bis zum Eintreffen des Pulses verstrichen ist. Daraus können wir dann mithilfe der Schallgeschwindigkeit die Entfernung berechnen. Wir bestimmen die Entfernung in Millimetern und geben sie als Integer-Wert zurück.

Eine zentrale Bedeutung kommt der Funktion detection() zu. Sie löst die Entfernungsmessung aus und reagiert auf das Ergebnis. Bei einer Annäherung von weniger als 100 mm wird ein Notstopp ausgelöst und der Arduino setzt erst einmal zurück.

Ist das Hindernis weniger als 25 cm entfernt, schaut sich der Arduino nach links und rechts um. Die Variante mit mehr Platz wird der globalen Variable Richtung übergeben. Damit wären wir beim loop-Block des Sketches. Hier wird nach Aufruf von detection() die Variable Richtung ausgewertet und die entsprechende Reaktion veranlasst.

Alle weiteren Zeilen sollten nun für dich verständlich sein. Natürlich müssen wir noch einige Variablen initialisieren und Pin-Zuordnungen angeben. Dies werden wir aber nicht einzeln hier erläutern.

Dies ist der komplette Sketch für die Hinderniserkennung:

```
// Ansteuerung fuer den autonomen Roboter:
// Das Fahrzeug erkennt Hindernisse im Fahrtweg und weicht ihnen aus

// Laden der Bibliothek für den Servo

#include <Servo.h>

  Servo myservo;          // Set myservo

// Motoransteuerung
// Links
int pinLB = 6;       // Define pin left after 6
int pinLF = 9;       // Define the 9-pin front left

// Rechts
int pinRB = 10;      // 10 pin definitions right rear
int pinRF = 11;      // Define the 11-pin front right

 // Pin für die Ultraschallansteuerung

int Trigger = 2;    // Trigger Pin
int Echo = 3;       // Echo Pin
int Laufzeit;       // Laufzeit des Schalls
int Entfernung;     // Berechnete Entfernung


 // Einstellung der Geschwindigkeit

int Fspeedd = 0;       //Speed
int Rspeedd = 0;       // Right speed
int Lspeedd = 0;       // Left-speed

  // Variablen für die Einstellung der Richtung

int Richtung = 0;    // Front Left = 8 after = 2 = 4 Right = 6

int Fgo = 8;         // Vorwaerts
int Rgo = 6;         // Rechts
int Lgo = 4;         // Links
int Bgo = 2;         // Rückwärts


 // Variablen fuer die Einstellung des Servos

 int ServoGerade = 100;   // Stellung fuer die gerade Messung
 int ServoRechts = 177;   // Stellung fuer die rechte Messung
 int ServoLinks = 0;      // Stellung fuer die linke Messung

 int ZeitServoStellung = 200;  // settling time after steering servo motors

```

```
52   void setup ()
53     {
54     // Serielle Schnittstelle aktivieren
55       Serial.begin (9600);
56
57     // Motor
58       pinMode (pinLB, OUTPUT);   // pin 8 (PWM)
59       pinMode (pinLF, OUTPUT);   // pin 9 (PWM)
60       pinMode (pinRB, OUTPUT);   // pin 10 (PWM)
61       pinMode (pinRF, OUTPUT);   // pin 11 (PWM)
62
63     // Setup fuer den Ultraschall-Kopf
64       pinMode (Trigger, OUTPUT);  // Der Trigger sendet das Signal
65       pinMode (Echo, INPUT);      // Echo empfängt die Rueckkopplung
66
67     // Damit später durch HIGH-Setzen von TRIGGER ein Impuls
68     // ausgelöst werden kann, wird TRIGGER hier LOW gesetzt.
69     //digitalWrite(Trigger, LOW);
70
71     // TRIGGER muss mindestens 2µs LOW sein
72     //delayMicroseconds(2);
73
74
75     // Servo
76     myservo.attach (5);       // Define servo motor output section 5 pin (PWM)
77
78     }
79
80   void FahrtVorwaerts (int a)     // Setup für die Vorwärts-Fahrt
81     {
82       digitalWrite (pinRB, LOW);    // The motor (rear right) action
83       digitalWrite (pinRF, HIGH);
84       digitalWrite (pinLB, LOW);    // The motor (left rear) action
85       digitalWrite (pinLF, HIGH);
86       delay (a * 100);
87     }
88
89   void right (int b)        // Turn right (single wheel)
90     {
91       digitalWrite (pinRB, LOW);     // The motor (rear right) action
92       digitalWrite (pinRF, HIGH);
93       digitalWrite (pinLB, HIGH);
94       digitalWrite (pinLF, HIGH);
95       delay (b * 100);
96     }
97   void left (int c)         // Turn left (single wheel)
98     {
99       digitalWrite (pinRB, HIGH);
100      digitalWrite (pinRF, HIGH);
101      digitalWrite (pinLB, LOW);     // The motor (left rear) action
102      digitalWrite (pinLF, HIGH);
103      delay (c * 100);
104    }
105  void turnR (int d)         // Turn right (wheel)
106    {
107      digitalWrite (pinRB, LOW);     // The motor (rear right) action
108      digitalWrite (pinRF, HIGH);
109      digitalWrite (pinLB, HIGH);
```

```
110       digitalWrite (pinLF, LOW);      // The motor (front left) action
111       delay (d * 100);
112     }
113 void turnL (int e)          // Turn left (wheel)
114     {
115       digitalWrite (pinRB, HIGH);
116       digitalWrite (pinRF, LOW);      // The motor (front right) action
117       digitalWrite (pinLB, LOW);      // The motor (left rear) action
118       digitalWrite (pinLF, HIGH);
119       delay (e * 100);
120     }
121 void stopp (int f)          // Stop
122     {
123       digitalWrite (pinRB, HIGH);
124       digitalWrite (pinRF, HIGH);
125       digitalWrite (pinLB, HIGH);
126       digitalWrite (pinLF, HIGH);
127       delay (f * 100);
128     }
129 void FahrtRueckwaerts (int g)          // Check out
130     {
131
132       digitalWrite (pinRB, HIGH);     // The motor (rear right) action
133        digitalWrite (pinRF, LOW);
134       digitalWrite (pinLB, HIGH);     // The motor (left rear) action
135       digitalWrite (pinLF, LOW);
136       delay (g * 100);
137     }
138
139 void detection ()           // Entfernung vorne, links und rechts messen
140     {
141        MessungVorne ();             // Read from front
142
143       if (Fspeedd <100)              // Ergibt die Messung weniger als 100 Millimeter
144       {
145       stopp (1);                // Motorensteuerung stoppen
146       FahrtRueckwaerts (5);              // Check out 0.2 seconds
147       }
148
149       if (Fspeedd <250)              // Ergibt die Messung weniger als 250 Millimeter
150       {
151        stopp (1);               // Motorensteuerung stoppen
152        MessungLinks ();              // Read from left
153        delay (ZeitServoStellung);         // Wait for a stable servo motor
154        MessungRechts ();             // Read from the right
155        delay (ZeitServoStellung);         // Wait for a stable servo motor
156
157       if (Lspeedd > Rspeedd)      // If the distance is greater than the right from the left
158         {
159         Richtung = Lgo;       // Right away
160         }
161
162       if (Lspeedd <= Rspeedd)     // If the left is less than or equal to the distance from the right
163         {
164         Richtung = Rgo;       // Turn Left
165         }
```

```
            if (Lspeedd <100 && Rspeedd <100)    // If the distance to the left and right
are less than 10 cm distance
          {
            Richtung = Bgo;         // To go after
          }
        }
        else                        // Add as front not less than (greater than) 25 cm
        {
          Richtung = Fgo;           // Move forward
        }


    }

int UltraMessung() {
  // Einen Impuls auslösen
  digitalWrite(Trigger, LOW);
  delayMicroseconds(2);
  digitalWrite(Trigger, HIGH);
  delayMicroseconds(5);
  digitalWrite(Trigger, LOW);

  // Messen, wann der reflektierte Impuls zurückkommt
  int Laufzeit = pulseIn(Echo, HIGH);
  // Pro Meter benötigt der Schall in Luft ca. 2,9 ms
  // pulseIn misst Mikrosekunden, also 2,9 µs pro Millimeter
  // Weg geht hin und zurück, also mal 2
  int Entfernung = (double) Laufzeit / (2.9 * 2.0);

  //Serial.print("Entfernung zum Objekt: ");
  //Serial.print(Entfernung);
  //Serial.println(" mm");
  delay(100);
  return Entfernung;

}

  void MessungVorne () {    // vordere Entfernung messen

      myservo.write (ServoGerade);    // Ultraschallkopf nach vorne ausrichten
      Fspeedd = UltraMessung();       // Entfernung zurueckgeben
      delay(ZeitServoStellung);       // kurze Pause bis der Kopf ausgerichtet ist
      Serial.print("Entfernung vorne: ");
      Serial.print(Fspeedd);
      Serial.print(" mm");
  }

  void MessungLinks () {    // linke Entfernung messen

      myservo.write (ServoLinks);     // Ultraschallkopf nach vorne ausrichten
      Lspeedd = UltraMessung();       // Entfernung zurueckgeben
      delay(ZeitServoStellung);       // kurze Pause bis der Kopf ausgerichtet ist
      Serial.print("Entfernung links: ");
      Serial.print(Lspeedd);
      Serial.print(" mm");
  }

  void MessungRechts () {   // rechte Entfernung messen
```

```
            myservo.write (ServoRechts);     // Ultraschallkopf nach vorne ausrichten
            Rspeedd = UltraMessung();        // Entfernung zurueck geben
            delay(ZeitServoStellung);        // kurze Pause bis der Kopf ausgerichtet ist
            Serial.print("Entfernung rechts: ");
            Serial.print(Rspeedd);
            Serial.print(" mm");
       }

void loop () {

     myservo.write (ServoGerade);     // Ultraschallkopf nach vorne ausrichten

     detection ();            // Measure the angle and direction of judgment to where to move

    if (Richtung == 2)     // If direction (direction) = 2 (reverse)
    {
      FahrtRueckwaerts (8);                //    Retrogression (car)
      turnL (2);                  // Move slightly to the left (to prevent stuck in dead alley)
      Serial.println (".... Rueckwaerts");
    }
    if (Richtung == 6)             // If direction (direction) = 6 (right turn)
    {
      FahrtRueckwaerts (1);
      turnR (6);                  // Right
      Serial.println (".... Fahrt Rechts");
    }
    if (Richtung == 4)             // If direction (direction) = 4 (turn left)
    {
      FahrtRueckwaerts (1);
      turnL (6);                  // Left
      Serial.println (".... Fahrt Links");
    }
    if (Richtung == 8)             // If direction (direction) = 8 (forward)
    {
      FahrtVorwaerts (1);                 // Normal Forward
      Serial.println (".... Fahrt Vorwaerts");
    }


    }
```

Damit sind wir am Ende unseres Fahrroboter-Projekts angelangt. Hat dich das Roboter-Fieber gepackt? Dann gibt es auf jeden Fall noch zahlreiche Aufgaben, die du deinen Roboter erledigen lassen kannst.

Eine weitere klassische Roboter-Aufgabe ist zum Beispiel das Nachverfolgen einer Linie, die auf den Boden gezeichnet wurde. Dafür brauchst du einen optischen Sensor, etwa eine Fotodiode, wie wir sie bereits bei der Ampelsteuerung (Kapitel 5) verwendet haben. Mit den Kenntnissen, die du in diesem Kapitel gesammelt hast, bist du bereits in der Lage, einen Linienfolger zu programmieren.

Du kannst dich auch mit anderen Makern zusammentun und Roboter-Wettbewerbe veranstalten. Zum Beispiel: Wer findet am schnellsten den Weg aus einem Labyrinth?

16 Bob, der humanoide Roboter

Humanoide Robotik ist eine Technologie, die dir bislang wahrscheinlich hauptsächlich aus Science-Fiction-Filmen oder Medienberichten bekannt ist. Doch diese Technologie ist mittlerweile auch für den privaten Einsatz zum Greifen nahe und günstiger denn je zu realisieren.

In diesem Kapitel werden wir dir zeigen, wie du dir deinen eigenen humanoiden Roboter bauen kannst – bestehend aus einem 3D-gedruckten Körper und einen Arduino-gesteuerten Gehirn. Bist du bereit Bob kennenzulernen? Dann lass uns loslegen!

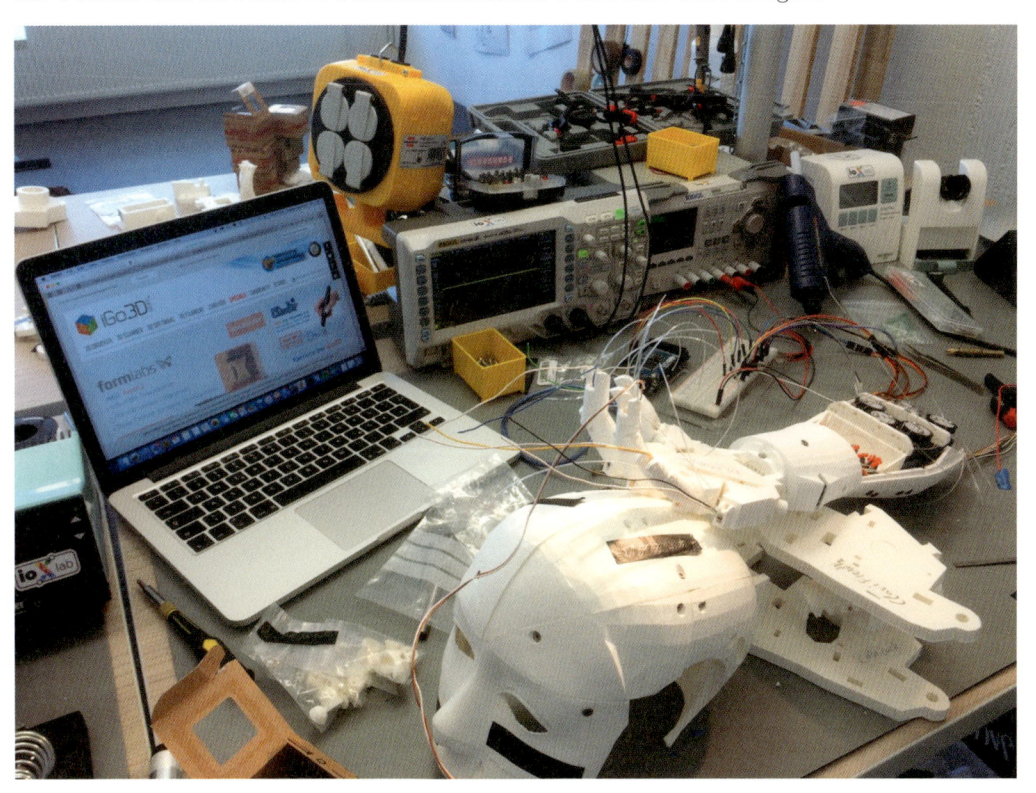

Bild 16.1 Ein humanoider Roboter entsteht.

16.1 Humanoide Roboter für alle: das InMoov-Projekt

Bob ist ein humanoider Roboter, der vom IOX lab *(http://ioxlab.de)* auf Basis des Open Source-Roboterprojekts InMoov *(https://inmoov.fr)* weiterentwickelt wurde. Im Rahmen des InMoov-Projekts gelang es dem französischem Bildhauer Gael Langevin innerhalb eines Jahres, einen humanoiden Roboter zu entwickeln, der sich aus einem 3D-gedruckten Körper und einem Innenleben aus Arduino-Mikrocontrollern zusammensetzt. Indem er all seine Baupläne und Ideen auf der Open Source-Plattform Thingiverse *(https://www.thingiverse.com)* veröffentlichte, schaffte es Langevin, eine stetig wachsende Community ins Leben zu rufen, die ihn bei der Verwirklichung seines Projekts unterstützte. Jeder hat die Möglichkeit, an diesem Projekt mitzuwirken, eigene Ideen einzubringen und die Daten für die Weiterentwicklung eigener Projekte zu verwenden. Langevin betreibt das InMoov-Projekt unkommerziell und finanziert das Vorhaben persönlich. Regelmäßig werden Neuerungen, Updates und Optimierungen bekannt gegeben. Das Projekt zeigt, dass es kaum noch Grenzen in der Robotik gibt und man zusammen etwas Großes schaffen kann.

In Kapitel 9 hast du bereits etwas über das sogenannte Internet der Dinge (*Englisch:* Internet of Things, IoT) erfahren. Beim Internet der Dinge geht es darum, Produkte mit der physischen Welt interagieren zu lassen und intelligenter zu machen. Um erste Prototypen für innovative IoT-Produktideen zu entwickeln, werden Technologien eingesetzt, welche auch beim Bau unseres humanoiden Roboters Bob genutzt werden (3D-Druck, Sensoren und diverse Mikrocontroller). Der Roboter Bob ist ein ideales IoT-Anwendungsbeispiel, welches uns hilft, die dafür nötigen Technologien spielerisch zu erlernen und anderen zu vermitteln – und es einfach riesigen Spaß!

Okay, nun haben wir eine Vision und ein Ziel. Doch was brauchen wir, um unseren digitalen Freund zu bauen? Dies sind die benötigten Teile in der Übersicht:

- **3D-Drucker (und dafür benötigtes Material):** Bobs Körperteile werden 3D-gedruckt.
- **Mikrocontroller (Arduino Mega):** Bob wird über Mikrocontroller angesteuert und befehligt.
- **Servos:** Servos sorgen dafür, dass Bob sich bewegen kann.
- **Kinect (optional):** Kinect ermöglicht die Erkennung von Bewegungsmustern.
- **Kameras (optional):** Kameras schenken Bob sein Augenlicht.

Spätestens wenn der Begriff 3D-Druck fällt, denken die meisten an utopisch teure Geräte, die für den Normal-Verbraucher unbezahlbar sind. Solche Maschinen existieren auch, allerdings werden sie industriell eingesetzt. 3D-Drucker gibt es in verschiedenen Ausführungen, die sich in wiederum unterschiedlichen Preisklassen bewegen. Für unser Roboter-Projekt ist der Ultimaker 2 völlig ausreichend, welcher in der Anschaffung bei ca. 2300 Euro liegt. Ein Gerät reicht aus, um Bobs Einzelteile in exzellenter Qualität zu drucken. Für den 3D-Druck kann man unterschiedliches Material (z.B. PLA oder ABS) verwenden. Wir haben PLA verwendet.

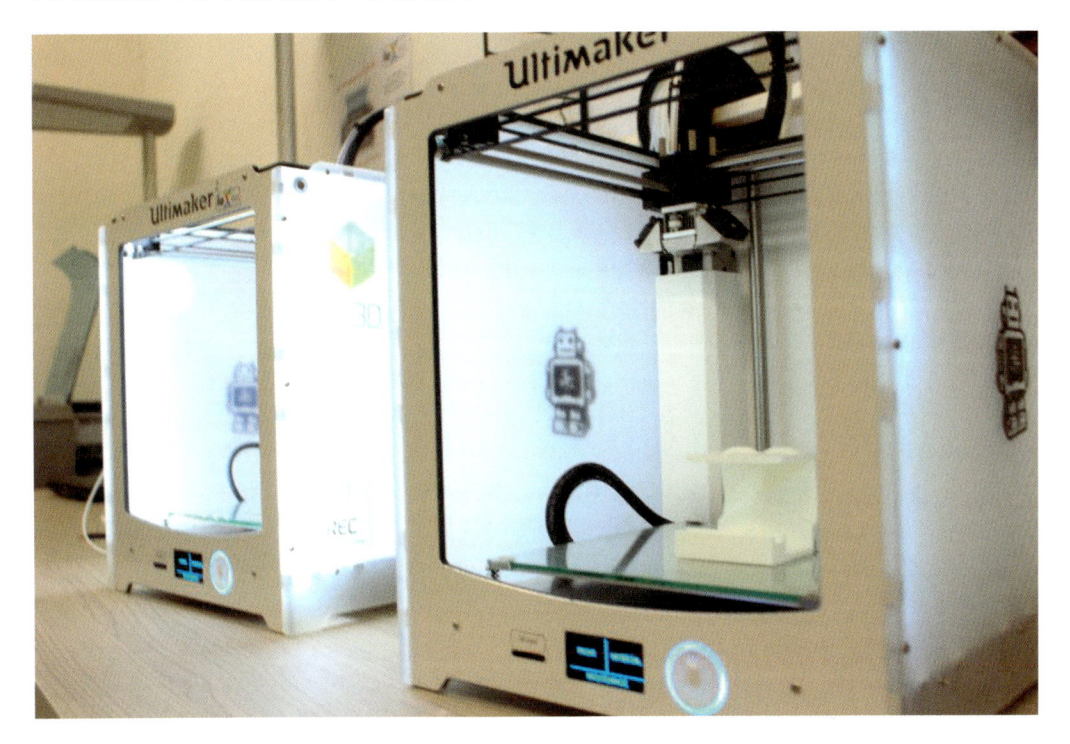

Bild 16.2 Hier entstehen die Teile des Roboters im 3D-Drucker.

Die Mikrocontroller, Servos und alles Weitere kannst du relativ günstig bei Ebay oder anderen Kaufportalen erwerben.

> Eine Liste aller Teile, die du für den Zusammenbau von Bob benötigst, findest du unter *www.deskfactory.de/bauteile-bob*.

Die Kosten für alle Teile, Verbrauchsmaterialien und Maschinen (exklusive 3D-Drucker) belaufen sich auf ca. 1200 Euro – und das für einen Roboter, welcher hinsichtlich seiner Qualität und seiner Möglichkeiten normalerweise das Zehn- bis Hundertfache kosten würde. Das ist schon ziemlich cool, oder? Was vor ein paar Jahren noch eine ferne Science-Fiction-Fantasie war, ist heute für jedermann realisierbar.

Doch wie funktioniert diese Umsetzung genau? Wie organisiert man sich so, dass man im Projekt die Übersicht behält? Das erfährst du in Abschnitt 16.2.

16.2 Wir bauen einen humanoiden Roboter (Teil 1): Organisation ist alles

Planung, Organisation und Sorgfalt – das sind drei wichtige Punkte, um solch ein Roboter-Projekt effizient umzusetzen. Durch Einsatz des richtigen Systems ist man nicht nur schneller, sondern hat auch wesentlich weniger Arbeit. Ganz grob unterscheidet man bei Bob zwischen zwei fundamentalen Bereichen: Körper und Technik. Ähnlich wie bei einem Lego-Bausatz müssen wir alle Teile zusammensuchen, sortieren, zuordnen und anschließend zusammenbauen. Dafür gibt es einige Hilfsmittel.

Fangen wir mit dem zeitintensivstem Teil der Aufgabe an: dem Drucken von Bobs Einzelteilen. Am einfachsten wäre es natürlich, wenn alle Bauteile in einer großen Legokiste liegen würden und man sie nur noch den einzelnen Bereichen zuordnen und nach Anleitung zusammenbauen müsste. Dieser Luxus ist uns jedoch leider nicht vergönnt. Auf bestimmte Druckteile müssen wir mehrere Stunden warten. Um die Zeit zwischen den Druckvorgängen nicht ungenutzt verstreichen zu lassen, erstellen wir einen Druckplan. Die InMoov-Website *(https://inmoov.fr)* greift uns dabei zum Glück unter die Arme. Dort findest du unterteilte Übersichten aller benötigten Druckteile.

Im ersten Schritt legen wir für jedes Körperteil eine digitale Tabelle an, in welcher wir verschiedene Informationen ablegen, die uns z. B. sagen, welche Teile wir bereits gedruckt haben, wie lange der Druckvorgang dauern wird und wie viel Material wir dafür benötigen. Bild 16.3 zeigt die Tabelle vom rechten Oberarm.

In der Regel solltest du dich so organisieren, dass du die fertiggedruckten Teile sofort zusammenbauen kannst. Jedoch kann es durchaus vorkommen, dass sich einige unverbaute Druckteile ansammeln, oder man parallel mehrere Körperteile auf einmal druckt. Wie du dir vorstellen kannst, kann dies leicht im Chaos enden. Aus diesem Grund bekleben wir die einzelnen Teile mit schwarz beschriftetem Tape und ordnen sie in Rollcontainern ein. Damit nichts durcheinanderkommt, solltest du für jedes Körperteil ein separates Fach anlegen.

TIPP: Versuche immer erst ein Körperteil fertig zu drucken und dieses idealerweise gleich zusammenzusetzen. Anschließend überlegst du dir, welches Teil für den nächsten Druckschritt am sinnvollsten wäre. Wenn du z.B. gerade den linken Arm fertiggestellt hast, wäre es sinnvoll, als Nächstes die linke Schulter oder die linke Hand auf den Druckplan zu setzen.

| | 001 Unterarm & Hand (r&l) | 002 Oberarm (right) | 002 Oberarm (left) | 003 Torso | 004 Should |

BUILDING BOB - ROAD MAP: UNTERARM & HAND (RECHTS UND LINKS)

	Körperteil	Druckteil / Name InMoov.fr	Druckzeit (Min)	Materialmenge (Meter)	Materialmenge (Gram)	Material	Drucker	Pate	Plantermin	Fertigstellung (Termin)
☐	Oberarm	RotGearV4	438	3,17	25	PLA Innofil	Ultimaker 2			03.02.2016
☐	Oberarm	RotMitV2	559	3,87	31	PLA Innofil	Ultimaker 2			03.02.2016
☐	Oberarm	RotcenterV2	830	5,75	46	PLA Innofil	Ultimaker 2			03.02.2016
☐	Oberarm	RotWormV5	221	1,41	9	PLA Innofil	Ultimaker 2			03.02.2016
☐	Oberarm	RotTitV2	451	2,67	21	PLA Innofil	Ultimaker 2			03.02.2016
☐	Oberarm	RotPotentioV2	47	0,27	2	PLA Innofil	Ultimaker 2			03.02.2016
☐	Oberarm	PistonanticlockV2	695	2,60	21	PLA Innofil	Ultimaker 2			03.02.2016
☐	Oberarm	PistonbaseantiV2	277	1,77	14	PLA Innofil	Ultimaker 2			03.02.2016
☐	Oberarm	HighArmSideV2	496	3,10	25	PLA Innofil	Ultimaker 2			02.02.2016
☐	Oberarm	lowarmsideV1	649	2,52	20	PLA Innofil	Ultimaker 2			04.02.2016
☐	Oberarm	spacerV1	113	0,63	5	PLA Innofil	Ultimaker 2			04.02.2016
☐	Oberarm	HighArmSideV2	496	3,10	25	PLA Innofil	Ultimaker 2			02.02.2016
☐	Oberarm	lowarmsideV1	649	2,52	20	PLA Innofil	Ultimaker 2			04.02.2016
☐	Oberarm	servoholderV1	365	2,57	20	PLA Innofil	Ultimaker 2			04.02.2016
☐	Oberarm	elbowshaftgearV1	248	1,63	13	PLA Innofil	Ultimaker 2			02.02.2016
☐	Oberarm	armtopcover1	1165	7,56	60	PLA Innofil	Ultimaker 2			13.01.2016
☐	Oberarm	armtopcover2	556	3,70	29	PLA Innofil	Ultimaker 2			02.02.2016
☐	Oberarm	armtopcover3	1200	8,29	66	PLA Innofil	Ultimaker 2			01.12.2015
☐	Oberarm	GearHolderV1	53	0,29	2	PLA Innofil	Ultimaker 2			02.02.2016
☐	Oberarm	gearpotentioV1	33	0,19	1	PLA Innofil	Ultimaker 2			02.02.2016
☐	Oberarm	reinforcerV1	128	0,98	8	PLA Innofil	Ultimaker 2			04.02.2016
☐	Oberarm	servobaseV1	558	2,12	17	PLA Innofil	Ultimaker 2			04.02.2016
☐										
☐		Summe	10227	60,71	480					
☐		Bauzeit in Stunden / Tagen	1278	53						

Bild 16.3 Auszug aus der Übersicht aller zu druckenden Roboter-Teile

■ 16.3 Wir bauen einen humanoiden Roboter (Teil 2): 3D-Druck und Zusammenbau der Einzelteile

Im Folgenden erklären wir dir den Ablauf eines Druckvorgangs. Zunächst einmal lädst du dir sämtliche Bauteile im *.stl*-Format unter *https://inmoov.fr* herunter. Anschließend öffnest du die Datei des zu druckenden Bauteils in einem 3D-Rendering-Programm. Wir verwenden das Programm Cura *(https://ultimaker.com/en/products/cura-software)*. In diesem Programm wird das 3D-Modell visualisiert und man kann erste Druckeinstellungen vornehmen (z. B. die Einstellung von Qualität und Supportstruktur). Wechselt man in den Experten-Modus, können weitere Parameter wie Fülldichte und Wandstärke eingestellt werden (Bild 16.4).

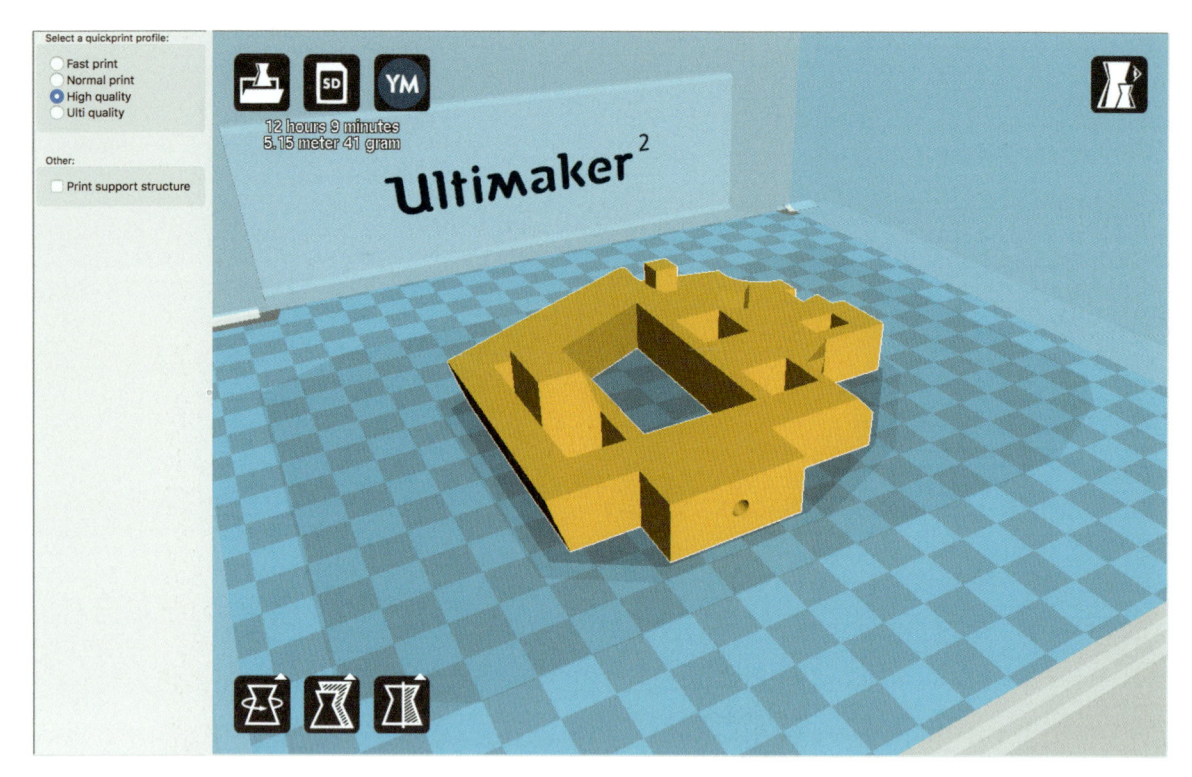

Bild 16.4 Das Rendering-Programm Cura von Ultimaker

Sobald du die entsprechenden Einstellungen im Rendering-Programm vorgenommen hast, speicherst du die Datei durch Klick auf den Button *SD* auf einer SD-Karte ab. Die SD-Karte muss dann vom 3D Drucker eingelesen werden. Abschließend musst du noch ein paar Einstellungen am 3D-Drucker selbst vornehmen. Beim Ultimaker musst du z. B. noch grundsätzliche Einstellungen bei Geschwindigkeit und Temperatur vornehmen. Sobald der Druckvorgang einmal gestartet ist, läuft eigentlich alles von alleine ab. Nun heißt nur noch Warten auf das fertige Druckteil.

Sobald uns alle Einzelteile von Bob gedruckt vorliegen, geht es an den Zusammenbau. Die Teile sind so konstruiert, dass man sie einfach nur ineinander stecken muss. Das klingt eigentlich ganz simpel, oder? Das ist es auch. Was wir brauchen, ist lediglich Geduld, eine Anleitung und gegebenenfalls eine Feile. Die Anleitungen für die einzelnen Teile findest du unter *https://inmoov.fr*. Über den Menüpunkt *Build yours* kannst du die einzelnen Body Parts anwählen. Für einige Körperteile findest du am Rand Step-by-Step-Bauanleitungen (PDF-Dateien). An sich ist es nicht schwierig, die Teile zusammenzubauen, jedoch empfehlen wir dir, parallel dazu immer die technische Anleitung zu lesen, damit du nicht zu weit baust und am Ende möglicherweise die Technik nicht mehr verbauen kannst. Je nachdem, wie gut dein Drucker ist bzw. wie hoch du die Druckqualität eingestellt hast, ist es nämlich gar nicht so einfach, die Teile zusammenzubekommen.

Noch schwieriger ist es, die Teile wieder voneinander zu trennen. Aus diesem Grund brauchen wir die Feile, denn oft müssen wir die einzelnen Teile vor dem Zusammensetzen noch etwas bearbeiten. Jedoch solltest du dabei vorsichtig vorgehen, weil dir sonst ärgerliche Fehler unterlaufen.

Bild 16.5 Bauteile aus dem 3D-Drucker

■ 16.4 Wir bauen einen humanoiden Roboter (Teil 3): Typische Fehler und wie man sie am besten vermeidet

Fehler können einem bei einem solch umfangreichen Projekt ständig passieren. Diese Fehler sind meist sehr ärgerlich, aber oft auch leicht zu vermeiden, wenn man ein entsprechendes Grundwissen mitbringt. Aus diesem Grund werden wir dich in diesem Abschnitt für verschiedene Problemsituationen wappnen. Stelle dir folgende Situation vor: Du druckst ein größeres Teil auf dem 3D-Drucker und stellst nach 13 Stunden fest, dass der Prozess wohl mitten im Druck abgebrochen ist. Das ist nur eines von vielen Szenarien, welches dir widerfahren könnte. Im Folgenden erfährst du, wie du solche Fehler vermeiden und somit Zeit, Material und Aufwand sparen kannst.

Das beginnt schon beim Rendern des 3D-Modells. Hierbei ist darauf zu achten, dass die Objekte in der Vorschau so platziert werden, dass der Drucker diese auch drucken kann. Wenn man beispielsweise eine Pyramide 3D-drucken möchte, wäre es keine gute Idee, die Spitze nach unten zu setzen. In diesem Falle scheint das ganz selbstverständlich zu sein, doch es kommt oft genug vor, dass Objekte unvorteilhaft auf die virtuelle 3D-Platte gesetzt werden.

Ein weiteres Problem ist fehlerhaftes Rendering. Du solltest immer darauf achten, dass du das in Cura eingefügte Objekt bis zum Ende rendern/laden lässt, da sonst der Druck darunter leiden könnte. Du solltest auch immer sicherstellen, dass die Übertragung der Druckdaten auf die SD-Karte sauber verläuft.

Die nächste Station, an der du Fehler vermeiden kannst, ist die Überprüfung des 3D-Druckers vor dem Start. Achte auf den Zustand des Druckers und des Materials. Über Fragen wie „Ist der Drucker richtig konfiguriert?" oder „Ist genügend Material eingelegt?" kann man sich schnell Klarheit verschaffen und erspart sich so viel Ärger. Doch was macht man, falls man mitten im 3D-Druck merken sollte, dass das Material nachgefüllt werden muss? Beim Ultimaker hat man während des Druckvorgangs die Möglichkeit, den Druck zu pausieren, das Material auszuwechseln, und den Druck anschließend wieder fortzufahren. Jedoch ist zu empfehlen, den Materialstand immer vor Start des Drucks zu prüfen. Ein häufig auftretender Fehler ist auch, dass man nach dem Druckstart (also während des Erhitzens) in die Settings geht und diese anschließend nicht wieder verlässt. Dies kann dazu führen, dass der Druckprozess nicht startet.

Beim Druckvorgang selbst sollte man nach dem ersten gedruckten Layer sicherstellen, dass das Objekt auch wirklich sauber gedruckt wird. Folglich solltest du die Druckgeschwindigkeit anfangs immer erst einmal auf 80 % stellen und anschließend auf 150 % erhöhen. Ansonsten kann man jedoch nicht viel falsch machen, da der Drucker sehr stabil funktioniert und alles von selbst erledigt.

Fehlern beim Druck kann man am besten vorbeugen, wenn man hochqualitatives Material verwendet. Wir haben uns für das „Innofil PLA Filament 2,85mm" entschieden (Bild 16.6). Der Hersteller setzt auf ein sehr gutes Preis-Leistungs-Verhältnis, exzellente Farbqualität (durch die sorgfältige Auswahl von Farbpigmenten) und auf einen einwandfreien Druckprozess, bei dem verstopfte Düsen der Vergangenheit angehören.

Zudem ist man bei einem PLA-Filament nicht mehr von einem beheizten Druckbett (= Druckplatte) abhängig, da sich das Material beim Abkühlen nicht verändern kann. Bei Einsatz eines ABS-Filaments kann es hingegen passieren, dass das Objekt beim Abkühlen durch den Effekt des sogenannten Warpings etwas schrumpft. Zu guter Letzt ist PLA auch das umweltfreundlichste Material, welches man zum 3D-Drucken verwenden kann. Da es auf Maisstärke basiert, ist es unter industriellen Bedingungen abbaubar.

Bild 16.6 Das Innofil-PLA-Filament für den 3D-Druck

Wie du siehst, ist man mit einem PLA-Filament ziemlich gut für jegliche Problemsituationen gerüstet. Doch was tut man, wenn die Nozzle (Düse) doch irgendwann mal verstopft sein sollte? Diese Frage ist nicht pauschal zu beantworten, da die Verstopfung meist verschiedene Ausmaße hat und entsprechend unterschiedlich zu lösen ist. Im besten Falle muss man die Nozzle nur manuell erhitzen und das Filament etwas bewegen, bis man zu dem Punkt gelangt, dass die Düse wieder einwandfrei funktioniert. Manchmal setzt sich das Filament aber so sehr fest, dass man durch den Druckprozess nur noch mehr Material hinzugibt, welches dann wieder an der Nozzle abkühlt und sich verfestigt. In diesem Falle schlagen wir folgende Lösung vor: Man nimmt sich ein Stück Filament (am besten in einer anderen Farbe), erhitzt den Drucker auf die maximale Stufe und fügt dann das Stück Material so ein, wie man es normalerweise mit der ganzen Material-Trommel machen würde. Nun kann es sein, dass das Material direkt durchgeht und es wieder funktioniert. Wenn dies nicht der Fall sein sollte, lässt du den 3D-Drucker in genau dieser Position für ca. zwei Minuten etwas abkühlen und ziehst anschließend das Filament wieder heraus. Durch diesen Prozess sorgst du dafür, dass das Filament sich in der Nozzle etwas liquidiert und sich beim Abkühlen wieder mit dem eingesetzten Material verfestigt. Dadurch kannst du das störende Material mit dem eingesetzten Material zusammen aus der Nozzle ziehen. Es kann sein, dass du diesen Prozess 2–3 Mal wiederholen musst. Anschließend sollte die Nozzle wieder frei sein. Falls du nach diesem Prozess immer noch Probleme haben solltest, kann es sein, dass du die Düse komplett austauschen musst.

Sobald der 3D-Druck einmal beendet ist, können wir uns endlich dem Zusammenbauen der Teile widmen. Auch wenn dieser Vorgang relativ simpel ist, können einem dabei Fehler passieren. Anders als beim Puzzeln kann es passieren, dass Teile zusammenpassen, die nicht zusammengehören. Wenn du das früh genug merkst, ist es meistens halb so wild, aber wenn du die Teile bereits komplett verbunden hast, ist es ziemlich knifflig, diese wieder voneinander zu lösen. Am wichtigsten ist es, dass du dabei nicht mit roher Gewalt vorgehst. Das Material hält zwar viel aus, aber mit genügend Kraftaufwand können die Teile durchaus schnell brechen. Vor allem die Verbindungsstellen sind dafür sehr anfällig. Am besten fixierst du eines der beiden Teile und versuchst das Teil nach und nach mit einer Wackel- und Ziehbewegung zu lösen. Im schlimmsten Falle musst du die Teile neu drucken.

Zum Abschluss möchten wir dich noch auf einen Fehler hinweisen, der auch oft gemacht wird. Stell dir vor, du hast die meisten Teile bereits zusammengesetzt und siehst den fertigen Roboter schon vor deinem geistigen Auge. Nun fehlen dir aber noch die Motoren, um den Roboter in Bewegung zu versetzen. „Kein Problem", denkst du. Die Motoren kann man doch noch schnell bestellen, oder? Nein, so ist es leider nicht. Servos sind oft ausverkauft, nur in geringer Zahl verfügbar oder haben lange Lieferzeiten. Du solltest dich also schon vor dem Projektstart um die Beschaffung sämtlicher Teile kümmern. Mache dir am besten einen Kaufplan und bestelle dann alles auf einmal. Wie bereits erwähnt, findest du unter *www.deskfactory.de/bauteile-bob* eine Liste aller benötigten Teile.

So, nun solltest du bestens gerüstet sein, um deinen eigenen humanoiden Roboter zu bauen. In diesem Sinne: Feuer frei! Und nicht vergessen: Der Zusammenbau ist nur der erste Schritt. Mit deinen bereits erworbenen Programmierkenntnissen kannst du Bob zum Leben erwecken.

17 Alles, was du für deine Arduino-Projekte über Programmierung wissen musst

In diesem Kapitel findest du eine Übersicht aller Programmiergrundlagen, die du drauf haben solltest, um deine Sketches in der Arduino-Entwicklungsumgebung zu erstellen. Die hier vermittelten Kenntnisse hast du bereits schrittweise in den Arduino-Projekten der vorangegangenen Kapitel kennengelernt. Hier findest du sie noch einmal strukturiert und kompakt im Überblick. Falls du dein Wissen zu einem bestimmten Thema noch einmal auffrischen willst, kannst du dieses Kapitel zum Nachschlagen nutzen. Im Gegensatz zu den praxisorientierten Kapiteln geht es hier nicht darum, eine bestimmte Schaltung aufzubauen oder ein nützliches Gerät zu entwickeln. Dieses Kapitel ist quasi dein Werkzeugkasten, in dem du die Programmierwerkzeuge findest, welche du benötigst, um eigene Arduino-Projekte zu verwirklichen.

■ 17.1 Grundstruktur von Arduino-Sketches

Jeder Arduino-Sketch ist gleich aufgebaut und besteht aus zwei Hauptblöcken: dem setup-Block und dem loop-Block.

```
1  void setup() { // wird einmal zu Beginn ausgeführt
2  }
3
4  void loop() { // wird endlos (also immer wieder) ausgeführt
5  }
```

Der setup-Block wird zu Beginn genau einmal durchlaufen. Immer wenn der Reset-Taster am Arduino gedrückt wird, oder die Stromversorgung aus- und wieder eingeschaltet wird, springt die Bearbeitung einmalig zu dem Code, der in der setup()-Funktion definiert wird. Hier legst du deine Rahmenbedingungen fest und initialisiert das System. Alles, was zur Vorbereitung der Aufgabe ausgeführt werden muss, gehört hier hinein.

Die `loop()`-Funktion wird kontinuierlich wiederholt und enthält die eigentliche Funktion deiner Anwendung. Wenn der Arduino den Code im `loop`-Block abgearbeitet hat, springt er erneut zum Beginn des `loop`-Blocks. Dies tut er in einer Endlosschleife.

17.2 Einbinden von Libraries

Für manche Arduino-Projekte musst du zusätzliche Programmbibliotheken einbinden. Etwa, wenn du spezielle Hardware ansteuern willst, oder bestimmte Funktionen benötigst, die nicht standardmäßig in der Arduino-Entwicklungsumgebung enthalten sind.

Du kannst auch deine eigenen Bibliotheken schreiben und einbinden. Das hält bei umfangreichen Projekten den Code übersichtlich. Außerdem kannst du so deine Entwicklungen veröffentlichen und mit anderen Makern austauschen. Libraries werden mit der Compiler-Direktive `#include<name.h>` ganz zu Anfang des Sketches eingebunden. Zum Beispiel steht zur Ansteuerung eines LCD- Displays immer die Zeile `#include <LiquidCrystal.h>` oben im Sketch.

Du kannst auch neue Bibliotheken zur Arduino-IDE hinzufügen. Unter *https://www.arduino.cc/en/Main/Software* kannst du diese herunterladen. Sobald du die Bibliothek heruntergeladen hast, liegt sie meist in Form eines ZIP-komprimierten Ordners vor. Diesen kannst du über die Arduino-IDE direkt einbinden. Wähle dazu im Menü SKETCH > ADD .ZIP LIBRARY aus. Die Bibliothek wird nun entpackt. Du kannst sie dann in den Ordner unter *arduino/libraries* kopieren und fortan in deine Sketches einbinden.

17.3 Schreiben und Auslesen von Daten

Der beste Sketch nützt nichts, wenn du nicht mit der Außenwelt kommunizieren kannst. Der Arduino muss Daten lesen und schreiben können. Dazu dienen die digitalen und analogen Pins. Alle Pins können sowohl gelesen als auch beschrieben werden. Dazu dienen die Funktionen `digitalRead(P)` und `digitalWrite(P,Wert)` für die digitalen Pins sowie `analogRead(P)` und `analogWrite(P,Wert)` für die analogen Pins. `P` für die Nummer des Pins, den du ansprechen willst.

Die digitalen Pins kennen nur zwei Werte (`LOW` und `HIGH`), während du an den analogen Pins dank A/D-Wandler ganzzahlige Werte von 0 bis 1023 auslesen kannst.

Mit dem folgenden Code können wir eine LED über einen Taster ein- und ausschalten. LED und Taster sind an digitale Pins angeschlossen. Die Pin-Nummern sind in den Variablen LED und TASTER gespeichert.

```
if(digitalRead(TASTER)) digitalWrite(LED,HIGH); else digitalWrite(LED,LOW);
```

17.4 Variablen

Variablen gehören zu den wichtigsten Programmierkonzepten. Es handelt sich hierbei um die Daten deines Sketches. Sie dienen dazu, Werte abzuspeichern, die sich während der Programmlaufzeit verändern. Sie können gelesen und geschrieben werden. Du kannst mit ihnen auch rechnen oder sie auf verschiedene Weise abspeichern. Je nachdem, ob man ganze Zahlen, reelle Zahlen, Texte oder Zeichenketten speichern möchte, gibt es verschiedene Variablentypen.

Du definierst eine Variable im Sketch, indem du zunächst den Typ angibst und dann einen frei wählbaren Namen (den sogenannten Bezeichner) für die Variable wählst.

17.4.1 Int/Long-Variablen

Der häufigste Typ sind Integer-Variablen, die ganze Zahlen aufnehmen können.

```
1   int Temperatur;
2
3   int Wasserstand = -5;
4
5   int PIN1=1;
6
7   long GrosseZahl = 3328231;
```

Natürlich kannst du mit diesen Variablen auch rechnen:

```
1   int A=6;
2
3   int A_Quadrat;
4   ind A_Kubik;
5
6   A_Quadrat=A*A;
7   A_Kubik=A*A*A;
```

Beim Projekt mit der Weltzeituhr (Kapitel 6) mussten wir an einer Stelle den Typ long verwenden, um einen Überlauf zu verhindern. Long-Variablen verhalten sich wie int, benötigen aber doppelt so viel Speicherplatz. Sie belegen 4 Byte (anstatt 2) im Speicher. Daher können damit größere Werte dargestellt werden.

17.4.2 String-Variablen

String-Variablen speichern Zeichenketten ab. Die Zeichenketten werden in Anführungszeichen eingeschlossen, damit der Compiler weiß, was zur Zeichenkette gehört und was nicht. String-Variablen kommen zum Beispiel bei Ausgabetexten für Fehlermeldungen oder Statusangaben vor:

```
string Status = "Alles ok";
```

Man kann mit String-Variablen in gewisser Weise auch „rechnen", aber anders als mit Zahlen. Beim Projekt mit der Weltzeituhr (Kapitel 6) haben wir dies z. B. wie folgt gemacht:

```
1  string Minuten='10';
2  string Stunden='08';
3
4  string ZeitString;
5
6  ZeitString=Minuten+':'+Sekunden;
7
8  lcd.print(Zeitstring);
```

Der Ausdruck Minuten+':'+Sekunden setzt die Zeichenketten hintereinander zusammen. So kann man durch die „Addition" von Strings aus einzelnen Textbausteinen bestimmte Meldungen und Texte zusammensetzen.

17.4.3 Float/Double-Variablen

Beim Projekt mit der Mini-Wetterstation (Kapitel 7) haben wir Temperaturen ausgelesen, die nicht unbedingt immer ganzzahlig sein müssen. Für nicht ganzzahlige Variablen gibt es die Datentypen float und double. Double ist eine Variante von float, die doppelt so viel Speicherplatz belegt wie ein float-Wert (in diesem Falle 8 statt 4 Bytes). Double-Variablen haben beim Rechnen die doppelte Genauigkeit.

```
1  float Temperatur = 12.4;
2  float Koerpergroesse = 1.82;
3  float Gewicht= 83.3
4  float BMI = Gewicht/(Koerpergroesse*Koerpergroesse);
```

17.4.4 Boolean-Variablen

Boolean ist ein Binärwert, der nur den Wert true oder false annehmen kann. Streng genommen braucht man diesen Typ gar nicht, da man auch eine int-Variable verwenden und mit den Werten 0 und 1 arbeiten kann. Es ist jedoch eleganter und weniger fehleranfällig, wenn du eine Variable verwendest, die tatsächlich nur zwei Zustände annehmen kann (z. B. die Zustände „gedrückter Taster" oder „nicht gedrückter Taster").

```
1   boolean TASTE_GEDRUECKT:

2   if(digitalRead(TASTE)==HIGH) TASTE_GEDRUECKT=true;
3   else TASTE_GEDRUECKT=false;
```

17.4.5 Arrays

Arrays sind eigentlich keine Variablentypen, sondern Listen mehrerer Variablen, die mit einem Index versehen sind. So kann man größere Datenmengen einfach abspeichern. Deshalb können alle der bisher behandelten Datentypen auch als Array auftreten.

```
1   String Sortimentskasten[4]; // String-Array mit 4 Elementen

2   int[] Zahlenreihe= {1,1,2,3,5,8} // Int-Array undefinierter
3   Länge mit Initialisierungswerten

4   Sortimentskasten[0]="Widerstände";
5   Sortimentskasten[1]="Jumperkabel";

6   // Zugreifen auf einzelne Elemente:
7   if (Sortimentskasten[0]!="Widerstände") lcd.print("Keine
8   Widerstände gefunden.");

9   Zahlenreihe[2]=Zahlenreihe[0]+Zahlenreihe[1];
```

17.5 Serieller Monitor

Der Arduino kann Daten über die USB-Schnittstelle an den angeschlossenen Rechner senden. Um diese Daten sichtbar zu machen, gibt es in der Entwicklungsumgebung einen sogenannten Monitor. Mit dem Serial-Objekt kannst du über die USB-Schnittstelle Daten an den angeschlossenen PC senden. Das Monitorfenster zeigt ankommende Zeichen in Echtzeit an.

```
1   void setup() {
2   // Serielle Verbindung über den USB Port mit 9600 baud
3   öffnen:
4   Serial.begin(9600);
5   }
6   void loop() {
7   //Ausgabe der Sekunden seit reset
8   long secs=millis()/1000;
9   Serial.print(String(secs));
```

```
10   Serial.print("\tSekunden\n");
11   delay(1000);
12 }
```

Den Monitor findest du in der Arduino-Entwicklungsumgebung unter *Werkzeuge* oder öffnest ihn mit der Tastenkombination STRG + UMSCHALT + M. Probiere es aus! Du wirst sehen, wie im Sekundentakt die Ausgabe in das Fenster auf dem Bildschirm geschickt wird.

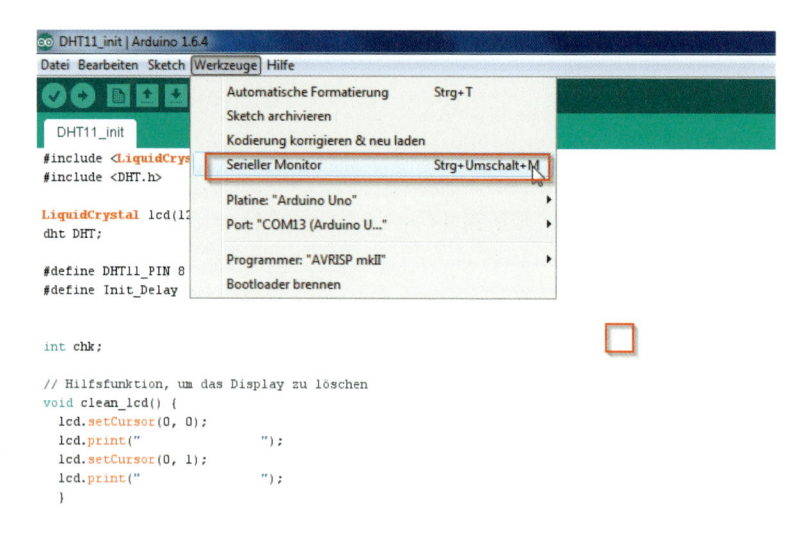

Bild 17.1 Den seriellen Monitor in der Arduino-DIE einblenden

17.6 Abfragen

Es gibt zwei Techniken zur Abfrage und Fallunterscheidung: `if` und `switch/case`.

17.6.1 If-Abfragen

Wenn du dich zwischen zwei Alternativen entscheiden musst, ist die `if`-Konstruktion die richtige Wahl. Die `if`-Abfrage haben wir in den Arduino-Projekten in diesem Buch ausgiebig verwendet. Sie ist die Standard-Abfragetechnik, wenn der Arduino Entscheidungen treffen muss.

```
1  if(BEDINGUNG) {BEFEHL1; BEFEHL2;} else {ALTERNATIVE1;}
2
3  //Beispiele:
4
5  if (Uhrzeit==Weckzeit) alarm();
6
7
8  if (digitalRead(TASTER)==HIGH) LED_ein(); else LED_aus();
```

17.6.2 Case-Abfragen

Falls du aus mehreren Optionen genau eine auswählen möchtest, geht das aber am besten mit case und switch. Das, was hinter switch in Klammern steht, wird bei jedem Block, der mit case beginnt, abgefragt. Nur wenn das Ergebnis übereinstimmt, wird der Anweisungsblock hinter case ausgeführt. Wenn nicht, geht es mit dem nächsten case weiter. Auch nach einer Übereinstimmung geht es beim nächsten case weiter. Auf diese Weise kannst du mehrere Bedingungen gleichzeitig abfragen. Willst du also, dass nur ein case-Block ausgeführt wird, musst du ihn mit der Anweisung break; beenden. Diese sorgt nämlich dafür, dass der ganze switch-Block verlassen wird. Schließlich gibt es noch die Anweisung hinter default:, die nur ausgeführt wird, wenn keine der case-Abfragen geklappt hat. Erinnerst du dich noch an die Weltzeituhr aus Kapitel 6? Dort haben wir genau diese Konstruktion benutzt.

Eine Schaltung mit drei Tasten, die ein Benutzer bedienen kann, sähe in etwa folgendermaßen aus:

```
1   //In der Variablen TASTE steht 1, 2 oder 3 je nachdem,
2   welche Taste der User drückt
3
4   switch (TASTE)
5   {
6   case 1:
7   bearbeite_taste1();
8   break;
9   case 2:
10  bearbeite_taste2();
11  break;
12  case 3:
13  reset();
14  break;
15  default:
16  lcd.print("Wert für Taste unzulässig");
17  break;
18  }
```

17.7 Schleifen

17.7.1 For-Schleifen

Oft müssen beim Programmieren Anweisungen wiederholt werden. Dazu verwenden wir meist die for-Schleife, die einen Anweisungsblock so oft wiederholt wie es in der for-Anweisung angegeben wird. Die for-Schleife ist immer dann angebracht, wenn du genau vorher weißt, wie viele Wiederholungen benötigt werden (zum Beispiel, wenn du alle Elemente eines Arrays abfragen willst). Die Grenzen und die Schrittweite der Zählvariablen kannst du dabei frei festlegen, wie die folgenden Beispiele zeigen.

```
1   // Zählschleife 1 bis 10
2   for (int i=1; i<=10; i++) {
3   Serial.print(i);Serial.print('\n');}
4
5
6   // Und jetzt in Zehnerschritten von 20 bis 100:
7
8   for (int k=20 ; k<=100; k+=10) { Serial.print(k);Serial.print('\n');}
```

17.7.2 Do while-Schleifen

Manchmal ist zu Beginn einer Schleife nicht bekannt, wie oft diese durchlaufen werden muss. Stattdessen gibt es eine Bedingung, die erfüllt sein muss, damit die Schleife abbricht. Nehmen wir zum Beispiel an, du hast bei einer Motorsteuerung einen Temperatursensor ausgelesen und festgestellt, dass der Arduino zu warm wird. Jetzt soll eine Sicherungsfunktion den Motor ausschalten und dann warten bis die Temperatur unter 30 Grad gefallen ist. Dazu müssen wir jede Sekunde die Temperatur checken. Wie oft wir das tun müssen, ist vorher jedoch nicht bekannt. Diese Aufgabe kannst du mit der do…while-Schleife lösen:

```
1   do {
2   Temperatur=ReadTemperature(A0);
3   delay(1000);}
4   while(Temperatur >30);
```

Nach dem Schlüsselwort do kommt ein Anweisungsblock, danach folgt while(BEDINGUNG). Nach jeder Ausführung des Anweisungsblocks überprüft der Arduino, ob die Bedingung noch wahr ist. Sobald die Bedingung nicht mehr zutrifft, bricht die Bearbeitung der Schleife ab.

17.8 Definition eigener Funktionen und Prozeduren

Kleine, in sich abgeschlossene Aufgaben, die immer wiederkehren, eignen sich, um sie als Funktion abzukapseln. Das hat viele Vorteile. Der Code ist übersichtlicher und kürzer, außerdem kannst du die Funktionen an anderer Stelle wiederverwenden. Du kannst zum Beispiel wichtige Funktionen sammeln und eine Library daraus machen, die du bei Bedarf einbindest (siehe Abschnitt 17.2).

```
1  typ name (Parameter1, Parameter2,...)
2  { befehl1;
3  befehl2;
4  return wert;
5  }
```

Den Namen der Funktion kannst du frei wählen. Typ gibt den Datentyp des Rückgabewerts an, wenn du die Funktion dafür verwenden willst, um etwas auszurechnen. Dies funktioniert zum Beispiel so:

```
1  long quadrat (int Wert) {
2
3  // quadriert den übergebenen Wert
4
5  return Wert*Wert;
6  }
```

Damit könntest du an jeder Stelle im Code mit `A2=quadrat(A);` eine Zahl quadrieren.

Einen Rückgabewert benötigst du nicht immer. Wenn du einfach eine Folge von Anweisungen auslagern willst, teilst du dies dem Compiler durch den Rückgabetyp void mit. Wir haben void auch schon öfters in den Arduino-Projekten in diesem Buch verwendet (zum Beispiel, um bei der Weltzeituhr mit Alarmfunktion in Kapitel 6 den Weckton abzuspielen). Das Abspielen des Wecktons haben wir in die Funktion `alarm()` gepackt, die an passender Stelle aufgerufen werden muss.

```
1  void alarm(){
2  for(int i=0;i<3;i++){
3  tone(BUZZER,500);
4  delay(1000);
5  tone(BUZZER,700);
6  delay(1000);
7  noTone(BUZZER);}
8  }
```

17.9 Systemvariablen und Funktionen

Dieser Abschnitt enthält eine Liste der Systemvariablen und Funktionen, die wir in den Arduino-Projekten in diesem Buch verwendet haben.

17.9.1 millis()

Millis() gibt die Anzahl von Millisekunden zurück, die seit dem letzten Einschalten oder Reset vergangen sind.

17.9.2 PORTD

PORTD gibt als Dezimalzahl die Binärzahl an, die der digitalen Belegung an den Pins 0 bis 15 entspricht.

17.9.3 tone(Frequenz)

Tone(Frequenz) gibt einen Ton mit Rechteck-Wellenform wieder. Beendet wird der Ton mit notone().

17.9.4 sizeof(Variable)

Sizeof(Variable) gibt den Speicherbedarf einer Variablen in Bytes zurück. Wir können sizeof(Variable) nutzen, um bei einem int-Array unbekannter Länge die Grenzen für die for-Schleife zu bestimmen, die automatisch alle Elemente abgrast.

17.9.5 delay(T) und delayMicroseconds(t)

Delay(T) und delayMicroseconds(t) sind wichtige Werkzeuge für das Timing zeitkritischer Aufgaben. Beide Befehle tun eigentlich nichts. Stattdessen stoppt der Arduino die aktuelle Abarbeitung und wartet für den angegebenen Zeitraum. Bei delay wird die Zeit in Millisekunden angegeben, bei delayMicroseconds – wie der Name schon sagt – in Mikrosekunden.

18 Alles, was du für deine Arduino-Projekte über Hardware wissen musst

In diesem Kapitel findest du eine Übersicht aller Hardware-Grundlagen, die du drauf haben solltest, um mit dem Arduino arbeiten zu können. Alle Bauteile, die in den Arduino-Projekten in diesem Buch vorkommen, findest du hier noch einmal strukturiert und kompakt im Überblick. Falls du dein Wissen zu einem bestimmten Thema noch einmal auffrischen willst, kannst du dieses Kapitel zum Nachschlagen nutzen. Dieses Kapitel ist quasi dein Werkzeugkasten, in dem du alles zum Thema Hardware findest, das du benötigst, um eigene Arduino-Projekte zu verwirklichen.

■ 18.1 Schaltplan

Das wichtigste Arbeitsmittel, um mit anderen Makern Ideen auszutauschen, ist der Schaltplan. Darin werden alle Bauteile und ihre Verbindungen in symbolischer Form aufgezeichnet. Mit etwas Übung und Erfahrung wirst du einen Schaltplan bald wie ein Buch lesen können. In einem Schaltplan siehst du, welche Teile im jeweiligen Projekt verwendet werden, was diese Teile machen und wie sie miteinander verschaltet sind. Der Schaltplan ist der Schlüssel zum Verständnis einer Schaltung.

Jedes Bauteil in einem Schaltplan ist mit einem bestimmten, eindeutigen Symbol gekennzeichnet. Ein einfacher Stromkreis besteht immer aus folgenden Bauteilen: Spannungsquelle, Widerstand und Leuchtdiode (siehe auch Kapitel 3). Bild 18.1 zeigt die entsprechenden Schaltsymbole.

Bild 18.2 zeigt einen einfachen Stromkreis, in dem eine LED und ein Widerstand in Reihe an die +5 V-Spannungsquelle des Arduino angeschlossen werden.

18 Alles, was du für deine Arduino-Projekte über Hardware wissen musst

Widerstand — R1 220Ω

Leuchtdiode — LED1 Red (633nm)

Spannungsquelle — V1 5

Bild 18.1 Schaltsymbole der wichtigsten Bauelemente

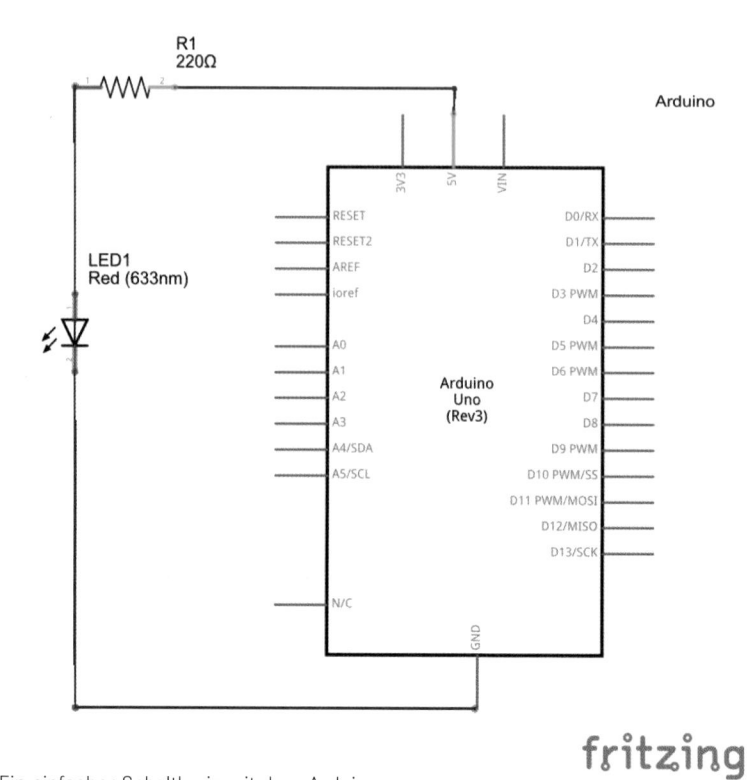

Bild 18.2 Ein einfacher Schaltkreis mit dem Arduino

18.2 Ohmsches Gesetz

Eine der wichtigsten Regeln, die jeder Schaltungsentwickler kennen sollte, ist das Ohmsche Gesetz. Es sagt aus, dass der Strom, der durch einen Widerstand fließt, proportional zur Spannung und umgekehrt proportional zum Widerstand ist.

Ein gutes Beispiel, um das Ohmsche Gesetz zu verdeutlichen, ist eine Wasserleitung. Der Wasserdruck steht hierbei für die Spannung und die Enge des Rohres für den Widerstand. Je enger das Rohr, desto weniger Wasser kann hindurchfließen. Je höher der Druck auf das Rohr ist, desto mehr Wasser geht hindurch. Ganz ähnlich verhält es sich auch mit dem Strom, der durch einen Widerstand fließt.

Meistens ist die Betriebsspannung U in einem Schaltungsprojekt vorgegeben. Das Ohmsche Gesetz sagt dir dann, wie groß du die Widerstände R in deinen Schaltungen wählen musst, um bestimmte Stromstärken I zu erreichen. Das Verhältnis dieser drei Größen lässt sich wie folgt zusammenfassen:

U = R * I

Diese Gleichung können wir auch umstellen, um entweder I oder R aus den anderen beiden Größen auszurechnen:

R = U/I oder I = U/R

18.3 Widerstand

Widerstände sind die mit Abstand am häufigsten eingesetzten Bauteile. Sie werden benötigt, um Ströme zu begrenzen, oder bestimmte Spannungen in einer Schaltung zu liefern. Man spricht von einem sogenannten Spannungsteiler (siehe Bild 18.5).

In technischer Ausführung gibt es die sehr günstigen Kohleschicht-Widerstände und die etwas teureren, aber genaueren Metallschicht-Widerstände. Die erhältlichen Größen sind in den sogenannten E-Reihen[1] normiert. Die bunten Ringe auf den Widerständen geben deren Ohm-Wert in codierter Form an (Bild 18.3). Um sie zu interpretieren, kannst du eine Tabelle zu Rate ziehen oder ein Online-Tool[2] benutzen.

---

[1] *https://de.wikipedia.org/wiki/E-Reihe*
[2] *http://www.elektronik-kompendium.de/sites/bau/1109051.htm*

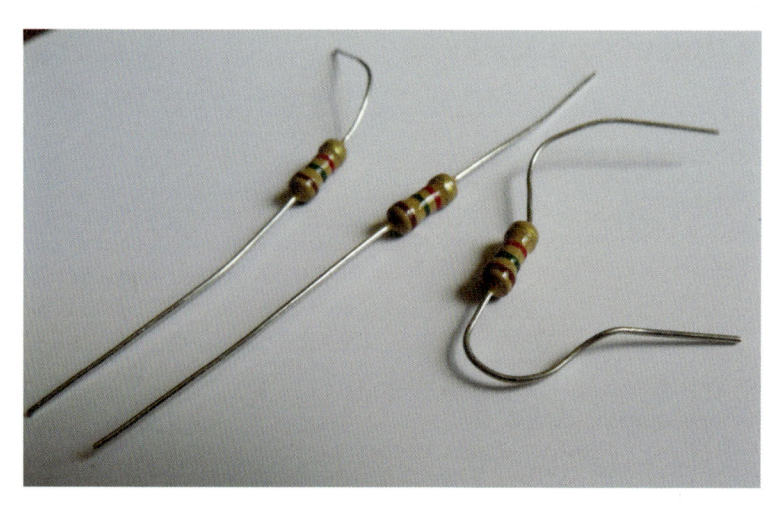

Bild 18.3 Auswahl an Widerständen

Bild 18.4 zeigt die Widerstandsreihe des Sound-Projekts aus Kapitel 13. In diesem Kapitel haben wir einen Digital-Analog-Wandler gebaut, mit dem unser Synthesizer aus einem Array von Einzelwerten eine Audio-Signalform gemacht hat. Das Ganze besteht aus einer ausgeklügelten Vernetzung von Einzelwiderständen, die dafür sorgen, dass der Spannungsabfall über der gesamten Anordnung gerade so groß ist, wie es die Binärzahl angibt, die auf den digitalen Ausgabeports liegt. Die Funktionsweise ist nicht schwer zu verstehen, wenn du die Grundlagen kennst. Allerdings braucht es etwas Zeit und Muße, um sich hineinzudenken. Vielleicht ist das ja etwas für einen verregneten Sonntagnachmittag, an dem du gerade kein anderes spannendes Bastelprojekt am Start hast?

Bild 18.4 Reihen-/Parallelschaltung des Sound-Projekts aus Kapitel 13

> **HINWEIS:** Beim Sound-Projekt aus Kapitel 13 kommt das Prinzip der sogenannten Reihen- und Parallelschaltung zum Einsatz. Schaltet man zwei Widerstände hintereinander in Reihe, dann addieren sich ihre Widerstandswerte. Der Widerstand der gesamten Anordnung ist die Summe der Einzelwiderstände:
>
> $R_{Gesamt} = R1 + R2$
>
> Schaltet man zwei Widerstände parallel, errechnet sich der Widerstand der gesamten Anordnung wie folgt:
>
> $R_{Gesamt} = 1/(1/R1 + 1/R2)$

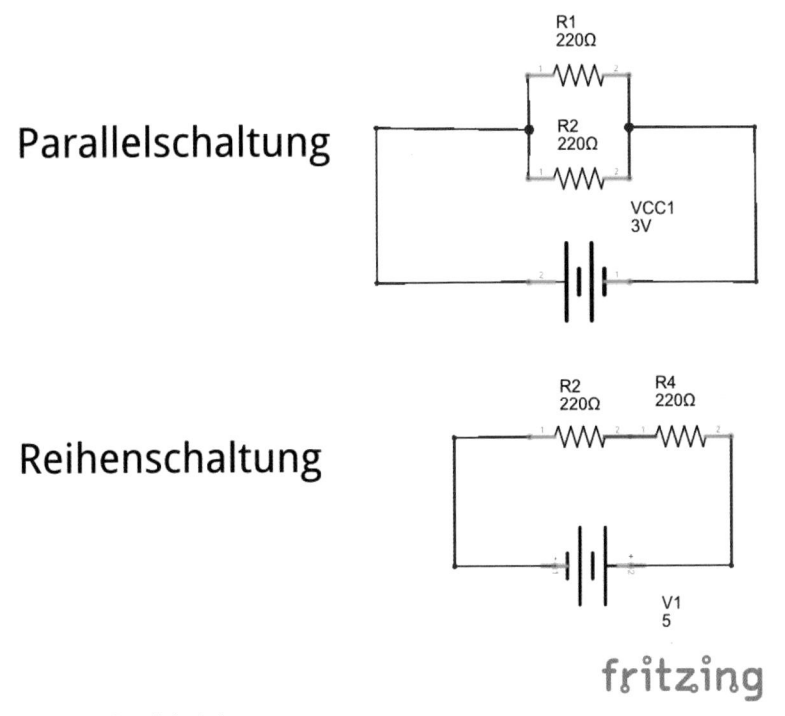

Bild 18.5 Reihen- und Parallelschaltung

Kommen wir nun zu einem weiteren Klassiker der Schaltungstechnik. In Kapitel 12 haben wir eine Verstärkerschaltung mit Transistor gebaut. Damit diese funktioniert, muss der Eingang des Transistors konstant auf etwa der halben Betriebsspannung liegen. Das löst man über einen Spannungsteiler. Die Widerstände *R1* und *R2* dienen dazu, den Punkt, an dem das Signal eingespeist wird, auf eine konstante Spannung zu bringen (Bild 18.6).

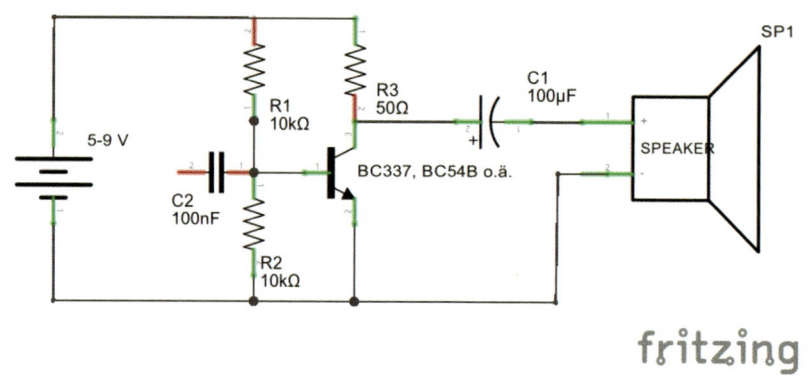

Bild 18.6 Der Schaltplan für die Verstärkerstufe

> **HINWEIS:** Auf welche Spannung wir den Punkt zwischen *R1* und *R2* legen, hängt allein von den Werten der beiden Widerstände ab. Du kannst die Spannung also bei der Schaltungsentwicklung steuern, indem du passende Widerstandswerte auswählst. Denn aus dem Ohmschen Gesetz wissen wir: Wenn durch einen Widerstand ein Strom fließt, dann liegt daran eine Spannung an, die so groß ist wie das Produkt aus Strom und Widerstand.

Wenn zwei Widerstände hintereinander an eine Spannungsquelle angeschlossen werden, dann teilt sich die Spannung zwischen ihnen im Verhältnis der Widerstandswerte auf. Liegen Widerstände mit 10 Ω und 90 Ω hintereinander an einer Spannung von 1 V, dann misst man über dem 10 Ω-Widerstand die Spannung 0,1 V und über dem 90 Ω-Widerstand misst man eine Spannung von 0,9 V. Bei der Transistorschaltung gilt: *R1* = 10 kΩ und *R2* = 10 kΩ, deshalb teilt sich die Spannung gleichmäßig über ihnen auf.

18.4 Leuchtdiode (LED)

Die Leuchtdiode (LED) ist meistens das erste Halbleiter-Bauelement, das einem begegnet. Sie ist gerade bei Elektronik-Anfängern ein beliebtes Bauteil, weil damit auf einfache Weise faszinierende Lichteffekte zu erzielen sind. In fortgeschrittenen Elektronik-Projekten dient die Leuchtdiode meistens als Kontroll-Leuchte. Sie kann zum Beispiel als Einschaltkontrolle oder als Zustandsanzeiger fungieren. In Kapitel 5 haben wir eine Ampel aus einer grünen, gelben und roten LEDs gebaut.

> Es gibt ganze Arrays von LEDs, die auf einem Panel quadratisch angeordnet sind. Damit kannst du Laufschriften oder einfache Pixelgrafiken erzeugen – zum Beispiel dieses LED-Schieberegister: *http://deskfactory.de/led-schieberegister-bit*

Technisch ist die Leuchtdiode ähnlich wie eine normale Diode aufgebaut. Eine Diode besteht aus einer dünnen Schicht zweier verschieden behandelter Halbleiter-Materialien, die für den elektrischen Strom wie eine Einbahnstraße wirken. Sie lassen den Strom nur in eine Richtung durch. Dies gilt auch für die Leuchtdiode. Du musst beim Einbau also immer auf die richtige Polung achten, das heißt, du musst immer das kürzere Anschlussbeinchen zum Minuspol hin einbauen.

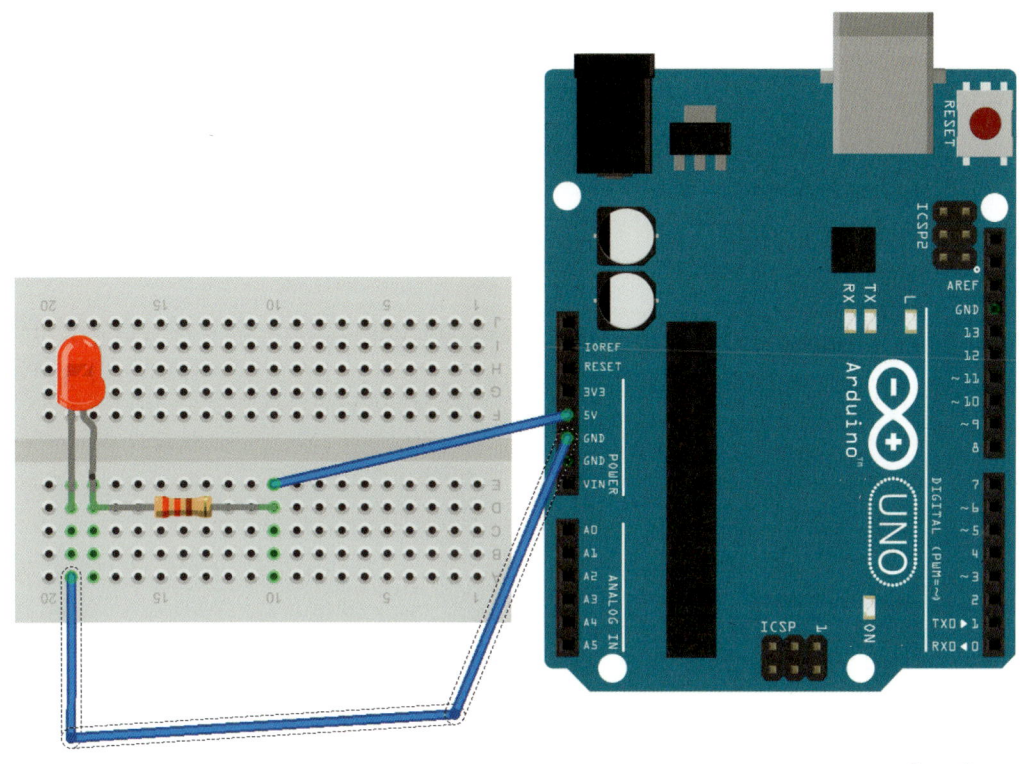

Bild 18.7 Der Aufbau eines einfachen Schaltkreises

18.5 Potentiometer

Das Potenziometer leistet uns immer dann gute Dienste, wenn analoge Werte eingestellt werden müssen. Es ist quasi ein einstellbarer Widerstand. Du kannst Potentiometer in verschiedenen Widerstandsbereichen kaufen. Manche haben bereits einen Drehknopf, andere nur einen Schlitz für den Schraubenzieher.

Außerdem unterscheidet man zwischen linearen und logarithmischen Potentiometern. Der Widerstand beim Drehen des Knopfes ändert sich jeweils unterschiedlich stark. Beim linearen Poti bedeutet ein gleicher Drehwinkel immer auch eine gleiche Widerstandsänderung. Beim logarithmischen Potentiometer ist das anders. Hier ändert sich der Widerstand im unteren Bereich der Skala stärker und nach oben hin immer weniger – oder eben umgekehrt, je nachdem, wie du das Poti einbaust. Im Unterschied zum linearen Poti musst du also auf die Polung achten.

Bild 18.8 Trimm-Potentiometer für Schraubendreher (oben) und Potentiometer mit Drehknopf (unten)

Das macht durchaus Sinn, denn viele physikalische Größen verhalten sich genauso. Zum Beispiel nimmt das Gehör Lautstärkeschwankungen in leisen Geräusche viel intensiver wahr als in lauten. Der Lautstärke-Unterschied zwischen Presslufthammer und Jumbojet ist kaum hörbar, aber den Unterschied zwischen dem Zirpen einer Grille und einem Windrascheln im Laub hören wir deutlich. Dabei liegen diese absolut gesehen näher beisammen als die lauteren Geräusche. Genau diesen Unterschied kannst du mit dem logarithmischen Potenziometer ausgleichen. Für unsere Verstärkerschaltung aus Kapitel 12 wäre es daher als Lautstärkeregler bestens geeignet.

■ 18.6 Schalter und Taster

Zwei weitere Standard-Bauteile sind der Schalter und der Taster. Ein Schalter behält seinen Zustand bei, während ein Taster meist von einer Feder oder einem anderen Mechanismus in die Ausgangsstellung zurückgedrückt wird. Bild 18.9 zeigt einen Aufbau mit Taster und Leuchtdiode.

Bild 18.9 Ein einfacher Taster um eine LED ein- und auszuschalten

■ 18.7 Fotowiderstand (LDR)

Der Fotowiderstand, auch LDR (*Light Dependent Resistor*, zu Deutsch: lichtabhängiger Widerstand) genannt, ist ein weiteres Teil aus der großen Familie der Halbleiter-Bauelemente. Bei der Ampel mit Tag- und Nachtschaltung aus Kapitel 5 haben wir einen LDR eingesetzt. Innerhalb einer Schaltung wirkt der LDR wie ein Widerstand. Im Unterschied zum festen Widerstand sinkt aber der Widerstandswert, sobald Licht auf den Fotowiderstand fällt. Du kannst also zum Beispiel einen lichtabhängigen Spannungsteiler bauen. Ein Fotowiderstand am analogen Eingang des Arduino bewirkt, dass dieser immer über die Lichtverhältnisse informiert ist.

■ 18.8 LCD-Display

Das LCD-Display HD44780 wird in mehreren Projekten in diesem Buch eingesetzt. Es ist unverzichtbar als Datenausgabe und auch als Bildschirm für kurze Texte. In Kapitel 5, welches das Projekt zur Weltzeituhr enthält, findest du eine ausführliche Anleitung, wie dieser nützliche Baustein verschaltet und angesteuert wird.

Um das LCD-Display im Sketch zu verwenden, musst du zunächst die entsprechende Bibliothek mit der Anweisung `#include <LiquidCrystal.h>` einbinden.

Es gibt übrigens eine alternative Anschlussmethode, die acht (anstatt nur vier) Datenleitungen verwendet. Dadurch kannst du die Übertragungsrate verdoppeln. Für die reine Textausgabe reicht normalerweise die 4-bit-Version aus, aber theoretisch kannst du auch einzelne Pixel des LCD-Displays ein- und ausschalten und Grafiken darüber laufen lassen. Hierfür sind schnellere Datenraten nötig.

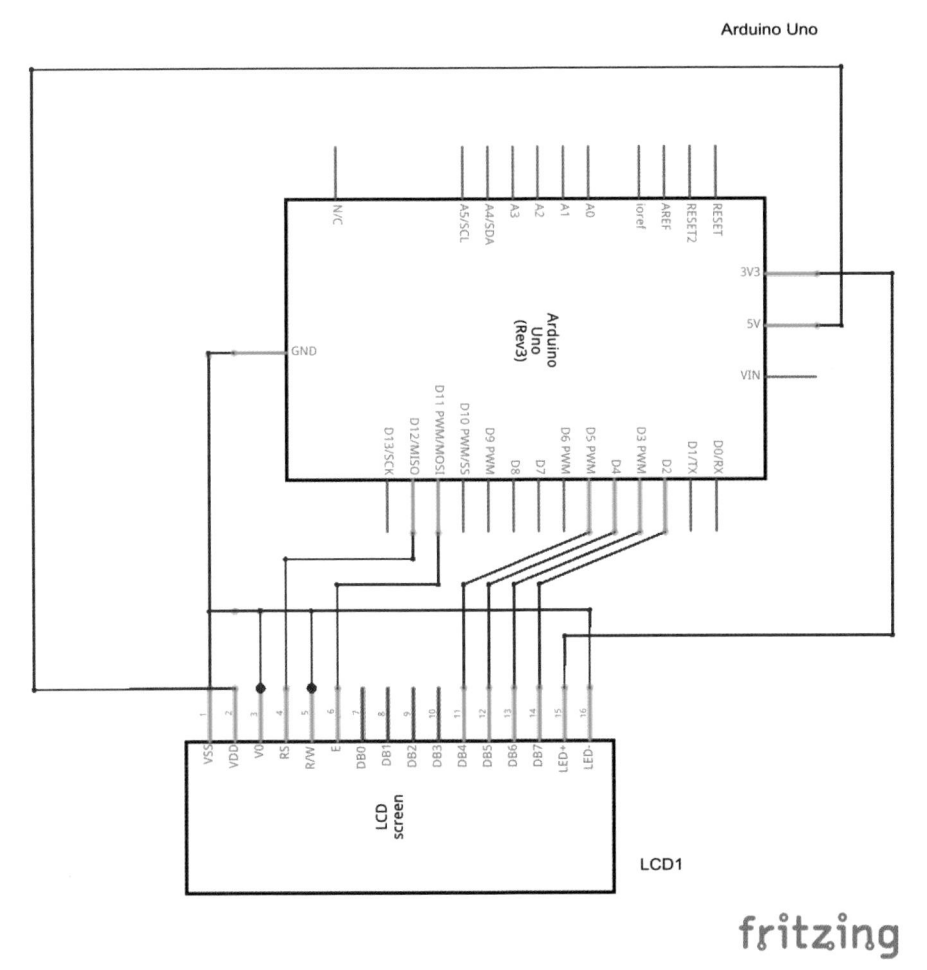

Bild 18.10 Schaltplan für den Anschluss des LCD-Displays HD44780

18.9 Piezo-Töner

Um den Arduino zum Musikinstrument zu machen, benötigst du ein Bauelement für die Tonausgabe. Ein Piezo-Töner eignet sich hierfür sehr gut. Im Sound-Projekt aus Kapitel 11 konnten wir mit dem Piezo-Töner sogar die Tonhöhe unserer Melodie verändern.

Kennst du noch die Glückwunschkarten, welche z. B. ein Geburtstagslied abspielten, sobald man sie öffnete? Sie nutzen das Resonanzkörper-Prinzip: Sie bestehen aus einem

Mikrocontroller, der die Melodie abspielt, und einem Piezo-Töner. Die Postkarte selbst bildet den Resonanzkörper.

Dieses Resonanzkörper-Prinzip kannst du auch für deine Arduino-Projekte nutzen. Falte dazu eine Pappkarte in der Mitte und stelle sie auf den Tisch. Wenn du in diese Karte einen Schlitz schneidest und den Piezo-Töner dort einsteckst, steigert das die Lautstärke ganz deutlich. Die Karte wirkt als Resonanzkörper, der die Schwingungen des Piezo-Kristalls verstärkt. So kannst du mit dem Piezo-Töner die Leistung eines kleinen Lautsprechers erreichen.

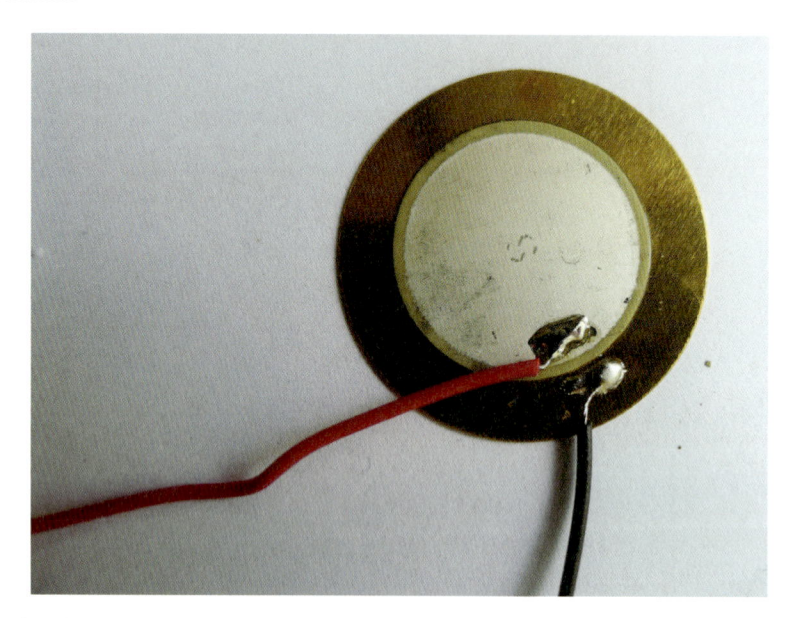

Bild 18.11 Piezo-Lautsprecher

18.10 Temperatur- und Luftfeuchtigkeitssensor DHT11

Der DHT11-Sensor ist ein nützliches Halbleiter-Bauelement, welches dir eine Komplettlösung für die Messung von Temperatur und Luftfeuchtigkeit bietet. Er kommt bei unserem Projekt zur Wetterstation in Kapitel 7 zum Einsatz. Der Baustein rechnet die Messwerte selbstständig in gängige Einheiten um und schickt diese über einen 1-bit-großen Datenbus an einen digitalen Eingang des Arduino. Die Kommunikation übernimmt die Bibliothek *DHT.h*, die du mit `#include <DHT.h>` in den Code einfügst.

Bild 18.12 Der DHT11-Sensor in Aktion (links im Bild)

Bei der Lüftersteuerung aus Kapitel 8 haben wir auch Temperaturen gemessen, dort aber mit einem anderen Bauelement, dem TMP36-Temperatursensor[3]. Dieser gibt nur eine temperaturabhängige Spannung aus. Du musst dich also selbst darum kümmern, daraus einen sinnvollen Temperaturwert zu berechnen. Der Vorteil des DHT11-Sensors (und seines großen Bruders DHT22) ist, dass die Messwertumrechnung bereits im Baustein erfolgt. Er hat einen kleinen Controller an Bord, der diese Berechnungen vornimmt und die Kommunikation mit dem Arduino regelt.

■ 18.11 Servo-Motor

Kommen wir nun zu den Bauelementen, die Bewegung ins Spiel bringen. Ein Servo ist ein Bauteil, das äußerlich wie ein Motor aussieht, aber ein wenig unterschiedlich angewendet wird. Es kann gezielte Drehungen ausführen. Die Achse des Servos kannst du an eine genau festgelegte Winkelposition fahren und dort auch halten. Dies ist im Roboter- und Modellbau unverzichtbar. Denke zum Beispiel an die Klappen eines Flugzeugs, die Radstellung eines Modellautos oder die Stellung der Arme und Gelenke eines Roboterarms. All das lässt sich mit einem Servo ansteuern.

In Kapitel 7 haben wir mit einem Servo eine Analoganzeige für die Wetterstation gebaut. Um den Servo anzusteuern, musst du die Bibliothek *Servo.h* in den Sketch einbinden.

---

[3] http://www.flikto.de/products/temperature-sensor-tmp36

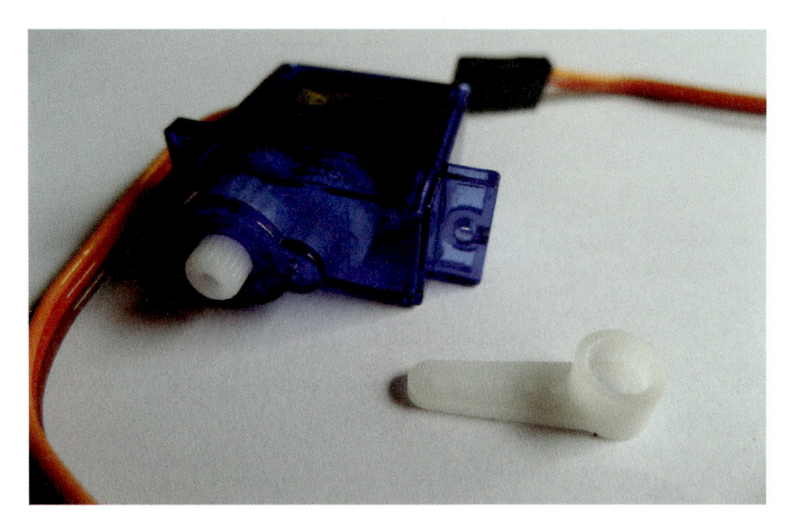

Bild 18.13 Ein Modellbau-Servo

18.12 DC-Motor

Im Gegensatz zum Servo vollführt der DC-Motor eine konstante Drehbewegung der Welle. Er ist daher für den Antrieb von Fahrzeugen oder allem anderen, was sich dreht, geeignet. In Kapitel 8 haben wir ihn verwendet, um den Lüfter einer Lüftersteuerung anzutreiben.

Bild 18.14 Ein DC-Elektromotor

■ 18.13 Diode

In Abschnitt 18.4 hast du bereits die Leuchtdiode (LED) kennengelernt. Der einzige Unterschied zur LED ist, dass die Diode nicht leuchtet. Genau wie die LED lässt auch die Diode den Strom nur in einer Richtung durch – und genau dafür wird sie in der Elektronik verwendet.

Eine ganz typische Anwendung ist etwa der Gleichrichter – eine Anordnung aus vier Dioden, die Wechselstrom in Gleichstrom umwandelt. Ein solcher Gleichrichter ist in allen elektronischen Geräten vorhanden, denn aus der Steckdose kommt Wechselstrom, wohingegen die meisten elektronischen Geräte mit Gleichspannung arbeiten.

Auch bei der Motorsteuerung kann die Sperr-Eigenschaft der Diode genutzt werden. Sie kann Spannungsspitzen blockieren, die beim plötzlichen Ausschalten des DC-Motors entstehen können.

Man kann Dioden auch als eine Art elektrisches Überdruckventil benutzen. Sie sperren zwar den Strom in einer Richtung, aber tun dies nicht beliebig lange. Irgendwann, wenn die Gegenspannung zu groß wird, ist Schluß mit lustig. Die Diode bricht dann durch und wird leitend. Diese Durchbruchspannung ist ein wichtiger Parameter. Sie liegt aber üblicherweise weit jenseits der Betriebsspannung einer Schaltung, sodass du nicht auf sie achtgeben musst.

Bei den sogenannten Zener-Dioden (kurz: Z-Dioden) verhält es sich anders. Sie haben niedrige Durchbruchspannungen und werden als Sicherung oder als Konstant-Spannungsquelle verwendet. Wenn die anliegende Spannung den kritischen Wert erreicht hat, bricht die Z-Diode durch und bildet einen Kurzschluss nach Masse. Dadurch steigt die Spannung dann nicht weiter an.

■ 18.14 Transistor

Der Transistor ist eines der wichtigsten Halbleiter-Bauelemente überhaupt. Er ist aus der modernen Elektronik nicht mehr wegzudenken und bildet die Grundlage der Digitaltechnik. Dank moderner Technologie lassen sich Milliarden von Transistoren auf einer fingernagelgroßen Fläche anordnen. Sie arbeiten dort als kleine Schalter. Liegt die Basis auf HIGH, ist der Schalter geöffnet. Ansonsten ist er geschlossen. Die if-Abfragen eines Sketches werden also letztlich in der Hardware ausgeführt: Der Transistor erlaubt – abhängig von bestimmten Bedingungen – einen Zustand zu ändern.

Natürlich gibt es Transistoren auch als einzelne Bauelemente zu kaufen. Er findet nicht nur im digitalen Bereich Verwendung, sondern kann auch kontinuierliche Größenveränderungen steuern. Damit sind wir bei den analogen Schaltkreisen angelangt. Transistoren arbeiten z. B. als Verstärker in Messgeräten, Radios, Akku-Ladegeräten usw.

In den Projekten aus diesem Buch haben wir sowohl das digitale als auch das analoge Anwendungsfeld kennengelernt. Im Projekt zur Motorsteuerung (Kapitel 8) haben wir den Transistor als Schalter (Motorsteuerung) eingesetzt, in Kapitel 12 haben wir ihn als Verstärker verwendet.

Das Grundprinzip ist immer das gleiche. Wie ein Ventil steuert ein winziger Strom durch die Basis einen größeren Strom durch den Kollektor. Es gibt Transistoren mit unterschiedlicher Polung, die als NPN- und PNP-Typen bezeichnet werden. Der PNP-Transistor ist entgegengesetzt gepolt, ansonsten unterscheiden sich die Typen nicht in ihrer Funktion.

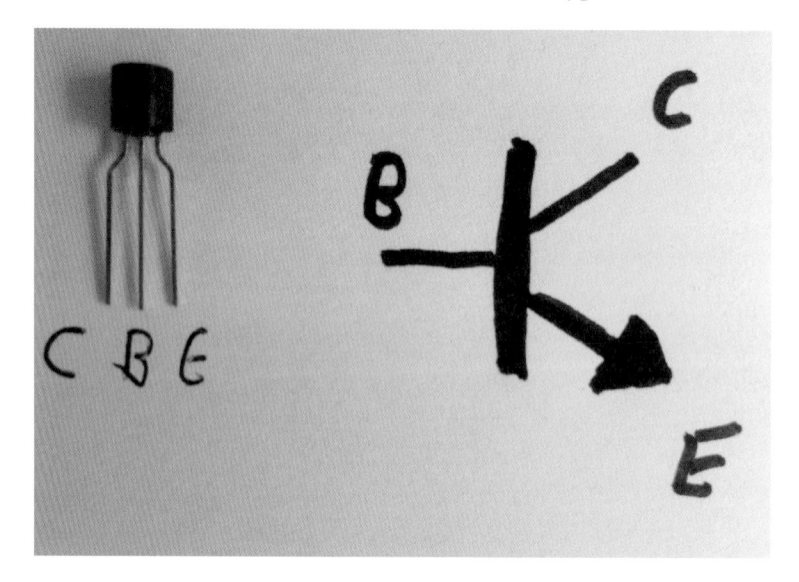

Bild 18.15 Ein NPN-Transistor mit Schaltsymbol

■ 18.15 Kondensator

Der Kondensator ist allgegenwärtig in der analogen Elektronik. Er kommt in Kapitel 12 zum Einsatz, in welchem wir eine analoge Verstärkerstufe bauen. Seine nützlichen Eigenschaften spielt er als Kurzzeit-Ladungsspeicher und als frequenzabhängiger Wechselstrom-Widerstand aus. Sobald Strom durch ihn fließt, wird er wie ein winziger Akku aufgeladen und kann die gespeicherte Energie beim Entladen wieder abgeben.

Gemessen wird die Kapazität in der Einheit Farad. In der Praxis kommen meistens sehr kleine Werte vor, sodass man es fast ausschließlich mit nF-, pF- oder µF-Angaben zu tun hat. Diese Abkürzungen bedeuten folgendes:

- 1 pF = 1 Picofarad = 10^{-12} Farad (= ein Billionstel Farad))
- 1 nF = 1 Nanofarad = 10^{-9} Farad (= ein Milliardstel Farad)
- 1 µF = 1 Mikrofarad = 10^{-6} Farad (= ein Millionstel Farad)

Ein Kondensator kommt immer dann zum Einsatz, wenn schnell veränderliche Signale durch eine Schaltung laufen (z. B. Musiksignale, Radio, Funk, aber natürlich auch digitale Streams). Bei Gleichstrom sperrt der Kondensator den Stromkreis, nachdem er aufgeladen wurde. In Gleichstrom-Schaltungen ist er deshalb eher seltener anzutreffen. Im Wechselstromkreis wird er durch die wechselnde Stromrichtung ständig aufgeladen und wieder entladen. Dadurch hat er vielfältige Effekte auf das Signal. Man kann durch den geschickten Einsatz von Kondensatoren ein verrauschtes Signal glätten, es in der Zeit verschieben, bestimmte Frequenzen herausfiltern und vieles mehr.

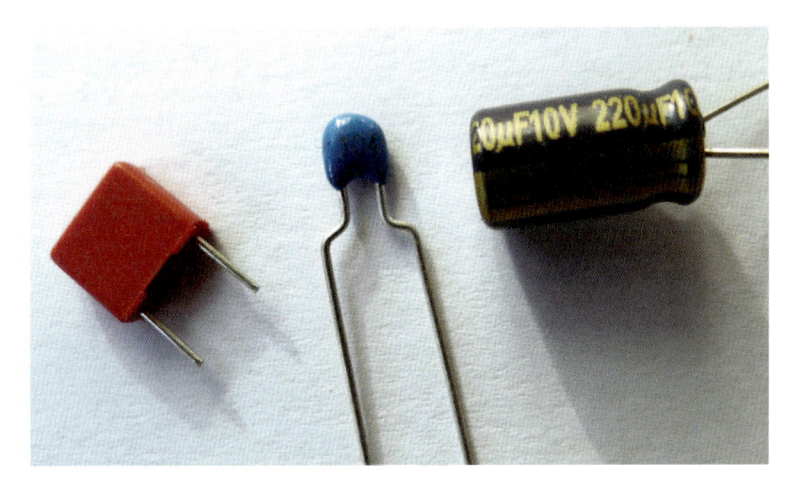

Bild 18.16 Verschiedene Bauformen von Kondensatoren

19 Ausblick: Noch mehr Mikrocontroller und Projektideen

Nun sind wir am Ende dieses Buches angelangt. Wir hoffen, dass du viel Spaß bei der Realisierung der Projekte hattest. Spätestens jetzt dürfte dir klar sein, dass die Programmierung eines Mikrocontrollers kein Hexenwerk ist. Mit dem Arduino Uno und anderen Mikrocontroller-Boards stehen dir faszinierende Software- und Hardware-Plattformen zur Verfügung, mit denen du auf schnelle und einfache Weise deine ganz persönlichen Ideen in die Praxis umsetzen kannst. Sicherlich hast du schon viele Einfälle für zukünftige Projekte und Erfindungen. In diesem Kapitel möchten wir dir einen Ausblick auf andere Mikrocontroller-Boards sowie spannende Projektideen geben, die du darüber hinaus noch realisieren kannst.

19.1 Weitere Arduino-Boards

In diesem Buch haben wir uns vornehmlich auf den Einsatz des Arduino Uno beschränkt. Lediglich für den Bau unseres humanoiden Roboters (Kapitel 16) haben wir den Arduino Mega eingesetzt. Neben dem Arduino Uno und dem Arduino Mega gibt noch viele weitere Mikrocontroller-Boards von Arduino, die sich je nach Einsatzgebiet vielleicht besser für dein persönliches Projekt eignen. Im Folgenden möchten wir dir einen kleinen Einblick in die Welt der Arduino-Boards geben.

- **Arduino Mega:** Der Arduino Mega mit 54 digitalen Ein- und Ausgabeports ist der bevorzugte Kandidat, wenn du maximale Peripherie brauchst. Der Arduino Uno besitzt 14 digitale Pins, von denen wir beim Drum Machine-Projekt (Kapitel 14) bereits 12 genutzt haben. Nehmen wir einmal an, du möchtest die Drum Machine um ein Panel mit Tastern erweitern, damit du die Rhythmen nicht per Sketch, sondern direkt über die Hardware eingeben kannst, dann würden die Ports beim Uno nicht mehr dafür ausreichen. Der Arduino Mega wäre dann die richtige Wahl.

- **Arduino Nano:** Wie der Name schon sagt, ist der Arduino Nano der Winzling unter den Arduino-Boards. Du kannst ihn deshalb für platzsparende Entwicklungen und Installationen einsetzen. Auch er lässt sich auf ein Breadboard stecken und kann über einen Mini-USB-Anschluss in gewohnter Weise mit dem Rechner verbunden werden. Allerdings lässt er sich über den USB-Port nicht mit Spannung versorgen. Du musst die +5 V also auf andere Weise bereitstellen.

- **Arduino Leonardo:** Der Arduino Leonardo erinnert äußerlich an den Uno, aber auf dem Board ist ein anderer Mikrocontroller-Chip verbaut – und zwar ein ATmega32u4. Das Besondere an diesem Board ist, dass der USB-Controller bereits im Chip integriert ist. Die anderen Boards brauchen zwischen der seriellen Schnittstelle des Mikrocontrollers und dem USB-Anschluss einen externen Baustein als Adapter. Da der Leonardo das USB-Protokoll direkt versteht, kann er für den Computer, an dem er angeschlossen ist, als Maus oder Tastatur fungieren. Du kannst also Tastatureingaben und Mausbewegungen mit ihm simulieren. Ein perfektes Tool für Hacker und Gamer!

- **Arduino Galileo:** Dieses Board hat keinen Atmel-Mikrocontroller verbaut, sondern einen 32-bit-Intel-Prozessor mit 400 MHz Taktfrequenz und 8 MB Flash-Speicher. Solltest du beim Arduino Uno an Speicher- oder Timing-Grenzen geraten sein (so wie es z.B. bei den Sound-Projekten in den Kapitel 11 bis 14 der Fall war), dann ist der Arduino Galileo dein bevorzugtes Board. Das Beste: Die Programmierung ist kompatibel zu den Atmel-Boards. Du musst also nicht umlernen, sondern kannst weiterhin deine gewohnte Entwicklungsumgebung benutzen.

> Wir können dir hier nur eine kleine Auswahl der Arduino-Produkte vorstellen. Auf der offiziellen Website findest du noch viele weitere Arduino-Boards: *https://www.arduino.cc/en/Main/Products*

19.2 Weitere Mikrocontroller-Plattformen

Neben den Arduino-Boards mit ihren Atmel-Chipsätzen gibt es natürlich auch noch viele weitere Mikrocontroller und Experimentierboards von anderen Herstellern, wie zum Beispiel die C-Control von Conrad oder „Das Franzis Lernpaket: Mikrocontroller programmieren". In Kapitel 9 und 10 hast du bereits den Particle Photon kennengelernt. Probiere ruhig mal ein Board von einem anderen Hersteller aus und nutze dafür die Programmierkenntnisse, die du in diesem Buch erworben hast. Die Programmierung unterscheidet sich von Board zu Board natürlich ein bisschen, da verschiedene Programmiersprachen (z.B. Basic, C oder Python) eingesetzt werden. Die Konzepte beim Programmieren sind jedoch immer die gleichen. Wenn du sie einmal verstanden hast, erlernst du andere Programmiersprachen sehr schnell.

Warum die Arduino-Boards so genial sind, merkst du spätestens dann, wenn du einen der Atmel-Controller einmal direkt benutzen willst (also ohne das Arduino-Board drumherum). Dann musst du dich nämlich um alles selbst kümmern: die richtige Spannungsversorgung, die Kommunikation über die seriellen Kanäle, die Übertragung des Programms, die externen Taktgeber und vieles mehr. Doch als fortgeschrittener Maker wirst du irgendwann an den Punkt gelangen, an dem du die Grenzen der Arduino-Boards sprengen wirst. Über den direkten Zugriff, welchen andere Mikrocontroller bieten, kannst du noch mehr aus der Hardware herausholen. Es ist ein tolles Gefühl, wenn du es geschafft hast, diese Herausforderung zu meistern …

■ 19.3 Löten und Platinenbau

In diesem Buch haben wir alle Projekte auf einem Breadboard aufgebaut. Dies hat den Vorteil, dass du nicht löten musst, und die Bauteile wiederverwerten kannst. Aber es kann natürlich vorkommen, dass du eine richtig tolle Schaltungsidee umgesetzt hast, und deine Entwicklung dauerhaft nutzen möchtest. Dann musst du deine Schaltung fest verbauen. Dazu musst du löten lernen, doch keine Angst, das ist gar nicht so schwer und geht mit etwas Übung leicht von der Hand.

Für den Aufbau der Schaltung kannst du sogenannte Punktasterplatinen benutzen. Das sind Platinen, die eine regelmäßige Anordnung von kleinen Bohrungen haben. Dort kannst du die Anschlussdrähte der Bauteile durchstecken und diese dann von unten verlöten. Die Unterseite der Platine erkennst du an den kleinen Metallringen, die um die Bohrungen herum angebracht sind. Sie verbinden sich mit dem flüssigen Lötzinn und stellen so eine permanente Verbindung her.

Es gibt auch Streifenrasterplatinen, bei denen die Löcher in einer Reihe eine durchgehende elektrische Verbindung haben. Das kennst du ja schon vom Breadboard. Der Vorteil dieser Platinen ist, dass du das Layout des Breadboards direkt umsetzen kannst.

Profis ätzen ihre Platinen selber, doch das ist recht aufwendig und lohnt sich nur, wenn du eine große Stückzahl von einer Schaltung herstellen willst. Dabei wird ein Layout aus einer Folie hergestellt und auf eine Rohplatine gelegt, die mit Kupfer beschichtet ist. Über eine Behandlung mit Säure wird das überflüssige Kupfer abgelöst und es bleibt eine Platine zurück, auf der genau die benötigte Struktur aus Leiterbahnen vorhanden ist. Diese muss nun noch gebohrt und mit Bauteilen bestückt werden. Wie du siehst, benötigt man dafür ziemlich viel Werkzeug.

19.4 Ausblick: Musik-Projekte (Audio und Midi)

In den Kapiteln 11 bis 14 haben wir uns der Tonerzeugung mit dem Arduino gewidmet. Natürlich konnten wir hier nur die Grundlagen legen. Es gibt noch viel zu entdecken und weiterzuentwickeln. Beispielsweise könntest du Melodien mit dem Arduino generieren und die Tonerzeugung einem echten Synthesizer oder Computer überlassen. Dies lässt sich über ein MIDI-Protokoll realisieren. Mit MIDI überträgt man keine Klanginformationen, sondern sozusagen Noten zwischen verschiedenen Geräten. Das MIDI-Protokoll überträgt im Prinzip nur, welche Tonhöhe und Länge ein Ton hat. Die eigentliche Klangerzeugung findet dann extern im angesteuerten Gerät statt. Dabei kann es sich auch um einen PC oder Mac mit entsprechender Software handeln. Bei der Audio-Erzeugung kamen wir beim Arduino an die Grenzen seiner Leistungsfähigkeit. MIDI-Daten hingegen sind schlank und speicherschonend. Das verspricht also ein spannendes Betätigungsfeld für Musiker zu werden. Erste Schritte in dieser Richtung findest du unter *https://www.arduino.cc/en/Tutorial/Midi*.

19.5 Ausblick: Messen und Steuern im Haus (Smart Home)

In Kapitel 9 und 10 hast du gelernt, wie du dein Arduino-Projekt mithilfe des Particle Photon mit dem Internet vernetzen und auf diese Weise eine smarte IoT-Lösung entwickeln kannst. In unserem Falle war es ein Smart Home-Projekt – und zwar eine vollautomatisierte Pflanzenbewässerungsanlage. Der Bereich Smart Home ist ein klassisches Betätigungsfeld für Automatisierungen aller Art. Im Folgenden findest du ein paar weitere Ideen für Smart-Home-Lösungen:

- Du könntest eine Anwendung programmieren, mit der du per Smartphone die Heizung einschalten kannst, während du im Auto oder Zug nach Hause sitzt.
- Du könntest eine Anwendung programmieren, mit der du das Licht abends in unregelmäßigen Abständen in verschiedenen Zimmern ein- und ausschalten kannst, wenn du verreist bist, damit Einbrecher nicht auf den Gedanken kommen, die Wohnung stünde leer.

Du könntest deine Türen und Fenster mit Sensoren ausstatten und eine Anwendung programmieren, die dir auf dem Smartphone anzeigt, ob du ein Fenster offen gelassen hast. Diese könnte dich auch warnen, wenn du das Haus verlässt, aber noch ein Fenster geöffnet ist. Oder du erstellst eine Statistik, wie oft und zu welchen Zeiten deine Haustür geöffnet wurde. All diese Projekte lassen sich mit dem Arduino wunderbar verwirklichen. Um externe Verbraucher im Hausnetz zu schalten, benötigst du sogenannte Relais (*Englisch: Relays*). Im Buch haben wir diese noch nicht verwendet, sie lassen sich jedoch sehr einfach integrieren. Relais sind magnetische Schalter, die mit einem digitalen Pin vom Arduino ein- oder ausgeschaltet werden, und die daraufhin ein großes Gerät, das an der Steckdose hängt, ein- oder ausschalten. Es gibt fertige Relay-Module für den Arduino zu kaufen.

> **HINWEIS:** Vorsicht! Arbeiten am 230 V-Netz kann lebensgefährlich sein. Arbeite niemals an einem offenen Gerät, während der Netzstecker eingesteckt ist oder eine andere Verbindung zum 230 V-Stromnetz besteht.

■ 19.6 Ausblick: Roboterbau und -programmierung

Die Königsdisziplin der Elektronik-Projekte ist und bleibt der Roboterbau. Bei Robotern geht es darum, Sensordaten intelligent auszuwerten, und Maschinen zu entwickeln, die autonom agieren und reagieren, und sich in ihrer Umwelt selbstständig zurechtfinden. Es gibt eine große Auswahl verschiedener Roboterbausätze in allen Preisklassen und Schwierigkeitsgraden.

In diesem Buch haben wir die Ansteuerung von Servos und DC-Motoren behandelt, ein autonom fahrendes Roboterauto gebaut (Kapitel 15), und dir gezeigt, wie du dir einen humanoiden Roboter 3D-drucken kannst (Kapitel 16). Damit bist du gut gerüstet für deine eigenen Robotik-Projekte.

> Die Robotik ist ein Forschungsfeld, in dem es ständig neue Entwicklungen zu verzeichnen gibt. Informiere dich deshalb regelmäßg über spannende Projekte. Unter *www.robotiknetz.de* findest du Projektideen und Gleichgesinnte. Weitere Projektideen findest du auch unter *www.deskfactory.de*.
>
> Wenn du dich mit anderen Roboter-Verrückten messen willst, kannst du an der World Robot Olympiad *(http://www.worldrobotolympiad.de)* teilnehmen.

19.7 Vernetze dich! Projektideen teilen

Zum Abschluss möchten wir dich noch einmal an den Eingangsgedanken dieses Buches erinnern: Um ein „smarter" Maker zu werden, musst du dich mit anderen Makern austauschen und vernetzen, das heißt, du musst Zugang zu deren Expertise bekommen. Außerdem macht es viel mehr Spaß, sein Wissen und seine Ideen mit anderen zu teilen, als alleine im stillen Kämmerlein seinen Basteleien nachzugehen. Verbreite deine Ideen in der Welt! Informiere dich darüber, was andere Maker machen, und welche neuen technologischen Entwicklungen es zu verzeichnen gibt. Gehe zu Maker-Treffen und -Messen, um Gleichgesinnte kennenzulernen und dich auszutauschen.

> An dieser Stelle möchten wir dir noch einmal unsere Website *www.deskfactory.de* empfehlen. In den Comments der dort veröffentlichten Artikel kannst du dich mit anderen Makern über deine Projekte austauschen.

Wir würden uns freuen, wenn wir dir eines Tages an einem der vielen Treffpunkte im Maker-Universum über den Weg laufen. Bis dahin wünschen wir dir viel Spaß und Erfolg bei der Verwirklichung deiner Arduino-Projekte!

Stichwortverzeichnis

Symbole

3D-Drucker *186*

A

Alarmfunktion *51, 67, 203*
Ampel *39 f., 210, 214*
Ampelschaltung *40*
Ampere *30*
Analoganzeige *73, 94*
Analog-Pin *45*
Arduino *7*
Arduino Mega *186*
Arduino-Plattform *7*
Arduino Uno *8*
Arrays *65, 199*
Atmel *7*
Ausgang *20*

B

Belichtungsmesser *49*
Bibliotheken *196*
Bits *61*
Bob (humanoider Roboter) *185*
Breadboard *15*
Bytes *61*

C

case-Abfragen *201*
Chip *7, 13, 224*
Cura *190*

D

Datentypen *198*
DC-Motor *96, 218*
Debugging *76*
delay *25, 43, 159*
delay() *12, 204*
delayMicroseconds() *204*
DHT11 *73 f., 81, 216*
DHT22 *104*
Digital-Analog-Wandler *5, 145*
Digital-Pin *45*
digitalRead *23*
digitalRead() *196*
Digitaluhr *51, 58*
digitalWrite *23*
digitalWrite() *196*
Diode *219*
Display *56*
Double *198*
do while-Schleife *202*
Dreieckwelle *156*
Drohnen *2*
Drum Machine *155*

E

Eingang *20*
Electron *108*
Elektrotechnik *17, 29*
else-Schleife *23*
Entprellen *25*
Entwicklungsumgebung *10, 113*

F

FabLab *2*
Fehlercodes *81*
float *92, 198*
Fotowiderstand *40, 214*
Frequenz *129*
Fritzing *34*
– Code-Ansicht *38*
– Platinen-Ansicht *37*
– Schaltplan-Ansicht *36*
Funktionen *203*

G

Gary Fisher *1*
Gleichstrommotor *96*
Gordon Moore *14*

H

Hallo Welt! *57*
Hardware *1*
Hardwareentwicklung *17*
HD44780 *51*
HIGH *23*
humanoider Roboter *185*

I

if-Abfrage *23, 200*
if-Schleife *23*
include *58*
– LiquidCrystal.h *58*

InMoov *186*, *190*
int *59*, *61 f.*
Integer *59*
integrated circuits *13*
Intel *14*
Internet der Dinge *107*
Internet of Things *107*
Int/Long-Variablen *197*
IoT (Internet of Things) *107*
I (Strom) *30*

K

Kinect *186*
Klingeldraht *14*
Kondensator *220*

L

Lautsprecher *127*
Lautstärkeregler *131*, *143*
LCD-Display *51*, *214*
lcd.print() *58*
lcd.setCursor() *58*
LDR (Fotowiderstand) *40*, *214*
LED *19*, *40*, *210*
Leiterplatte *37*
Leuchtdiode *29*
Libraries *196*
Linux *9*
long *61 f.*
loop *12*
LOW *23*
Lüfter *96*
Lüftersteuerung *95*
Luftfeuchtigkeitssensor *73 f.*, *216*

M

Maker *1*
Maker-Community *3*
Melodie *134*
Melodiegenerator *131*
Messdaten *40*
Messdaten auslesen *76*
Microchip *7*

Mikrocontroller *7*
- Arduino *7*
- Electron *108*
- Photon *107*
millis() *204*
Minuspol *29*
Mooresches Gesetz *14*
Morsen *22*
Multimeter *33*
myServo.write() *88*

N

Nachtschaltung *44*
noTone() *67*
number_to_string() *62*

O

Ohm *30*
Ohmsches Gesetz *30*, *207*
Operator *59*
Ottomar von Mayenburg *1*

P

Parallelschaltung *32*
Particle *107*, *115*
Particle-App *111*
Particle-Cloud *120*
Particle.function() *120*
Particle.io *108*
Particle.variable() *120*
Pflanzenbewässerungsanlage *115*
Photon *107*
Piezo *215*
Piezoeffekt *127*
Piezo-Lautsprecher *68*
Piezo-Summer *127*
Pin *45*
Pitch-Regler *133*
Platine *34*
Platinenlayout *34*
Pluspol *29*
PN2222-Transistor *98 f.*
PORTD *204*

Potentiometer *83*, *133*, *157*, *212*
Prozeduren *203*

R

Ranga Yogeshwar *1*
Rapid Prototyping *16*
Rechteckwelle *67*, *156*
Regelkreise *95*
Reihenschaltung *31 f.*
Roboter *165*, *185*
Roboterauto *165*
Roboter-Bausatz *165*
R (Widerstand) *30*
RX *119*

S

Schalter *213*
Schaltkreis *13*
Schaltlitze *14*
Schaltplan *28*, *205*
Schleife *202*
- do while *202*
- else *23*
- for *202*
- if *23*
SD-Karte *190*
Serial.begin() *76*
serialEvent() *119*
Serial-Funktion *76*
Serial.print() *76*
serieller Monitor *199*
serielle Schnittstelle *119*
Servo *83*, *171*
Servo-Bibliothek *88*
Servo.h *87*
Servo-Motor *85*, *217*
setup *12*
Signal *68*, *71*, *137*
Sinuswelle *156*
sizeof() *204*
Sketch *11*, *109*, *112*, *195*
Smart Home *226*
Smartphone *111*

Software *1*
Sound *155*, *158*
Spannungsquelle *29*
Spannungsteiler *31*, *45*
Spannung (U) *30*
Steckbrett *15*
String *58*, *62*
String-Variablen *198*
Strom (I) *29 f.*
Stromkreis *13*, *18*
Stromversorgung *17*
Sythesizer *145*

T

Tagschaltung *41*
Taster *14*, *213*
Temperaturanzeige *83*
Temperaturmessung *102*
Temperaturregelung *95*
Temperatursensor *73 f.*, *216*
Threshold *48*

Tinker-App *107*
TMP36-Sensor *102*
TO-92-Gehäuse *98*
Toggeln *24*
Tonarten *134*
tone() *67*
tone(Frequenz) *204*
Tonerzeugung *127*
Transistor *97*, *219*
TX *119*

U

Übertragungsrate *76*
Ultimaker 2 *186*
Umrechnung *92*
unsigned long *61*
URI *30*
USB-Schnittstelle *76*
USB-Treiber *9*
U (Spannung) *30*

V

Variable *58*, *61*
Versorgungsspannung *17*
void *12*

W

Weltzeituhr *51*
Wetterstation *73*
Wettervorhersage *73*
Widerstand (R) *29 f.*, *207*
Windows *9*
WLAN *110*, *118*

Z

Zeitrechnung *62*

HANSER

Das Beste aus beiden Welten!

Hüwe
Raspberry Pi für Windows 10 IoT Core
Der praktische Einstieg für Anwender und Entwickler
192 Seiten. Komplett in Farbe
€ 30,–. ISBN 978-3-446-44719-6

Auch einzeln als E-Book erhältlich
€ 23,99. E-Book-ISBN 978-3-446-44809-4

Realisieren Sie gerne hardwarenahe Projekte? Ziehen Sie die Werkzeuge aus der Windows-Welt denen von Linux vor? Dann hielt sich Ihre Begeisterung für den Raspberry Pi bislang sicher in Grenzen. Doch damit ist jetzt Schluss! Der Raspberry Pi ist nun fit für den Einsatz im Microsoft-Umfeld. In diesem Buch erfahren Sie alles, was Sie wissen müssen, um Ihre Projekte mit dem Raspberry Pi und Windows 10 IoT Core erfolgreich in die Tat umzusetzen.

Zahlreiche Beispielanwendungen, z.B. für Licht- und Kamerasteuerung, Temperatursensoren oder mobile Datenerfassung, liefern Ihnen Impulse für eigene Projekte. Die Codebeispiele basieren auf C#. Für schnelle Lernerfolge sollten Sie über Grundkenntnisse in einer .NET-Programmiersprache verfügen.

Mehr Informationen finden Sie unter www.hanser-fachbuch.de

HANSER

Bau dir deinen eigenen Roboter!

Stadler
Mein LEGO®-EV3-Buch
Eigene Roboter bauen und programmieren mit LEGO® MINDSTORMS®
290 Seiten. Komplett in Farbe
€ 22,99. ISBN 978-3-446-44737-0

Auch einzeln als E-Book erhältlich
€ 18,99. E-Book-ISBN 978-3-446-44900-8

Du bist im Besitz der LEGO® MINDSTORMS® EV3 Home bzw. Education Edition, hast EV3RSTORM & Co fertig aufgebaut im Zimmer stehen und willst nun deinen eigenen Roboter bauen und programmieren? Einen, der mehr als lahme Standardtricks auf dem Kasten hat? In diesem Buch erfährst du alles, was du wissen musst, damit dein Roboter genau das tut, was du dir wünschst.

In mehr als 40 Übungen lernst du, welche mechanischen und elektronischen Zusammenhänge du kennen musst, um deinen digitalen Freund von Grund auf zu verstehen und nach deinen Vorstellungen zu steuern – wie ein richtiger Entwickler!

Wenn du keine Lust mehr auf Nachbauen und -programmieren hast und darauf brennst, deine eigenen Ideen zu verwirklichen, dann liefert dir dieses Buch alle wichtigen Skills, um deinen Roboter wie ein echter Profi zu steuern.

Hinweis: Auch für LEGO® MINDSTORMS® NXT geeignet

Mehr Informationen finden Sie unter **www.hanser-fachbuch.de**

HANSER

Mach's besser – mit CAD

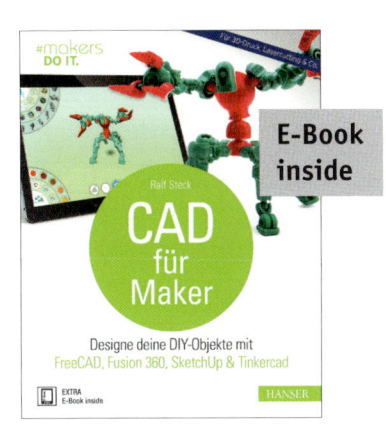

Steck
CAD für Maker
Designe deine DIY-Objekte mit FreeCAD, Fusion 360, SketchUp & Tinkercad. Für 3D-Druck, Lasercutting & Co.
240 Seiten. Komplett in Farbe
€ 30,–. ISBN 978-3-446-45020-2

Auch einzeln als E-Book erhältlich
€ 23,99. E-Book-ISBN 978-3-446-45068-4

Du liebst es, deine eigenen Ideen in die Tat umzusetzen? Du fertigst gerne Gegenstände aus Holz, Kunststoff oder Metall? Dann weißt du: Bleistift und Papier eignen sich für eine erste Skizze, doch für die Fertigung deiner DIY-Objekte benötigst du eine digitale 3D-Vorlage. In diesem Buch erfährst du alles, was du wissen musst, um im Handumdrehen – und for free! – zum CAD-Modell für deine Produktidee zu gelangen.

Anhand vieler spannender Projekte mit FreeCAD, Fusion 360, Onshape, SketchUp und Tinkercad führt dich Ralf Steck Schritt für Schritt in die 3D-Konstruktion ein. Dabei verliert er sich nicht in softwarespezifischen Details, sondern vermittelt grundlegende Modellierkonzepte, die dich fit für die CAD-Software deiner Wahl machen – vom Einsteiger- bis zum Profi-System.

Mehr Informationen finden Sie unter www.hanser-fachbuch.de

HANSER

Feinschliff für deine 3D-Drucke

Rother
3D-Drucken...und dann?
Weiterbearbeitung, Verbindung &
Veredelung von 3D-Druck-Teilen
288 Seiten. E-Book inside. Komplett in Farbe
€ 30,–. ISBN 978-3-446-45062-2

Auch einzeln als E-Book erhältlich
€ 23,99. E-Book-ISBN 978-3-446-45252-7

Begeistern dich die Möglichkeiten des 3D-Drucks? Hast du schon die ersten Dinge selbst gedruckt? Dann weißt du: Nach dem Druck geht die Arbeit meist erst richtig los. Die 3D-Druck-Teile müssen zurechtgeschliffen, lackiert oder verklebt werden, um ein in deinen Augen perfektes Objekt daraus entstehen zu lassen.

Anhand praktischer Beispiele stellt dir Hartmut Rother eine Vielzahl von Techniken vor, mit denen du deine 3D-gedruckten Teile weiterbearbeiten, verbinden und veredeln kannst.

Wenn du darauf brennst, deine 3D-Druck-Teile so weiterzubearbeiten, dass daraus Gegenstände entstehen, die voll und ganz deinen Ansprüchen an Ästhetik und Funktionalität entsprechen, dann liefert dir dieses Buch alle notwendigen Skills.

Mehr Informationen finden Sie unter **www.hanser-fachbuch.de**

HANSER

Werden Sie zum Heimwerker 2.0

Horsch
3D-Druck für alle
Der Do-it-yourself-Guide
2., aktualisierte und erweiterte Auflage
356 Seiten. E-Book inside. Komplett in Farbe
€ 29,99. ISBN 978-3-446-44261-0

Auch einzeln als E-Book erhältlich
€ 23,99. E-Book-ISBN 978-3-446-44282-5

Selbstgefertigte Handyhüllen, 3D-Selfies oder ein Ersatzteil für das kaputt gegangene Haushaltsgerät – all das und noch viel mehr lässt sich heutzutage mit 3D-Druck realisieren.

Sie möchten selbst zum Maker werden? Dieses Buch zeigt Ihnen, wie's geht. Kompakt, anschaulich und praxisnah begleitet es Sie bei Ihrem Einstieg in die Welt des 3D-Drucks. Sie erfahren, wie die Technologie funktioniert, welche Einsatzmöglichkeiten sie bietet, und welche Chancen sie für die Zukunft bereithält.

Mehr Informationen finden Sie unter **www.hanser-fachbuch.de**